초판 인쇄 | 2011년 9월 15일
초판 발행 | 2011년 9월 20일

저자 | 하야시 가네히로, 김준숙
발행인 | 김태웅
책임편집 | 이주영
편집 | 김해영
표지디자인 | 차경숙
내지디자인 | 차경숙
마케팅 | 조도현, 정상석, 서재욱,
        장영임, 김귀찬, 김철영
제작 | 현대순

발행처 | 동양북스
등록 | 제 10-806호(1993년 4월 3일)
주소 | 서울시 마포구 서교동 463-16호 (121-842)
전화 | (02)337-1737
팩스 | (02)334-6624
웹사이트 | http://www.dongyangbooks.com
         http://www.dongyangtv.com

ISBN 978-89-8300-848-0 13730

▶ 본 책은 저작권법에 의해 보호를 받는 저작물이므로 무단 전재와 복제를 금합니다.

머리말

　이미 모국어가 정착된 성인 외국어 학습자가 외국어를 학습할 경우 어떤 학습방법을 채택하는 것이 좋으냐에 대해서는 외국어교육 분야에서 이미 오랫동안 논의가 있어 왔다. 연역법은 대상 외국어에 대한 구조를 정확하게 구축할 수 있다는 장점은 있으나 암기해야 할 것이 학습시간 때마다 매번 쏟아져 나옴으로 인해 학습자들이 학습의욕을 꾸준히 유지하기 힘들다는 단점이 있고, 귀납법은 재미있게 학습을 할 수 있다는 장점은 있으나 재미있는 학습은 금방 끝나고 조직적이지 못한 학습방법 때문에 좀처럼 어느 일정한도 이상으로 실력이 늘지 않는다는 단점이 있다. 본서는 그러한 연역법과 귀납법, 양쪽의 장점을 다 살리기 위한 방법을 제공한다.

　일본어의 다양한 표현을 일거에 경험시키는 것이 아니라 표현문형을 하나씩 제공하여 그 의미와 기능을 잘 이해시켜 나간다는 점에 있어서는 연역법적이고, 그 표현문형이 학습자의 머리 속에 차곡차곡 자리잡아 어느 일정레벨에 달하면 그것이 어느 순간 응용력과 파생력을 창출해낼 것이라고 생각하는 점에서 귀납법적이다.

　적절한 일본어를 구사할 줄 아는 한국사람이나 적절한 한국어를 구사할 줄 아는 일본사람들의 특성을 보면 거의 이와 같은 연역법적인 스타트를 통해 해당 외국어의 확실한 이해와 구조 구축을 하고 그리고 나서 그러한 표현을 실 환경에서 적극적으로 사용해 나가는 가운데 그러한 문형의 상호응용이라고 하는 귀납법적인 결과를 보이는 경우가 많다.

　문법중심이 아닌 회화를 배우고 싶다는 이야기를 하는 경우가 많다. 그러나 문법은 연역법적인 학습방법이고 회화는 귀납법적인 학습방법이다. 어느 한 쪽만 해서는 적절한 외국어를 구사하기 힘들다. 만약 이 두 가지의 학습방법 가운데 순서를 정할 수가 있다면 연역법적인 스타트를 해야 하고 귀납법적으로 마무리를 하는 것이 이상적이라고 할 수 있다. 본서는 이와 같은 외국어 학습의 순서에 아주 적합한 참고서라고 할 수 있다. 다음의 본서 사용법에 따라 꾸준히 학습하면 반드시 위와 같은 학습효과를 빚어낼 수 있으리라 생각한다. 학습자 여러분의 의미 있고 가치 있는 학습성과를 기대한다.

저자
하야시 가네히로 · 김 준숙

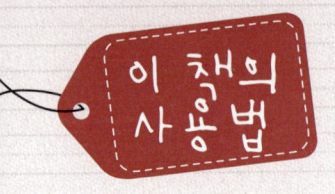

　본서는 일본어의 あいうえお 순서에 의해 구성되어 있어, 알고 싶은 일본어의 문형을 잘 분석하여 あいうえお 순서에 의해 찾아보면 원하는 설명을 찾아낼 수 있다. 본서에서 채택한 일본어 문형은 필자의 연구경험과 교육경험을 통해 얻어진 것을 바탕으로 선정한 것이다. 경우에 따라 더 이상 잘게 문형을 나누어 놓지 않아도 될 것들은 어느 정도의 단위의 것을 그대로 문형으로 채택한 것도 있고 잘게 나눌 수 있는 데까지 다 나누어서 그 하나 하나의 의미와 기능을 분석한 것도 있다. 본서를 학습하시는 분은 그러한 점을 고려하여 알고 싶은 문형이 그대로 수록되어 있지 않을 경우, 원하는 문형을 잘게 나누어 하나 하나의 의미와 기능을 본서에 수록한 문형설명을 통해 이해한 다음 그 문형을 다시 합쳐서 전체의 의미와 기능을 파악할 필요가 있다.

　본서에 수록된 문형 가운데 굳이 잘게 나누지 않고 그대로 어절에 가까운 단위의 것을 그대로 채택한 부분이 상당수 있는 것은 그 문형을 더 잘게 나눌 경우 그 문형이 전달하고자 하는 뜻을 우리말로 살리기가 대단히 어려워지기 때문이다. 따라서 경우에 따라서는 문형에 포함되어 있는 일본어 단어 하나 하나의 뜻과 조금 거리가 있는 표현이 일본어 문형에 대한 우리말 표현으로 설명이 되는 경우가 있다는 점을 고려해야 한다.

　본서에서는 일본어의 유사표현을 어떻게 우리말로 표현해야 할 것인지와 우리말을 일본어로 옮길 때 쉽게 표현하기 어려운 것들에 대해 [TIP]과 [비슷한 표현]으로 나누어 가능한 한 자세히 설명하려고 노력하였다. 알기 쉽게 설명하려고 노력했지만 불충분한 설명이 되어 있을 경우가 있다. 그런 경우를 포함하여 본서에 설명되어 있는 내용을 여러분이 과연 잘 이해했는지 또는 여러분이 본서 설명내용을 이해하여 그것을 토대로 실제 일본어표현을 사용해 보려고 할 때 그것이 정확하게 구사되고 있는지를 어떻게 알 수 있을까 라는 의문을 품을 수 있다. 그것을 해결하는 순서는 다음과 같다.

　1. 본서 설명내용을 읽어 보고 이해한다. 2. 설명내용을 토대로 본서의 예문을 읽은 다음 예문이 설명대로 되어 있는지를 스스로 추론해 본다. 3. 그 추론이 맞다고 여겨지면 예문 이외의 단어를 사용하여 본인이 다른 예문을 만들어본다. 4. 그 예문을 놓고 본서 설명내용에 입각하여 본인이 스스로 입증해 본다.

　위와 같은 과정을 거쳐 한 문형에 대해 정확히 추론을 해 낼 수 있다면 여러분은 그 문형에 대해 완벽하게 이해했다고 생각해도 좋을 것이다.

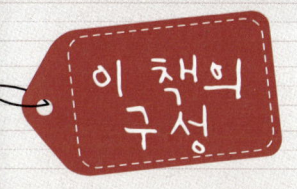

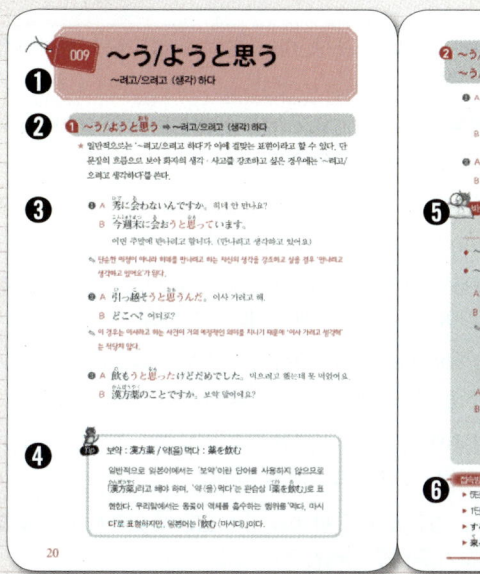
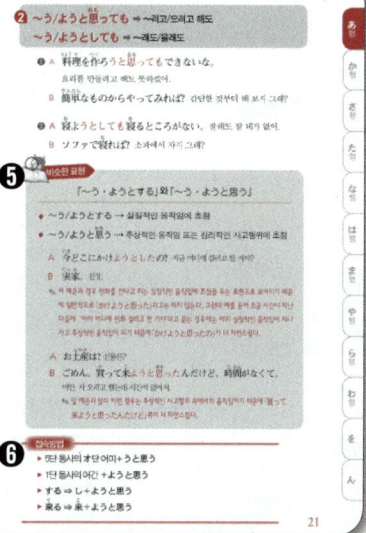

❶ 표제어
あいうえお순으로 대표적인 한글 뜻과 함께 한눈에 보기 쉽게 들어있다.

❷ 소표제어
문형 접속 방법에 따라 세부적으로 분류하여 한글 뜻과 사용법 설명이 들어있다.

❸ 예문
회화 형식으로 되어 있는 예문과 예문에 대한 설명이 들어있다.

❹ Tip
예문에 사용되는 어떤 표현이나 단어에 대해 그 이해를 돕기 위한 설명이 들어있다.

❺ 비슷한 표현
예문에 나오는 어떤 단어가 다른 단어나 문형 등을 가질 경우, 그 복수의 단어나 문형 등에 대해 의미의 유사점과 차이점, 그리고 사용법 등이 설명되어 있다.

❻ 접속 방법
표제어의 접속방법이 한눈에 볼 수 있도록 정리되어 있다.

문법용어에 대한 설명

5단동사	5단동사라 함은 [-a-ない][-i-ます][-u 名詞][-e-ば][-o-う]형식의 활용을 하는 동사를 가리킨다.
1단동사	1단동사라 함은 [-어간-ない][-어간-ます][-れ-ば][-어간-よう] 형식의 활용을 하는 동사를 가리킨다.
ア단어미	5단동사의 활용에 있어서 [-a-ない]와 같이 뒤에 오는 [-ない・せる・れる]를 취하기 위해 갖춰야 하는 [-a-]형태의 어미를 말한다.
イ단어미	5단동사의 활용에 있어서 [-i-ます]와 같이 뒤에 오는 [-ます]를 취하기 위해 갖춰야 하는 [-i-]형태의 어미를 말한다.
エ단어미	5단동사의 활용에 있어서 [-e-ば]와 같이 뒤에 오는 [-ば]를 취하기 위해 갖춰야 하는 [-e-]형태의 어미를 말한다.
オ단어미	5단동사의 활용에 있어서 [-o-う]와 같이 뒤에 오는 [-う]를 취하기 위해 갖춰야 하는 [-o-]형태의 어미를 말한다.
원형	동사나 형용사, 형용동사 등 활용을 하는 말들에 있어서 활용을 일으키기 전의 초기 형태를 가리킨다.
종지형	동사/형용사/형용동사의 종지형이라 함은 더 이상의 형태를 요구하지 않고 자체적으로 문장을 종결시킬 수 있는 기능을 가지고 있는 형태를 가리키는 말로 동사는 [-u], 형용사는 [-い], 형용동사는 [-だ]가 현재종지형이 되며 과거종지형은 공통적으로 [-た]가 된다. 따라서 본서에서 [각종 종지형]이라는 표현을 쓸 때는 이 모든 형태의 종지형이 올 수 있음을 뜻한다.
연체형	연체형이라 함은 뒤에 오는 명사를 수식하기 위해 갖춰야 하는 명사/동사/형용사/형용동사의 각 형태를 가리키는 말로 명사의 연체형은 [-な-명사], 동사의 연체형은 [-u-명사], 형용사의 연체형은 [-い-명사], 형용동사는 [-な-명사]가 된다. 과거연체형이 되는 경우에는 품사와 상관없이 [-た]가 된다. 따라서 본서에서 [각 연체형]이라는 표현을 쓸 때는 이 모든 형태의 연체형이 올 수 있음을 뜻한다.
연용형	동사의 경우는 뒤에 오는 [-ます]를 취하기 위해 갖춰야 하는 형태를 말하며 형용사의 경우에는 뒤에 오는 [-く]를 취하기 위해 갖춰야 하는 형태를, 형용동사의 경우에는 [-に]를 취하기 위해 갖춰야 하는 형태를 말한다.

동사て형	일본어의 [て][た][たり][たら] 등이 동사 안의 어미부분을 형성할 경우 뒤에 오는 이 [て][た][たり][たら] 등을 취하기 위해 갖춰야 하는 형태를 말한다.
동사/형용새ば형	뒤에 오는 [-ば]를 취하기 위해 갖춰야 하는 형태를 가리키는 말로 동사의 경우에는 [-e-ば] 형용사의 경우에는 [-ければ], 형용동사는 [-ならば]가 된다.
현재형	일본어의 현재형이라 함은 동사의 경우 [-u], 형용사의 경우 [-い], 형용동사의 경우는 [-だ]를 가리킨다.
과거형	일본어의 과거형이라 함은 앞 형태와 상관없이 [-た]로 되어 있는 모든 형태를 말한다.
종결표현	품사나 현재/과거 등의 시간에 상관없이 그 자체로 문장을 종결시키는 형태가 되어 있는 단어나 혹은 표현을 가리킨다.
부정명사	[何][いつ][誰][どこ][なぜ] 등의 말들을 가리킨다.
보통문과 전달문	보통문이라 전달의 내용을 품고 있지 않은 문장을 가리키며 전달문이라 함은 제3자로부터 들은 이야기를 다시 상대방에게 전달하는 내용을 품고 있는 문장을 가리킨다.
활용어	활용어라 함은 활용을 하는 품사를 지칭하는 말로 동사, 형용사, 형용동사 등이 이에 해당된다.
미화어	미화어라 함은 상대방에 대한 존경이나 겸양과는 상관없이 화자가 예의를 갖추어 상대방에게 교양있는 말투를 쓰고 싶을 때 사용하는 표현으로 순수일본어의 경우에는 해당하는 단어 앞에 [お]를, 한자어의 경우에는 [ご]를 쓴다. 주로 명사에 붙여 쓰여지는 경우가 많으며 모든 단어 앞에 다 붙여 쓸 수 있는 것은 아니다.
명사상당어구	명사상당어구라 함은 명사는 아니지만 문장내에서의 쓰임새가 거의 명사와 같은 기능을 하는 말 또는 어구를 가리킨다.
종조사	[い, な, よ, ね, さ, ぞ, ぜ, け] 등의 문말에 쓰여 상대방에게 전달하려고 하는 어떤 사건에 대해 화자가 어떤 심적 상태로 상대방에게 그런 말을 하고 있는지를 표현하고 싶을 때 사용하는 말. 우리말에는 일본어의 종조사와 비슷한 쓰임새를 가지는 말이 부분적으로 밖에 없다.
간투조사	간투조사라 함은 대화의 각 마디 마디에 추임새 같은 말을 넣어 상대방의 주의를 환기시키기도 하고 자신이 말하고 싶은 내용을 정리하기도 하고 싶을 때 쓰는 말로 [さ][ね] 등이 대표적인 예이다.

001 い〈종조사〉

~다 야, ~아/어 야, ~야? (아/어?)

★ '~다 야, ~아/어 야, ~아라/어라 야 등의 '야'에 해당되나, 문장체에서는 거의 사용되지 않고 회화체에서도 사용빈도가 그다지 높지 않다.
★ 일상회화에서 다소 과장된 표현으로 상대방의 관심을 끌거나 행동을 재촉할 때 사용된다. 주로 남자들이 쓴다.

1 ~わい ➡ ~다 야

❶ A いっぱい食わされたわい。 한 방 먹었다 야.
　B ワッハハ、どうして? 푸하하, 어쩌다가?

> Tip 한 방 먹다 · 한 방 먹이다 · 한 방 날리다
> ・한 방 먹다　いっぱい食わされる
> ・한 방 먹이다　一発食らわす
> ・한 방 날리다　一発(パンチを)飛ばす

❷ A これ、どうしてもうまく行かないな。 이거 영 잘 안 되는데.
　B 俺がやるわい。 내가 한다 야.

2 ~ろい ➡ ~아/어(아라/어라) 야

A もう少し待っててよ! 조금만 더 기다려.
B 早くしろい。 빨리 해라 야.

3 ~かい・~だい

➡ 「명사」+냐 야?, 「동사 / 형용사 / 존재사 어간」+아/어?

❶ A 何か食べもの、ないかい。뭐 먹을 거 없어?
　 B ないけど。없는데.

❷ A 何だい。またそれかい。뭐냐 야? 또 그거냐 야?
　 B いいじゃん。뭐 어때?

4 '~다 야, ~아/어 야, ~아라/어라 야' 등의 표현을 그다지 과장된 느낌 없이 사용할 때에는 종조사「な・よ」등을 쓴다.

❶ A 今日凄く寒いよな。오늘 되게 춥다 야.
　 B そう？ 俺はそれほどでもないよ。그래? 난 그렇지도 않아.

 비슷한 표현

강조 표현(되게, 무지하게, 굉장히 등)

① 되게 ⋯ 의미적으로「凄く」에 가깝다.

② 무지하게 ⋯ '무지(無知) 하다'에서 나온 말이므로, 의미적으로는
　　　　　　「めちゃめちゃ」「めちゃくちゃ」에 가깝다.

③ 굉장히 ⋯ '굉장(宏壯) 하다'에서 나온 말이므로, 의미적으로는
　　　　　　「凄く」「物凄く」「非常に」에 가깝다.

④ 더럽게 ⋯ 「汚い (더럽다)」에서 나온 말이므로, 의미적으로는
　　　　　　「偉く」에 가깝다.

⑤ 꽤 ⋯ 의미기능적으로「かなり」에 제일 가깝다.

⑥ 상당히 ⋯ '상당(相當) 하다'에서 나온 말이므로, 의미적으로는
　　　　　　「相当」에 가깝다.

⑦ 너무 ⋯ 의미적으로는「凄く」에 가깝다.

⑧ 대단히 … '대단하다'에서 나온 말로, 의미적으로 「大変(たいへん)」에 가깝다.
⑨ 몹시 … 의미적으로 「かなり」에 가깝다.
⑩ 아주 … 의미적으로 「とても」에 제일 가깝다.
⑪ 매우 … 의미적으로 「とても」에 제일 가깝다.

❷ A 今日(きょう)はほどほどにしてよね。 오늘은 살살 해라 야.
B 分(わ)かったよ。 알았어.

❺ う/よう+よ ➡ ~자 야

A 一緒(いっしょ)に行(い)こうよ。 같이 가자 야.
B 嫌(いや)だってば。 싫다니까.

접속방법

▶ 현재형/과거형의 각 종결표현+わい
▶ 명령형 어미「ろ」+い
▶ 의문조사「か」・「だ」+い

002 いいじゃないの

괜찮아

★ 어떤 사건에 대해 그 사건이 그렇게 심각하게 걱정할 만한 수준의 내용이 아님을 나타낼 때 사용한다.

❶ A そんなものを食べさせちゃだめ！ 그런 거 먹이면 안 돼.
   B いいじゃないの。もう１才なんだから。
   괜찮아. 한 살 됐잖아.

❷ A しわが増えているみたい。주름이 느는 것 같아.
   B いいじゃないの。もう年なんだから。
   괜찮아. 나이 들었다는 이야기잖아.

비슷한 표현

「大丈夫だよ」 와 「いいじゃないの」

◆ 大丈夫だよ ⋯➡ 상대방이 말한 사안에 별다른 문제가 없음을 말하고 싶을 때

◆ いいじゃないの ⋯➡ 상대방이 말한 사안에 대해 그 사안이 걱정 또는 문제가 될 만한 것이 아님을 확인시키는 듯한 어조로 말할 때

① A 俺ら、完全に遅刻だよ。 우리 완전히 지각이야.
   B 大丈夫だよ。 괜찮아.

② A 俺ら、完全に遅刻だよ。 우리 완전히 지각이야.
   B いいじゃないの。たまには。 괜찮아. 어쩌다가잖아.

003 いいんじゃないの?
좋지 않나?, 괜찮지 않나?

★ 제시되는 어떤 사건이나 내용에 대해 그 사건이나 내용이 비교적 이해할 만한 것임을 상대방에게 인식시켜 주고 싶을 때 쓴다.

❶ A 赤がいいんじゃないの? 빨간 게 좋지 않나?
　 B 赤は嫌ですね。 빨간 건 싫은데요.

Tip 赤・青・白・黒・黄色

- 구체적인 어떤 물건을 나타낼 때
  ⋯▶ '빨간 것・파란 것・하얀 것・검은 것・노란 것'으로 번역

- 색을 나타낼 때
  ⋯▶ '빨간 색・파란 색・하얀 색・검은 색・노란 색'으로 번역

❷ A 2千くらいでいいんじゃないの? 2천 정도로 괜찮지 않나?
　 B そうかもね。 그럴지도 모르지.

004 う/よう
~아/어야지, ~자 〈의지 · 권유〉

1 1인칭 주어+동사+う/よう ➡ ~어/아야지, ~자

★ 상대방에게 권유하거나 하는 것이 아닌 혼잣말 표현이면서, 화자가 자신의 의지를 담아 말하는 경우 ⇒ ~어/아야지
화자가 자기 자신에게 권유하는 것 같이 말하는 경우 ⇒ ~자

❶ A 早く忘れよう。 빨리 잊어야지.
　B それがいいよ。 그게 좋아.

❷ A 明日は絶対行ってみよう。 내일은 꼭 가 보자.
　B 必ずそうして下さいね。 꼭 그렇게 하세요.

❸ A あ！明日電話しよう。 아, 내일 전화해야지. (전화하자)
　B 今何と言いました? 지금 뭐라고 했어요?

✎ 電話しようが 내일 전화하겠다는 화자의 의지를 나타낼 경우에는 '전화해야지'가 되고, 화자가 자신에게 권유하는 것 같은 뜻을 나타낼 경우에는 '전화하자'가 된다.

2 1인칭 복수 주어+동사+う/よう ➡ ~자

❶ A 今日一杯やろう。 오늘 한잔하자.
　B いいね。 좋지.

❷ A そろそろ起きようか。 슬슬 일어나자.
　 B えっ、もうそんな時間? 어, 벌써 그럴 시간이야?

접속방법

- 5단 동사의 オ단 어미 + う
- 1단 동사의 어간 + よう
- する ⇒ し + よう
- 来る ⇒ 来 + よう

005 〜う/ようかなと思う
〜ㄹ까/을까 하다

❶ A 先に帰ろうかなと思います。 먼저 가 볼까 합니다.
  B もうですか。 벌써요?

❷ A 来週また来ようかなと思っております。
  다음 주에 또 올까 합니다.
  B 分かりました。お待ちしております。
  알겠습니다. 기다리고 있겠습니다.

❸ A 映画でも見ようかなと思っている。 영화나 볼까 해.
  B どんな映画? 무슨 영화?

접속방법

- ▶ 5단 동사의 オ단 어미+うかなと思う
- ▶ 1단 동사의 어간 +ようかなと思う
- ▶ する ⇒ し+ようかなと思う
- ▶ 来る ⇒ 来+ようかなと思う

006 〜う/ようが〜まいが
~든 말든

❶ A 彼、行くって。 그 사람 간대.
  B 行こうが行くまいが俺は知らないよ。 가든 말든 난 몰라.

Tip 내가 알게 뭐야?
'알게 뭐야?'라고 말을 할 때의 화자의 감정이 그 내용에 대해 '그런 일이라면 알 필요가 없지'라고 생각하는 경우라면 「知るか」라고 하는 것이 자연스럽고, '내가 왜 알아야지?'라고 생각하는 경우에는 「俺は知らないよ」라고 하는 것이 자연스럽다.

❷ A 引っ越そうが引っ越すまいが勝手にすれば。
  이사하든 말든 마음대로 하지 그래.
  B 怒らないでよ。 화내지 마.

접속방법
▶ 5단 동사의 オ단 어미+うが+원형+まいが
▶ 1단 동사의 어간 +ようが+어간+まいが
▶ する ⇒ し+ようが+しまいが(するまいが)
▶ 来る ⇒ 来+ようが+来まいが(来るまいが)

007 ～う/ようと
～려고/으려고, ～든

- ★ '～려고/으려고' ⇒ 단순히 화자의 의지만을 나타낼 경우
- '～든' ⇒ 이제부터 전개될 내용에 대해 탐탁지 않게 생각하는 화자의 마음을 표현하는 경우

❶ A これ、何を使おうとしたの? 이거 뭐에 쓰려고 한 거야?
　B 別に。아니, 그냥……

Tip

'아니', '아니……' 와 「別に」

★ 완전부정의 뜻으로 말하는 것이 아니고 말끝을 흐리며 얼버무리는 경우에 쓰이는 표현이다.

　A お前、公務員試験準備してるの? 너, 공무원 시험 준비하니?
　B 別に。出すだけ出してみようかなと…。
　　아니, 그냥 원서나 내 보려고……

★ 내 속을 빤히 들여다보는 것 같은 상대방의 질문에, 그렇다고 순순히 대답하기 싫을 때 「別に」라는 표현을 쓴다.

　A お前、美穂ちゃんに興味あるんだろう? 너, 미호한테 관심 있지?
　B 別に、美穂ちゃん何てどうでもいいさ。
　　아니, 걔한테 아무 생각 없어.

★ '아니' 가 놀라움의 뜻일 때는 「まぁ、あら(여성)」「おや、おっと(남성)」 등을 쓰는 것이 자연스럽고, 의문의 뜻일 때는 「何で?」라고 하거나 또는 우리말로는 표현이 안 되는 경우도 있다. 감동의 뜻으로 쓰일 때는 「まぁ(여성, 남성), 凄い(남성)」 혹은 「すげー(젊은 남성)」를 쓰는 것이 자연스럽다.

- 아니, 언제 오셨어요? まぁ、いつらしたんですか。
- 아니, 이거 왜 그러세요? 何ですか。どうしたというんですか。
- 아니, 저렇게 잘하는 선수를 왜 빼는 거야?
  何で？何であんな上手い選手を下げるの？
- 아니, 점프가 완벽하구먼. 凄い。ジャンプが完璧だわ。
- 아니, 이건 정말 환상적인 맛이에요.
  まぁ、これは本当に素晴らしいお味です。

❷ A ここに家を建てようと思ってるんだ。

　　여기에 집 지으려고 해.

　B へぇ、そうなんだ。흐음, 그렇구나.

❸ A 木内さんがうちの課に来るらしいよ。

　　기우치 씨가 우리 과로 온대.

　B 誰が来ようと一緒だよ。누가 오든 마찬가지야.

❹ A 何をしようと俺の勝手でしょう？ 뭘 하든 내 자유야.

　B そんな言い方はないんじゃない？ 그런 말 하는 게 어딨어?

접속방법

▶ 5단 동사의 オ단 어미 + うと

▶ 1단 동사의 어간 + ようと

▶ する ⇒ し + ようと

▶ 来る ⇒ 来 + ようと

008 ～う/ようと～う/ようと
～든 ～든

A 雨が降ろうと風が吹こうと俺は行くよ。
비가 오든 바람이 불든 난 갈 거야.
B 凄い決心だね。 대단한 결심이네.

접속방법

▶ 5단 동사의 オ단 어미+うと
▶ 1단 동사의 어간 +ようと
▶ する ⇒ し+ようと
▶ 来る ⇒ 来+ようと

009 ～う/ようと思う
～려고/으려고 (생각)하다

1 ～う/ようと思う ➡ ～려고/으려고 (생각)하다

★ 일반적으로는 '～려고/으려고 하다'가 이에 걸맞는 표현이라고 할 수 있다. 단 문장의 흐름으로 보아 화자의 생각·사고를 강조하고 싶은 경우에는 '～려고/으려고 생각하다'를 쓴다.

❶ A 秀に会わないんですか。 히데 안 만나요?
   B 今週末に会おうと思っています。
   이번 주말에 만나려고 합니다. (만나려고 생각하고 있어요)

✎ 단순한 예정이 아니라 히데를 만나려고 하는 자신의 생각을 강조하고 싶을 경우 '만나려고 생각하고 있어요'가 된다.

❷ A 引っ越そうと思うんだ。 이사 가려고 해.
   B どこへ? 어디로?

✎ 이 경우는 이사라고 하는 사건이 거의 예정적인 의미를 지니기 때문에 '이사 가려고 생각해'는 적당치 않다.

❸ A 飲もうと思ったけどだめでした。 먹으려고 했는데 못 먹었어요.
   B 漢方薬のことですか。 보약 말이에요?

Tip 보약 : 漢方薬 / 약(을) 먹다 : 薬を飲む

일반적으로 일본어에서는 '보약'이란 단어를 사용하지 않으므로 「漢方薬」라고 해야 하며, '약(을) 먹다'는 관습상 「薬を飲む」로 표현한다. 우리말에서는 동물이 액체를 흡수하는 행위를 '먹다, 마시다'로 표현하지만, 일본어는 「飲む(마시다)」이다.

❷ ~う/ようと思っても ➡ ~려고/으려고 해도
~う/ようとしても ➡ ~래도/을래도

❶ A 料理を作ろうと思ってもできないな。
요리를 만들려고 해도 못하겠어.

B 簡単なものからやってみれば? 간단한 것부터 해 보지 그래?

❷ A 寝ようとしても寝るところがない。 잘래도 잘 데가 없어.

B ソファーで寝れば? 소파에서 자지 그래?

 비슷한 표현

「~う・ようとする」와 「~う・ようと思う」

◆ ~う/ようとする … 실질적인 움직임에 초점
◆ ~う/ようと思う … 추상적인 움직임 또는 심리적인 사고행위에 초점

A 今どこにかけようとしたの? 지금 어디에 걸려고 한 거야?
B 実家。친정.

✎ 이 예문의 경우 전화를 건다고 하는 실질적인 움직임에 초점을 두는 표현으로 보여지기 때문에 일반적으로 「かけようと思った」라고는 하지 않는다. 그런데 예를 들어 조금 시간이 지난 다음에 '아까 어디에 전화 걸려고 한 거야'라고 묻는 경우에는 이미 실질적인 움직임이 지나가고 추상적인 움직임이 되기 때문에 「かけようと思ったの」가 더 자연스럽다.

A お土産は? 선물은?
B ごめん。買って来ようと思ったんだけど、時間がなくて。
미안. 사 오려고 했는데 시간이 없어서.

✎ 앞 예문과 달리 이번 경우는 추상적인 사고행위 속에서의 움직임이기 때문에 「買って来ようと思ったんだけど」쪽이 더 자연스럽다.

접속방법

▶ 5단 동사의 オ단 어미 + うと思う
▶ 1단 동사의 어간 + ようと思う
▶ する ⇒ し + ようと思う
▶ 来る ⇒ 来 + ようと思う

010 〜う/ようと思って
～려고/으려고

★ 이 표현의 경우 실질적인 심리사고행위라고 보기는 어렵기 때문에 일반적으로는 '～려고/으려고'로 번역한다. 그렇다고 해서「思って」가 떨어져 나간「〜う/ようと」만으로 이야기하는 경우는 별로 없다.

❶ A そのケーキ、どうしたの? 그 케이크 어떻게 된 거야?
　 B 皆で食べようと思って買ってきたんだ。 다 같이 먹으려고 사 왔지.

❷ A 何してるの? 뭐 하는 거야?
　 B 今度温泉行こうと思って調べているの。
　　 이번에 온천 가려고 조사하고 있는 거야.

❸ A 休み取ろうと思って頑張ったのに。 휴가 가려고 열심히 일했는데.
　 B 取れないの? 휴가 못 가는 거야?

> **Tip** 休み : 휴일, 휴가, 노는 날, 쉬는 날, 방학
>
> ・休みを取る … 휴가 가다
> ・학교와 관련된 休み … 방학
> ・가게나 점포 등에서 쓰는 休み … 휴업 또는 노는 날, 쉬는 날
> ・공휴일을 가리키는 休み … 휴일 또는 공휴일
> ・직장인이 회사의 허가를 얻어 실시하는 休み … 휴가

접속방법

▶ 5단 동사의 オ단 어미 + うと思って

▶ 1단 동사의 어간 + ようと思って

▶ する ⇒ し + ようと思って

▶ 来る ⇒ 来 + ようと思って

011 ～う/ようとして
～려고/으려고, ～려다가/으려다가

★ 화자가 이제부터 실질적으로 어떤 움직임을 일으키려고 하는 이른바 움직임의 도입부분을 나타내는 표현이기 때문에, 도입부분에 해당되는 사건 A에서부터 사건 B가 일련의 흐름을 가지고 진행되는 경우에는 '～려고/으려고'가 정확한 표현이 된다. 그렇지 않고 사건 A가 진행되는 과정에서 사건 B가 예기치 않게 발생했음을 나타내고 싶을 때는 '～려다가/으려다가'가 정확한 표현이 된다.

❶ ～う/ようとして ➡ ～려고/으려고

❶ A あまりにも下手糞だからそれを何とか直してあげようとして手を伸ばしたのがいけなかったんだよ。 더럽게도 못하니까 그걸 어떻게든 바로잡아 주려고 손을 내민 게 안 좋았던 거야.

  B 放っときゃいいのに。 내버려두지 그랬어.

  ✎ 사고 경위를 묻는 동료에게 어떻게 해서 사고가 났는가를 설명해 주는 장면

❷ A 今日持って行こうとして出したのですが…。
  오늘 가져가려고 꺼냈는데…….

  B いいよ。次頑張ればいいさ。 괜찮아. 다음에 잘하면 돼.

  ✎ 업무상의 잘못을 저지른 부하를 위로하는 장면

❷ ～う/ようとして ➡ ～려다가/으려다가

❶ A 何で骨折したの? 왜 부러졌대?
  B 急いで出ようとしてこけたみたい。
  서둘러서 나가려다가 넘어진 모양이야.

❷ A 無理に突っ切ろうとして撥ねたみたいですね。
　　무리해서 지나가려고 하다가 친 모양이에요.

　B 可哀想に。 불쌍하게끔.

✎ 사고를 목격한 사람한테 사고내용을 전해 듣고 교통사고를 당한 사람을 화자가 안쓰러워 하는 장면에서 쓰이는 표현

★ ❷ 에 나오는 예문들은 사건 A가 진행 중에 사건 B가 예기치 않게 발생하고 있음을 알려 주고 있다. 이런 경우에는 '~려다가/으려다가'를 쓴다.

접속방법

- ▶ 5단 동사의 オ단 어미+うとして
- ▶ 1단 동사의 어간 +ようとして
- ▶ する ⇒ し+ようとして
- ▶ 来る ⇒ 来+ようとして

012 ～う/ようとする
～려고/으려고 하다

★ 화자가 이제부터 실질적으로 어떤 움직임을 일으키려고 하는, 이른바 움직임의 도입부분을 나타내는 표현

❶ A 明日はテストだから早起きしようとしてるみたい。
내일 시험이니까 빨리 일어나려고 하는 모양이야.

B 起こしてあげるの? 깨워줄 거야?

❷ A 出来れば結婚しようとしているんだけどな。
할 수만 있으면 결혼하려고 하는데 말이야.

B 彼女は何と言ってるの? 그 여자는 뭐래?

 비슷한 표현

「～う/ようとする」와「～う/ようと思う」
⇒「～う/ようと思う」의 항목 참조(p.20)

접속방법

▶ 5단 동사의 オ단 어미+うとする
▶ 1단 동사의 어간 +ようとする
▶ する ⇒ し+ようとする
▶ 来る ⇒ 来+ようとする

013 〜う/ように(も)〜(ら)れない
〜ㄹ/을래야 〜ㄹ/을 수가 없다, 〜ㄹ/을래도 〜ㄹ/을 수가 없다

❶ 〜う/ように〜(ら)れない ⇒ 〜ㄹ/을래야 〜ㄹ/을 수가 없다

❶ A 怒ると健康に悪いんですってよ。 화내시면 건강에 안 좋대요.
　 B いやはや、まぁ、こりゃ、怒ろうに(も)怒れないな。
　　 허, 이거 참. 화를 낼래야 낼 수가 없군.

❷ A 落ち着いて下さい。 진정하세요.
　 B 到底耐えように(も)耐えられませんよ。
　　 도저히 참을래야 참을 수가 없어요.

❷ 〜う/ようにも〜(ら)れない ⇒ 〜ㄹ/을래도 〜ㄹ/을 수가 없다

A 早く来て下さい。 빨리 와 주세요.
B 申し訳ありません。今は行こうにも行けない状況なんです。
　 죄송합니다. 지금은 갈래도 갈 수가 없는 상황입니다.

❸ 〜する ⇒ 〜しようにも〜しようがない
　来る ⇒ 来ようにも来ようがない

❶ A 電話しようにもしようがありませんでした。
　　 전화할래도 할 수가 없었어요.
　 B 大変でしたね。 고생하셨어요.

Tip 大変だ : 큰일이다, 큰일나다, 고생스럽다, 고생하다, 굉장하다

◆ 객관적으로 보아 사안이 무척 중대한 상태일 때의 大変だ
  ⋯→ 큰일이다, 큰일나다

◆ 수고, 고생 등이 상당한 정도에 달할 것으로 화자가 판단할 때의 大変だ ⋯→ 고생스럽다, 고생하다

◆ 객관적으로 위험이나 피해가 상당한 정도에 달할 때의 大変だ
  ⋯→ 굉장하다

① A 大変です。 큰일났어요.
   B どうしたの? そんなに慌てて。 무슨 일이야? 그렇게 허둥대고.

② A 途中ではぐれちゃって大変でした。
     도중에 길을 잃어버려서 고생했어요.
   B で、どこで合流したの? 그래서 어디에서 합류했어?

③ A どうだった? 어땠어?
   B 大変な被害に遭ったみたいです。 굉장한 피해를 입었나 봐요.

❷ A こんな状況じゃ勉強しようにしようがないじゃないですか。
     이런 상황에서 공부할래야 할 수가 없잖아요.
   B お父さんが悪かった。 아버지가 잘못했다.

❸ A また来ようにも来ようがないね。 또 올래야 올 수가 없네.
   B 申し訳ありません。 죄송합니다.

접속방법

▶ 5단 동사의 オ단 어미 + うに + エ단 어미 + れない
▶ 1단 동사의 어간 + ように + 어간 + られない
▶ する ⇒ し + ようにも + しようがない
▶ 来る ⇒ 来 + ようにも + 来ようがない

014 お (접두어)

★「お」는 뒤에 이어지는 명사・동사・형용사 등을 존경어(尊敬語) 또는 미화어(美化語)로 만드는 기능을 가지고 있으며, 우리말로는 「お+명사」「お+동사」「お+형용사」의 의미에 따라 존경어 또는 존경표현으로 대체한다.

1 お(존경어)+명사 ➡ 존경어 또는 존경표현으로 대응

❶ A お名前は何ですか。 성함이 어떻게 되세요?
   B 刈谷と言います。 가리야라고 합니다.

◎ 「お名前」는 존칭을 써야 하는 대상일 경우에는 '성함, 존함' 등으로 말하고, 그렇지 않을 경우에는 '이름, 성명' 등으로 말한다.

❷ A お住まいはどちらですか。 사시는 데는 어디십니까?
   B 名古屋です。 나고야입니다.

◎ 「お住まい」는 '사시는 데'로 풀어서 말한다. 굳이 존칭을 사용하지 않아도 되는 상대방일 경우에는 '사는 데는 어딥니까?'로 말할 수도 있다.

❸ A お仕事は何ですか。 무슨 일을 하십니까?
   B 公務員です。 공무원입니다.

◎ '일'은 존경어로 바꿀 수가 없으므로 서술어를 존경표현으로 바꾼다.

2 お(미화어)+명사 ➡ 「お」를 제외한 명사로 대응

❶ A お弁当とお茶をご用意しました。 도시락과 차를 준비했습니다.
   B ありがとうございます。 감사합니다.

❷ A 今度(こんど)お食事(しょくじ)でもしましょうよ。 언제 식사라도 하시지요.

　B いやいや。 아닙니다. 식사는 무슨.

❸ 동사·형용사 앞에 붙는 존경어 お
➡ 동사·형용사를 존경표현으로 바꾼다.

A ずいぶんお若(わか)い方(かた)ですね。 꽤 젊으신 분이군요.

B そうですね。 그러게 말입니다.

✎ 우리말에서는 「お+형용사」 표현을 쓰지 않으므로 형용사를 존경표현으로 바꾼다.

접속방법

▶ お+명사
▶ お+형용사
▶ お+동사 연용형+になる

29

015 お＋동사 연용형＋頂く
~셔서/으셔서 · ~시고/으시고, ~십시오/으십시오

★ 우리말에는「お＋동사 연용형＋頂く」형식과 같은 겸양표현이 없기 때문에「동사 어간＋시/으시」의 존경표현으로 대체한다.

❶ お＋동사 연용형＋頂いて ➡ ~셔서/으셔서, ~시고/으시고

★「앞 문장＋頂いて · 頂き＋뒤 문장」에서 앞 문장이 뒤 문장의 원인이 되는 경우에는 '~셔서/으셔서'가 되고, 앞 문장과 뒤 문장이 각기 독립된 내용일 때는 '~시고/으시고'가 된다.

❶ A わざわざお越し頂き、ありがとうございます。
　　일부러 와 주셔서 감사합니다.

　B いいえ。아닙니다.

❷ A 今週は取りあえずここでお過ごし頂いて来週は別のところに移しましょう。이번 주는 일단 여기에서 보내시고, 다음 주에는 다른 곳으로 옮깁시다.

　B ご配慮頂き、ありがとうございます。
　　배려해 주셔서 감사합니다.

❷ お＋동사 연용형＋頂きます ➡ ~십시오/으십시오

★ 상대방의 행동의 결과를「頂きます」하는 것이 결국 화자이기 때문에 우리말에서는 존경명령표현에 해당된다.

A しばらくお待ち頂きます。잠시 기다리십시오.

B 分かりました。알겠습니다.

 **비슷한 표현**

「お+동사 연용형+頂く」「お+동사 연용형+になる」 「동사 어간+れる・られる」

- ◆ お+동사 연용형+頂(いただ)く ⋯▶ ~시/으시
- ◆ お+동사 연용형+になる ⋯▶ ~시/으시
- ◆ 동사 어간+れる/られる ⋯▶ ~시/으시

★ 우리말에서는 3가지 존경표현을 전부 '~시/으시'로 나타낸다. 「お+동사 연용형+頂く」나 「お+동사 연용형+になる」와 같은 겸양/존경표현이 존재하지 않기 때문이다.

① この商品(しょうひん)は1回(いっかい)お試(ため)し頂(いただ)いた後(あと)で購入(こうにゅう)されてもかまいません。
이 상품은 한 번 써 보신 후에 구입하셔도 괜찮습니다.

② この商品(しょうひん)は1回(いっかい)お試(ため)しになった後(あと)で購入(こうにゅう)されてもかまいません。
이 상품은 한 번 써 보신 후에 구입하셔도 괜찮습니다.

③ この商品(しょうひん)は1回(いっかい)試(ため)された後(あと)で購入(こうにゅう)されてもかまいません。
이 상품은 한 번 써 보신 후에 구입하셔도 괜찮습니다.

✎ 우리말에서는 「お試し頂いた」「お試しになった」「試された」의 뉘앙스의 차이를 문법형식으로 나타내지 않으므로 셋 다 '써 보신'이 된다.

접속방법

▶ お+동사 연용형+頂く

016 お＋동사 연용형＋下さい
~십시오/으십시오

★ 가장 정중한 존경명령표현이므로 '~십시오/으십시오'로 표현한다.

❶ A お名前とご住所をお書き下さい。 이름과 주소를 쓰십시오.
　B ちょっと待って下さいね。 잠깐만요.

❷ A タバコはもうお止め下さい。 담배는 그만 끊으십시오.
　B そうするつもりです。 그럴 생각입니다.

비슷한 표현

「お＋동사 연용형＋下さい」「お＋동사 연용형＋頂きます」
「동사 て형＋下さい」「동사 て형＋もらえますか·頂けますか」

- ◆ お＋동사 연용형＋下さい (단순한 존경명령) ➡ ~십시오/으십시오
- ◆ お＋동사 연용형＋頂きます (화자 이익의 존경명령) ➡ ~십시오/으십시오
- ◆ 동사 て형＋下さい (공손명령) ➡ ~세요/으세요
- ◆ 동사 て형＋下さい (부탁·의뢰·요구) ➡ ~아/어 주세요
- ◆ 동사 て형＋頂けますか·もらえますか (부탁·의뢰·요구) ➡
   ~아/어 주십시오/주세요

★ 우리말에서는 존경명령표현일 때 '~십시오/으십시오, ~세요/으세요' 등을 쓰고, 존경의 부탁·의뢰·요구표현일 때는 '~아/어 주십시오, ~아/어 주세요'를 쓴다. 그에 비해 일본어의「お＋동사 연용형＋下さい」「お＋동사 연용형＋頂きます」「동사 て형＋下さい」「동사 て형＋頂けますか」는 명령표현으로서의 뜻과 더불어 전반적으로 부탁·의뢰·요구의 뜻으로 쓰는 경우가 많다.

★ 따라서 「お+동사 연용형+下さい」「お+동사 연용형+頂きます」「동사 て형+下さい」 등이 단순한 존경명령일 때는 '~십시오/으십시오, ~세요/으세요'를 쓰고, 「동사 て형+下さい」「동사 て형+もらえますか」「동사 て형+頂けますか」 등이 존경의 부탁·의뢰·요구표현일 때는 '~아/어 주십시오, ~아/어 주세요'를 쓴다.

① 今日はもうお帰り頂きます。 오늘은 그만 돌아가십시오.
② 今日はもうお帰り下さい。 오늘은 그만 돌아가십시오.
③ 今日はもう帰って下さい。 오늘은 그만 돌아가십시오.

✏️ 위 예문은 전부 존경명령표현

④ 来週までお待ち頂きます。 다음 주까지 기다리십시오.
⑤ 来週までお待ち下さい。 다음 주까지 기다리십시오.
⑥ 来週まで待って下さい。 다음 주까지 기다리세요.

✏️ 위 예문은 전부 존경명령표현

⑦ 来週まで待って下さい。 다음 주까지 기다려 주세요.
⑧ 来週まで待って頂けますか。 다음 주까지 기다려 주십시오.
⑨ 来週まで待ってもらえますか。 다음 주까지 기다려 주세요.

✏️ 위 예문은 존경의 부탁·의뢰·요구표현이므로 '기다려 주세요/주십시오'가 된다.

접속방법

▶ お+동사 연용형+下さい

017 お+동사 연용형+する(致す)
~아/어 드리다 등

★ 겸양표현은 우리말에서는 일부 동사에서만 쓰이나 일본어에서는 거의 모든 동사에서 쓸 수 있으며 사용빈도도 아주 높다. '~아/어 드리다'로 대응되는 것도 있으나 대응이 되지 않는 경우에는 해당 문맥에 적당한 존경어나 겸양어 또는 일반동사로 표현한다.

1 お+동사 연용형+する ➡ ~아/어 드리다

❶ A いつ見られるのですか。 언제 볼 수 있습니까?
　B 明日お見せします。 내일 보여 드리겠습니다.

❷ A 私がお手伝い致します。 제가 도와 드리겠습니다.
　B あら、ごめんね。お願いします。 어머, 미안해라. 부탁해요.

❸ A お教えしましょうか。 가르쳐 드릴까요?
　B 助かります。 고맙습니다.

❹ A お茶、お持ちしましょうか。 차, 드릴까요?
　B はい。頂きます。 네. 주십시오.

❺ A カバン、お持ちしましょうか。 가방, 들어 드릴까요?
　B 頼みます。 부탁해요.

❻ A 写真、お取りしましょうか。 사진 찍어 드릴까요?
　B ありがとうございます。 감사합니다.

❷ お+동사 연용형+する ➡ 겸양어 또는 단순한 동사

❶ A じゃ、またお会いしましょう。그럼, 또 뵙지요.
B さようなら。안녕히 가세요.

❷ A それでは明日約束場所でお待ちしております。
그러면 내일 약속장소에서 기다리겠습니다.
B それでは明日。그럼 내일.

❸ A 20日までにお支払い致します。20일까지 지불하겠습니다.
B お待ちしております。기다리겠습니다.

❹ A じゃ、お聞きしますが、正解は? 그럼, 묻겠는데요, 답은?
B 3番。3번.

❺ A 昨日入院されたとお聞きしました。
어제 입원하셨다고 들었습니다.
B そうなんですよ。그렇답니다.

접속방법

▶ お+동사 연용형+する

018 お+동사 연용형+なさい
~아요/어요

★「お休みなさい」「お帰りなさい」 등의 인사말을 제외하고는 동년배 또는 손아랫사람에게 쓰는 다소 정중한 명령표현으로, 의미적으로 '~아요/어요'에 가깝고 주로 여자들이 쓴다.

1 お+동사 연용형+なさい ➡ ~아요/어요

❶ A そこでお待ちなさい。 거기서 기다려요.
  B どのぐらいですか。 얼마나요?

❷ A そこにお座りなさい。 거기 앉아요.
  B はい。 예.

❸ A 車にお気をつけなさいね。 차, 조심해요.
  B もう子供じゃないんだから。 아직도 앤 줄 아나 봐.

2 お休みなさい ➡ 안녕히 주무세요, 잘 자요, 잘 자

비슷한 표현

「お+동사 연용형+下さい」「동사 て형+下さい」
「お+동사 연용형+なさい」

◆ お+동사 연용형+下さい (존경명령) ~시/으시
◆ 동사 て형+下さい (공손명령) ~세요/으세요
◆ お+동사 연용형+なさい (공손하대명령) ~아요/어요
  ① その椅子にお座り下さい。 그 의자에 앉으십시오.
  ② その椅子に座って下さい。 그 의자에 앉으세요.
  ③ その椅子にお座りなさい。 그 의자에 앉아요.

019 お＋동사 연용형＋になる
～시/으시

★ 상대방 또는 제3자에 대해 쓰는 최상의 존경표현으로 우리말에는 이와 같은 문법형식이 없으므로 「동사 어간＋시/으시」로 표현한다.

❶ A いつお帰りになったんですか。 언제 돌아오셨어요?
   B 先週です。 지난주입니다.

❷ A こんなお土産、お受け取りになるんですかね。
   이런 선물 받으실까요?
   B お土産ですから、大丈夫ですよ。 선물이니까 괜찮아요.

비슷한 표현

「お＋**동사 연용형**＋になる」「**동사 어간**＋れる/られる」
「お＋**동사 연용형**＋頂く」

◆ お＋동사 연용형＋になる　～시/으시
◆ 동사 어간＋れる/られる　～시/으시
◆ お＋동사 연용형＋頂く　～시/으시

① 当社製品をお買い上げになったのはいつですか。
   저희 회사제품을 사신 게 언제입니까?
② 当社製品を買われたのはいつですか。 저희 회사제품을 사신 게 언제입니까?
③ 当社製品をお買い上げ頂いたのはいつですか。
   저희 회사제품을 사신 게 언제입니까?

✎ 우리말에서는 「お＋동사 연용형＋頂く」「お＋동사 연용형＋になる」「동사 어간＋れる/られる」의 세 형식 다 '～시/으시'로 나타낸다.

접속방법

▶ お＋동사 연용형＋になる

020 ～(は)おろか
～은/는커녕

❶ A そこはどうでしたか。 그곳은 어땠습니까?
B ご飯はおろか、水も飲めないところでしたね。
밥은커녕 물도 못 마시는 곳이었습니다.

❷ A 海外旅行は? 해외여행은?
B 海外旅行はおろか、国内旅行もあまり行ったことがありません。
해외여행은커녕 국내여행도 별로 가 본 적이 없습니다.

접속방법
▶ 명사+はおろか

021 동사 연용형＋終わる
다 ~하다

① A 写真取り終わりましたか。 사진 다 찍었어요?
　 B まだです。 아직이요.

② A 書き終わったら出して下さいね。 다 썼으면 내세요.
　 B はい。 예.

접속방법
▶ 동사 연용형＋終わる

か (종조사)

~까?, ~요?, ~니?/냐?, ~나/아냐, ~냐/이냐, ~는지 ~ㄴ/은지, ~ㄴ가

1 (です)か・(ます)か ➡ ~(ㅂ니/습니)까?, ~(아/어)요?

❶ A 誰ですか。누굽니까? (누구예요?)
   B 分かりません。몰라요.

❷ A いつ行きますか。언제 갑니까? (가요?)
   B 明日です。내일이요.

❸ A 名前が同じですか。이름이 같습니까? (같아요?)
   B はい。예.

2 명사・동사・형용사의 연체형 + ん(の)か ➡ ~니?/냐?

❶ A 次、俺か? 다음 나니? (나냐?)
   B そうだよ。頑張ってね。그래. 잘해.

❷ A お前、知ってたのか。너, 알았니? (알았냐?)
   B もちろんさ。물론이지.

❸ A ここから近いのか? 여기에서 가깝니? (가깝냐?)
   B そうだと思うよ。그럴 거야.

✎ 「次、俺?」「知ってた?」「近い?」와 같이「(の)か?」를 사용하지 않는 경우에는 '나야?, 알았어?, 가까워?'가 적당하다.

3 か가 여럿 중에서 하나를 선택하는 뜻일 때 ➡ ~나/이나

❶ A コーヒーか紅茶、下さい。 커피나 홍차 주세요.
   B ちょっと待ってね。 잠깐 기다려.

❷ A 土曜日か日曜日に行きます。 토요일이나 일요일에 갈게요.
   B 待っているよ。 기다릴게.

4 か가 둘 중 어느 쪽인지 미정임을 나타낼 때 ➡ ~냐/이냐

❶ A 生か死かそれが問題だ。 삶이냐 죽음이냐 그것이 문제다.
   B いきなりどうした? 갑자기 왜 그래?

❷ A いつ開催するって? 언제 개최된대?
   B 1月か2月かがまだ決まらないみたい。
   1월이냐 2월이냐가 아직 안 정해졌나 봐.

5 문중에서 의문을 나타내는 か ➡ ~는지, ~ㄴ/은지

❶ A 何だか眠れないよ。 왠지(왜인지) 잠이 안 와.
   B どうしたの? 왜 그래?

❷ A 本当に見たのか、知りたい。 진짜 봤는지 알고 싶어.
   B 見たってば。 봤다니까.

❸ A よっぽど寒いのか、ストーブを二つもつけているね。
   무지하게 추운지 난로를 두 개나 켜 놨네.
   B それもそのはずだよ。 그도 그럴 테지.

6 부정대명사+か ➡ ~ㄴ가

❶ A 何か不満でもあるみたいだね。 뭔가 불만이라도 있는 모양이구나.
　B いいえ。ありません。 아뇨, 없어요.

❷ A お別れだね。 헤어지는구나.
　B いつかまた会うでしょう。 언젠가 또 만나겠죠.

❸ A 砂糖忘れた。 설탕 잊어버렸다.
　B 誰かが持ってくるでしょう。 누군가가 가지고 오겠죠.

 비슷한 표현

~야? / 이야? · ~아?/어? · ~니? (냐?)

◆ ~야?/이야? 명사+なの? (명사 끝의 억양을 올려서 말한다.)
◆ ~아?/어? 동사·형용사 연체형+の? (동사·형용사 끝의 억양을 올려서 말한다.)
◆ ~니?/냐? 명사+なの?/동사·형용사 연체형+の?/명사+なのか?/ 동사·형용사 연체형+のか?

① これ、知らない(の?)か? 이거 모르니?
② これ、知らない(の)? 이거 몰라?
③ これがお前(なの?)か? 이게 너니?
④ これがお前(なの)? 이게 너야?
⑤ (俺の言っていることなどが)気に食わない(の)? / 気に食わないのか? 기분 나쁘니?
⑥ (俺の言っていることなどが)気に食わない(の)? 기분 나빠?

★ 의문의 종조사「か?」를 쓰면 질문의 성격이 보다 뚜렷해져 딱딱한 느낌을 주기 때문에 남자 말투로 느껴진다. 그에 비해「の?」는 노골적인 의문의 종조사가 아닌 만큼 부드러운 느낌을 주기 때문에 여자 말투로 느껴지기도 한다.

접속방법

- ① 명사・형용사 종지형＋ですか
  동사 연용형＋ますか
- ② 명사＋か?
  동사・형용사 연체형＋(の)か?
- ③④ 명사＋か＋명사
- ⑤ 명사＋なのか・だか
  동사・형용사 연체형＋のか
- ⑥ 부정대명사＋か

023 が〈주격조사〉
~이/가, ~을/를

❶ 「が」가 주격조사일 때 ➡ ~이/가

❶ A 私が山田です。 제가 야마다입니다.
　 B よろしくお願いします。 잘 부탁드립니다.

❷ A ちょっと待ってね。 조금 기다려.
　 B 時間がありません。 시간이 없어요.

❷ 「が」가 희망의 대상을 나타낼 때 ➡ ~이/가

★ 「が」는 우리말의 '~이/가'처럼 자주 생략되지 않는다.

❶ A 今日はビールが飲みたいです。 오늘은 맥주 마시고 싶어요.
　 B どうしたの? 웬일이야?

❷ A あ、寿司(が)食べたい。 아, 초밥 먹고 싶다.
　 B 食べに行こうか。 먹으러 갈까?

❸ 「が」가 가능 또는 기호의 대상을 나타낼 때 ➡ ~을/를

★ 「が」는 '~을/를'과 거의 같은 정도로 생략된다.

❶ A この漢字(が)読めますか。 이 한자(를) 읽을 수 있어요?
　 B 読めません。 못 읽어요.

❷ A この場所は卓球(が)出来るの? 여기는 탁구(를) 칠 수 있어?
　 B 多分ね。 아마도. (칠 수 있을 걸)

> **Tip** 탁구를 치다 : 卓球をする
>
> ・(탁구・배드민턴・테니스) 치다
>   (卓球・バドミントン・テニス)をする(やる)
> ・컴퓨터를 치다 パソコンを打つ

❸ A あの人(が)、好き? 저 사람(을) 좋아해?
　 B うん。好き。응, 좋아해.

4 ～がほしい ➡ ～이/가 있었으면 좋겠다

★ 우리말의 '～이/가'는 종종 생략되나, 「が」는 거의 생략하지 않는다.

❶ A 友達がほしいです。친구가 있었으면 좋겠어요.
　 B 紹介してあげましょうか。소개해 드릴까요?

❷ A お金がたくさんほしい。돈(이) 많이 있었으면 좋겠다.
　 B 金では何も出来ないよ。돈으로는 아무것도 못해.

5 ～になる ➡ ～이/가 되다

★ '～이/가 되다'의 '～이/가'는 「が」가 아니라 「に」를 쓴다.

❶ A 何になりたいの? 뭐가 되고 싶니?
❷ B プロ野球選手になりたいです。프로 야구 선수가 되고 싶어요.

6 연체수식의 「が」

➡ 우리말에서는 연체수식의 「が」에 해당하는 표현이 없으므로, 「が」 앞에 오는 말을 관형사로 바꿔서 말해야 한다.

A 先生が柔道大会でメダル取ったらしいよ。
선생님이 유도대회에서 메달 땄대.

B さすがわれらが先生だね。 과연 우리 선생님이야.

7 ～がごとく ➡ ～는 것처럼, ～는 듯이
～がゆえに ➡ ～기 때문에

① 眠るがごとく 자는 듯이(자는 것처럼)
② 高いがゆえに 비싸기 때문에
③ 言ったがゆえに 말했기 때문에

8 관용어구에 나오는 「が」 ➡ ～(는) 게

① A 知らぬが仏っていうじゃないですか。 모르는 게 약이라잖아요.
   B 私が愚かでした。 제가 어리석었어요.

② A 負けるが勝ちなんですよ。 지는 게 이기는 거예요.
   B 分かっているつもりですけどね。 모르는 건 아닌데요……

9 경어를 써야 하는 사람명사 + 「が」 ➡ ～께서

① A 社長が早くいらして下さいと言っています。
   사장님께서 빨리 오시랍니다.
   B 何かあった? 무슨 일 있었어?

❷ A 私の祖父がそう言いました。 저희 할아버지께서 그렇게 말씀하셨습니다.

B それなら仕方ないですね。 그러시다면 할 수 없군요.

「〜が〜たい」와 「〜を〜たい」

◆ 〜が〜たい 〜이/가 〜싶다
◆ 〜を〜たい 〜을/를 〜싶다

① そのドラマが見たい。 그 드라마가 보고 싶다.
② そのドラマを見たい。 그 드라마를 보고 싶다.

★ 비슷한 것 같지만 위 예문의 의미는 약간 다르다. 「そのドラマが見たい」라고 할 때는 다른 드라마가 아닌 바로 그 드라마를 보고 싶다는 뜻이고, 「そのドラマを見たい」라고 할 때는 화자의 보고 싶은 대상이 그 드라마라는 뜻이 된다.

024 が〈접속조사〉

~는데 ~ㄴ/은데, ~만, 지만, ~든

❶ ~が 의 내용이 뒤 문장의 전제가 될 때 ➡ ~는데 ~ㄴ/은데, ~만

★ 회화체에서는「~が」가 '~는데, ~ㄴ/은데'가 되는 경우가 많다.

❶ A 是非見たかったんだが…。 꼭 보고 싶었는데…….
　 B 私もです。 저도요.

❷ A 元気なんだが、ちょっと食欲がない。 건강한데 식욕이 조금 없구먼.
　 B お大事になさって下さいね。 조심하셔야 합니다.

❸ A 私が社長の石田ですが…。
　　 제가 여기 사장인 이시다입니다만. (이시다인데요)
　 B あ、そうですか。警察のものですが…。
　　 아, 그러십니까. 경찰에서 나왔습니다.

✎ 위 예문은 불쑥 자기 회사에 나타난 사람들과의 대화 장면인데, 불청객처럼 나타난 사람들에 대해 사장이 어떤 마음을 가지고 대하느냐에 따라 '사장입니다만'와 '사장인데요' 양쪽 다 쓸 수 있다. '사장입니다만'이라고 말할 때는 그 후의 사건전개에 대해 약간 부정적인 시각을 가지고 있을 경우이며 '사장인데요'라고 말할 때는 부정적인 시각보다는 사건전개를 객관적으로 보고자 하는 심리가 작용된다고 볼 수 있다.

❷ ~が 의 내용이 뒤 문장과 의미적 대립이 될 때 ➡ ~만

A 忙しいわけではありませんが…。 바쁜 건 아니지만…….
B それじゃ、是非助けて下さい。 그럼 꼭 좀 도와주십시오.

3 ～が～が ➡ ～든 ～든
～が～まいが ➡ ～든 말든

❶ A あの人が成功しようが失敗しようが私には関係のないことです。 그 사람이 성공하든 실패하든 저한테는 상관없는 일입니다.

B それはそうかもしれないけど。 그건 그럴지도 모르지만.

❷ A 泣こうが泣くまいが私の知ったことじゃない。
울든 말든 내가 알 바 아니지.

B あまりにも酷いです。 너무 심해요.

Tip 심하다:「激しい・甚だしい・酷い・やり過ぎる」

1) 어떤 사물・일의 상태가 객관적으로 보아도 지나칠 정도로 상당한 레벨에 가 있을 때 … 激しい

  A 바람이 너무 심합니다. 風があまりにも激しいです。
  B 그래? 그럼 항해를 중지해. そうか。じゃ、航海を中止しろ。

2) 화자가 어떤 사물, 일의 상태가 지나칠 정도로 상당한 레벨에 가 있다고 주관적으로 판단할 때 … 甚だしい

  A 너보고 바람둥이래. お前に浮気ものだって。
  B 오해도 심하다. 나보고 바람둥이라니.
    勘違いも甚だしいな。俺に浮気ものだとは。

3) 화자가 어떤 사물, 일의 상태가 지나칠 정도로 상당한 레벨에 가 있다고 감정을 섞어서 판단할 때 … 酷い・やり過ぎる

  ① A 감기가 아주 심한가 봐요. 風邪がかなり酷いみたいです。
    B 회사 쉬라고 그러세요. 会社休んでいいと言っといて下さい。

  ② A 너 왜 그렇게 그 사람한테 심하게 대하니?
    お前、何であんなにあの人に酷く当たるんだよ。
    B 조금 심했나? ちょっとやり過ぎたのかな。

'~지만' 과 '~는데' ⇒ 「けど」의 항목 참조(p.85)

★ 일본어에서는 대립의 뜻을 가진 '~지만' 과 '~는데' 의 뜻 차이를 단어로 나타내지 않으므로 양쪽 다「が」「けれども・けれど・けど・けども」가 된다.「が」는 다소 딱딱한 말투 또는 문장체에 주로 사용되고, 회화체에서는 주로 「けれども・けれど・けど・けども」가 사용된다. 한편, '~는데' 는 다음과 같은 일본어 표현으로 나타난다. 필요전제 ①과 ②의 '~데' 의 경우에는 「のに」를 쓰는 것이 자연스럽고, 대립전제 ③과 ④의 '~데' 의 경우에는 「が」「けれども」를 쓰는 것이 자연스럽다. 시간전제 ⑤와 ⑥의 '~데' 의 경우에는 「~時に」「~していたら」「~しているところに/ところで」를 쓰는 것이 자연스럽고, 반전전제 ⑦과 ⑧의 '~데' 의 경우에는 「のに」를 쓰는 것이 자연스럽다.

① 이거 만드는데 많이 걸려요?
これ、作るのにかなりかかりますか。

② 일본에 가는데 얼마 들어요?
日本に行くのにどのくらいかかりますか。

③ 옛날에는 싫어했는데 지금은 아니에요.
昔は嫌だったんですけど、今は違います。

④ 나는 괜찮은데 그이가 안 된대요.
私は大丈夫だけど、うちの主人がだめなんですって。

⑤ 텔레비전을 보는데 현관 벨이 울렸다.
テレビを見ている時に玄関のベルが鳴った。

⑥ 정신없이 걸어가는데 누가 불렀다.
急いで歩いてたら誰かが私を呼んだ。

⑦ 산은 멋있는데 계곡이 지저분하다.
山は素晴らしいのに渓谷が小汚い。

⑧ 비가 억수같이 오는데 놀러 가는 사람이 있다.
土砂降りの雨なのに遊びに行く人がいる。

025 동사 연용형＋かけ
～다(가) 만

❶ A これ、食(た)べかけのおにぎり。이거 먹다가 만 주먹밥.
　B 俺(おれ)に食(た)べなさいって? 나한테 먹으라고?

❷ A こら、読(よ)みかけの本(ほん)、片付(かたづ)けなさい。야! 읽다가 만 책 치워.
　B 後(あと)でやる。나중에 할게.

접속방법

▶ 동사 연용형＋かけ

026 かしら〈종조사〉
~ㄴ가, ~ㄹ/을까 모르다, ~ㄹ/을까?, ~더라?

★「かしら」는 일반적으로 여성들이 많이 쓰나 남성이 쓰는 경우도 있다.

1 의문사+かしら ➡ ~ㄴ가

❶ A 何かしら、変なものが見えたよ。 뭔가 이상한 게 보였어.
　B やめて下さいよ。怖いんだから。 하지 마세요. 무서우니까.

❷ A 誰かしら来ていたみたいよ。 누군가 왔던 것 같아.
　B 来るわけないでしょう。 오긴 누가 와요?

2 문장 끝+かしら ➡ ~ㄹ/을까 모르다

★ 화자가 말하고자 하는 내용에 대하여 확신이 없음을 나타낸다.

❶ A あの人、信じていいのかしら。 그 사람 믿어도 될까 몰라.
　B いいと思いますよ。 괜찮을 거예요.

❷ A それ、食べても大丈夫かしら。 그거 먹어도 좋을까 모르겠어.
　B 捨てましょうか? 버릴까요?

3 문장 끝+かしら ➡ ~ㄹ/을까?

★ 화자가 말하고자 하는 내용에 대해 확신이 서지 않아서 그에 대한 상대방의 의견을 들어보고자 함을 나타낸다.

❶ A もうちょっと待ってみようかしら。 조금만 더 기다려 볼까?
　B 私は先に行きます。 저는 먼저 가겠습니다.

❷ A 明日(あした)雨(あめ)かしらね。 내일 비가 올까?

　B テレビでそう言(い)っていましたよ。
　　　텔레비전에서 그렇다고 했어요.

4 명사＋かしら ～더라?

★ 화자의 불분명한 기억을 나타낸다.

❶ A あなた、どちらさまだったかしら。 댁, 누구시더라?
　B 私(わたし)ですか? 저요?

❷ A 今日(きょう)、誰(だれ)の誕生日(たんじょうび)だったかしら。 오늘 누구 생일이었더라?
　B 剛君(つよしくん)でしょう? 츠요시일 걸요?

접속방법

▶ 명사＋かしら
▶ 의문사＋かしら
▶ 각종결표현＋かしら

027 〜がてら
〜ㄹ/을 겸

❶ A 散歩がてら買い物に行ってくるね。
　　산책할 겸 쇼핑 갔다 올게.
　B 行ってらっしゃい。 다녀오세요.

❷ A 打ち合わせがてらいっぺん集まろうよ。
　　일 상의도 할 겸 한번 모이자.
　B それ、口実でしょう？ 그거 핑계지?

접속방법

▶ 명사+がてら

028 かな (종조사(終助詞))
~ㄴ가?, ~ㄹ/을까?, ~려나?/으려나? (~ㄹ/을래나?)

1 명사+かな? ➡ ~ㄴ가?

❶ A 私かな? 난가?
　 B そうだよ。お前だよ。 그래. 너야.

❷ A 今日、誰かの誕生日なのかな。 오늘, 누구 생일인가?
　 B いや、そういうわけでは…。 아니, 그런 게 아니라…….

2 동사・형용사・부사의 종결표현+かな
➡ ~ㄹ/을까?, ~려나?/으려나? (~ㄹ/을래나?)

★ 화자가 상대방의 의견을 물어볼 때 ⇒ ~ㄹ/을까?
　화자가 상대방의 의중을 떠보면서 의견을 물어볼 때 ⇒ ~려나?/으려나? (~ㄹ/을래나?)

❶ A 着いたかな。 도착했을까?
　 B 多分着いたでしょう。 아마 도착했을 걸요.

❷ A これじゃ、辛いかな。 이러면 매울까?
　 B いいんじゃないですか。 괜찮지 않아요?

❸ A 早すぎるかな? 너무 빠르려나?
　 B ちょうどいいと思うよ。 딱 맞을 거야.

❹ A いつ起きるかな? 언제 일어날래나?
　 B もうそろそろでしょう。 슬슬 일어나겠지.

'〜ㄹ/을까?' 와 '〜려나?/으려나? (〜ㄹ/을래나?)'

화자가 단순히 상대방의 의견을 물어보는 경우의 '〜ㄹ/을까?' 와 화자가 상대방의 의중을 떠보면서 의견을 물어보는 경우의 '〜려나?/으려나? (〜ㄹ/을래나?)'를 구분해서 사용하는 우리말과 달리 일본어에서는 이 두 가지를 구분하지 않고 양쪽 다 「かな」로 표현한다.

① A あの人、怪我したかな? 그 사람 다쳤을까?
　 B そりゃ、したでしょう。 그야 다쳤겠지.

② A あの人、怪我したかな? 그 사람 다쳤을래나?
　 B そりゃ、したでしょう。 그야 다쳤겠지.

★「다친 사실」에 대해서 단순히 상대방에게 사실 여부를 물을 때는 '다쳤을까?'가 되고, 「다친 사실」에 대한 상대방의 반응을 떠보면서 물을 때는 '다쳤을래나?'가 된다.

접속방법

▶ 명사 + かな?
▶ 각 종결표현 + かな?

029 ～かのようだ
～는 것 같다, ～ㄴ/은 것 같다, ～ㄹ/을 것 같다

❶ 명사・동사・형용사＋かのような ➡ ～ㄴ/은 것 같은, ～는 것 같은

❶ A まるで自分が社長かのような言い方だね。
마치 자기가 사장인 것 같은 말투네.

B 本当にそうですね。 정말 그렇네요.

❷ A 死んだ友達を見ているかのような感じでしたよ。
죽은 친구를 보는 것 같은 느낌이었습니다.

B そんなに似ていたんですか。그렇게 닮았습니까?

❷ 명사・동사・형용사＋かのように
➡ ～ㄴ/은 것처럼, ～는 것처럼, ～ㄴ/은 것 같이, ～는 것 같이

A 自分が医者であるかのように振舞っていましたよ。
자기가 의사인 것처럼 행동하고 있었어요.

B あの人、本当にお医者さんなんですよ。그 사람, 정말 의사예요.

❸ 동사＋かのような ➡ ～ㄹ/을 것 같은

A すぐにも終わるかのような言い方でしたよ。
금방이라도 끝날 것 같은 말투던데요.

B じゃ、待ちましょう。그럼 기다립시다.

❹ 동사＋かのように ➡ ~ㄹ/을 것 같이, ~ㄹ/을 것처럼

A あの方、今にも帰るかのように身支度していますね。
  저분 지금이라도 갈 것처럼 채비하고 있네요.

B いや、帰るのは明日ですよ。 아니, 돌아가는 건 내일이에요.

접속방법

▶ ①② 명사＋かのような、かのように
▶ ①② 형용사 현재형＋かのような、かのように
▶ ①② 동사 과거형＋かのような、かのように
▶ ③④ 동사 현재형＋かのような、かのように

030 〜かもしれない
〜ㄹ/을지도 모르다

❶ A 今回(こんかい)はちょっと危(あぶ)ないかもしれない。
　　이번에는 조금 위험할지도 몰라.
　B 何(なに)かあったんですか。무슨 일 있었습니까?

❷ A これ、難(むずか)しいかもしれない。이거 어려울지도 모르겠네.
　B でも、やって見(み)ましょうよ。그래도 해 봐요.

접속방법

▶ 명사・동사/형용사 종지형+かもしれない

031 〜かもしれません
〜ㄹ/을지도 모릅니다(몰라요)

A 着いたかもしれませんね。 도착했을지도 모르겠네요.
B もうそんな時間か。 벌써 그럴 시간이야?

접속방법
▶ 명사・동사/형용사 종지형+かもしれません

032 〜かもよ
~ㄹ/을지도 몰라, ~겠다

★ 화자의 불확실 판단을 나타내는「かも」는 '~ㄹ/을지도 몰라'로 표현하며 화자의 판단유보를 나타내는「かも」는 '~겠다'로 나타낸다.

1 〜かもよ ➡ ~ㄹ/을지도 몰라, 겠다

❶ A あの人、遅れるかもよ。 그 사람 늦을지도 몰라.
   B また? 또?

❷ A 今いないかもよ。 지금 없을지도 몰라.
   B いると言ったよ。 있겠다고 했어.

❸ A 12月に韓国に行くんだ。 12월에 한국 간다.
   B すごく寒いかもよ。 무지하게 추울지도 몰라.

❹ A その方がお洒落かもよ。 그쪽이 괜찮겠다.
   B そうかな? 그럴까?

✎ 「お洒落かもよ」라고 할 때 화자는 상대방이 입은 옷에 대한 자신의 판단을 유보하고 있다. 이때는 '괜찮을지도 몰라'라고 말하지 않는다. '몰라'라고 단정적으로 이야기하는 것은 「かもよ」의 의미가 아니기 때문이다. '그쪽이 괜찮을지도 모르겠다'라고 쓸 수는 있다. 왜냐하면 '~겠다'라고 함으로써 단정적으로 남이 입은 옷에 대해 직설적으로 판단하는 것을 막아줄 수 있기 때문이다.

Tip

お洒落(しゃれ) : '괜찮다, 멋있다, 세련되다'

◆ 어떤 대상의 용모, 자세, 태도, 말씨, 분위기 등이 화자가 마음속에 설정한 미적 상당수준에 도달할 경우 ⋯▶ 괜찮다

◆ 어떤 대상의 외모, 겉모습 등이 화자가 마음속에 설정한 미적 상당수준을 넘을 경우 ⋯▶ 멋있다, 빼입다(옷차림일 경우)

◆ 어떤 공간이 화자의 마음속에 설정한 미적 상당수준을 넘을 경우 ⋯▶ 세련되다

① あの人(ひと)、なかなかお洒落(しゃれ)だね。 저 사람 꽤 괜찮다.

② そんなにお洒落(しゃれ)してどこ行(い)くの? 그렇게 빼입고 어디 가?

③ なかなかお洒落(しゃれ)なレストランだね。
제법 세련된 레스토랑이네.

접속방법

▶ 명사・동사/형용사 종지형 + **かもよ**

033 から 〈격조사〉

~에게서/한테서, ~에서(부터), ~로/으로, ~부터

1 출처를 나타내는 사람명사＋から ➡ ~에게서/한테서

❶ A それ、どうしたの？ 그거 어디서 났니?
　B 母から送られて来ました。엄마한테서 보내왔어요.

❷ A それ、素敵だね。그거 멋있다.
　B 友達からもらったんです。친구한테서 받았어요.

2 장소의 기점이 되는 명사＋から ➡ ~에서

❶ A ここからそこまでどのくらいかかる？
　　여기에서 거기까지 얼마나 걸려?
　B およそ二日ぐらいです。한 이틀 정도예요.

❷ A あの人、どこから来たんですか。저 사람 어디에서 왔어요?
　B 台湾からです。대만에서요.

3 장소의 기점이 되는 명사＋から ➡ ~에서부터

A どこから始まったんですか。어디에서부터 시작된 겁니까?
B 定かではないけど、中国からかな？
　정확하지는 않지만 중국에서부턴가?

④ 재료가 되는 명사＋から ~로/으로

A あの人、あの木から何を作ってるんですか。
저 사람 저 나무로 뭘 만드는 거예요?

B 人形作っているみたいですよ。 인형 만든대요.

⑤ 시간의 기점이 되는 명사＋から ~부터

A 1時から予選です。 1시부터 예선입니다.

B 緊張するな。 긴장되네.

「に」와「から」

◆ 출처를 나타내는 사람 명사＋に ···→ ~에게/한테

◆ 출처를 나타내는 사람 명사＋から ···→ ~에게서/한테서

① これ、母にもらった指輪です。 이거 엄마한테 받은 반지예요.

② これ、母からもらった指輪です。 이거 엄마한테서 받은 반지예요.

접속방법

▶ 명사＋から

034 から 〈접속조사〉

~니까/이니까, ~니까/으니까, ~았/었으니까

1 명사+だから ➡ ~니까/이니까

❶ A 風邪だからプールはだめよ。 감기니까 풀장, 안 돼.
B 分かった。 알았어.

❷ A これ、卵だから気をつけてね。 이거, 달걀이니까 조심해.
B はい。 예.

2 동사・형용사 종지형+から ➡ ~니까/으니까

❶ A 今日はいっぱい遊んだから疲れたでしょう。
오늘 많이 놀았으니까 힘들었지?
B でも、楽しかったね。 그치만 재미있었어.

✎ 온종일 뛰어논 아이를 재우는 장면 등에서 쓰여지는 표현

❷ A 明日早いからもう寝よう。 내일 일찍 나가야 하니까 그만 자자.
B いいですよ。 좋아요.

✎ 「早い」는 '(시간이) 이르다/빠르다'라는 뜻인데 위 예문의 경우 일반적으로는 일어날 시간이 이르다는 의미이기 때문에 우리말로는 '일찍 나가다'로 표현하는 것이 좋다.

3 동사・형용사 과거형+たから ➡ ~았/었으니까

❶ A たくさん飲んだから喉が渇くと思うよ。
많이 마셨으니까 목이 마를 거야.
B そうだろうね。 그러겠지.

❷ A 早(はや)いな。もうこんな時間(じかん)?
　　　빨리도 지나간다. 벌써 이 시간이야?

　　B 結構(けっこう)面白(おもしろ)かったですからね。時間(じかん)が経(た)つのを忘(わす)れましたね。
　　　되게 재미있었으니까요. 시간 가는 것도 잊어버렸네요.

✎ 영화나 연극 등을 보고 밖에 나와보니 '이렇게 빨리 시간이 지나갔나'라고 느낄 때 쓰는 표현이기 때문에 「早い」는 시간이 빨리 지나갔음을 알 수 있는 표현으로 번역해야 한다.

❹ 「앞 문장＋から＋뒤 문장」에서 뒤 문장이 앞 문장의 자연스러운 흐름의 결과로 성립되는 경우 ➡ ~아서/어서/해서

★「から」는 보통 '~니까/으니까'가 되는 경우가 압도적으로 많으며 '~아서/어서/해서'가 되는 예는 그다지 많지 않다.

❶ A ご飯(はん)余(あま)ったからおにぎり作(つく)ったよ。 밥이 남아서 주먹밥 만들었다.
　　B やった！ 와!

❷ A ご飯(はん)が余(あま)ったからおにぎり作(つく)ったんだよ。
　　　밥이 남았으니까 주먹밥 만든 거야.
　　B あ、そうですか。 아, 그래요.

✎ 삼각김밥을 만든 사건이 밥이 남은 사건의 자연스러운 흐름의 결과일 때는 '밥이 남아서'라고 하는 것이 적당하고, 밥이 남은 것이 삼각김밥을 만든 화자의 이유가 될 때 '밥이 남았으니까'라고 하는 것이 적당하다.

Tip おにぎり: 삼각김밥, 주먹밥

「おにぎり」는 '삼각김밥', 또는 '주먹밥'으로 번역되는데 실제 일본사람들이 이 음식을 먹거나 만드는 상황 등을 살펴보면 실질적으로 느끼고 있는 감각으로 볼 때 우리나라 음식에서 제일 가까운 것은 '김밥'이다.

❺ 1인칭 주어+동사 종지형+から ➡ 「동사 어간」+ㄹ/을 테니까

★ 「앞문장+から+뒤 문장」에서 앞문장의 내용 가운데 화자의 의지·의도가 나타나는 경우에는 '~ㄹ/을 테니까'가 된다.

❶ A なるべく早（はや）く帰（かえ）るから安心（あんしん）して。 가능한 한 빨리 갈 테니까 안심해.
　B 早（はや）く帰（かえ）ってきてよ。 빨리 와.

❷ A ご飯（はん）です。 식사입니다.
　B 後（あと）で食（た）べるからそこにおいといて。 나중에 먹을 테니까 거기 놓아둬.

❻ 3인칭 주어+동사·형용사 종지형+だろうから
➡ 「동사 어간」+ㄹ/을 테니까

★ 「~から」가 추측을 나타내므로 '~ㄹ/을 테니까'로 나타낸다.

❶ A 雨（あめ）降（ふ）るだろうから傘（かさ）持（も）っていって。 비 올 테니까 우산 가지고 가.
　B はい。 예.

❷ A 今頃（いまごろ）着（つ）いただろうから大丈夫（だいじょうぶ）だよ。
　　지금쯤 도착했을 테니까 괜찮아.
　B 電話（でんわ）くらいしてくれればいいのに。 전화좀 해주면 좋을 텐데.

접속방법

▶ 명사+だから
▶ 동사·형용사 종지형+から
▶ 동사 て형+から
▶ 형용사 과거형 어미+たから
▶ 1인칭 주어+동사 종지형+から
▶ 3인칭 주어+동사·형용사 종지형+から

035 〜からして
〜부터가

❶ A 君、外見からして学生のようには見えないな。
   너 외모부터가 학생처럼 안 보인다.
   B 学生です。間違いありません。 학생이에요. 틀림없어요.

❷ A その靴からして日本人ではないな。
   그 구두부터가 일본사람이 아니구먼.
   B 靴を見ただけで分かるんですか。 구두를 보기만 해도 압니까?

접속방법

▶ 명사+からして

036 〜からって
〜기로서니

❶ A いくらデートがあるからって。
   아무리 데이트가 있다기로서니.

   B どうしたんですか。왜 그러세요?

❷ A いくら暇(ひま)だからって、こっちも迷惑(めいわく)だよ。
   아무리 한가하다기로서니 이쪽도 민폐야.

   B 私(わたし)の方(ほう)から注意(ちゅうい)しておきます。 제 쪽에서 주의 주겠습니다.

❸ A いくら社長(しゃちょう)だからって、それは酷(ひど)いですよ。
   아무리 사장이라기로서니 그건 심해요.

   B まぁ、お世話(せわ)になっていますから。
   뭐 신세 지고 있으니까요.

✎ 상대방으로부터 회사 사장과 무슨 일이 있었는가에 대한 이야기를 듣고 나서 그에 대해 이야기를 하는 장면에서 사용되는 표현

접속방법

▶ 명사+だからって
▶ 동사・형용사 종결표현+からって

037 〜からといって
〜고 해서

❶ A 歌手だからといって皆が皆歌がうまいわけではない。
　　가수라고 해서 모두가 다 노래를 잘 하는 건 아니야.

　 B そうですね。 그렇지요.

❷ A 待っているからといって来るとは限らないでしょう。
　　기다린다고 해서 꼭 온다고는 할 수 없잖아요.

　 B それでも待ちます。 그래도 기다리겠습니다.

❸ A 高いからといっていいとは言えない。
　　비싸다고 해서 좋다고는 할 수 없지.

　 B でも大体そうでしょう。 그래도 대개 그렇잖아요.

접속방법

▶ 명사+だからといって

▶ 동사・형용사 종결표현+からといって

038 〜からには

기왕 〜ㄹ/을 바에는 · 〜ㄴ/은 걸 보면, 〜ㄴ/은 이상

1. 동사 현재형의 종결표현＋からには ➡ 기왕 〜ㄹ/을 바에는
　형용사 현재형의 종결표현＋からには ➡ 〜ㄴ/은 걸 보면

❶ A イタリアに行くからにはオペラを見なきゃ。
　　이탈리아에 갈 바에는 오페라를 봐야지.

　B ごもっともです。 당연하지요.

❷ A これだけ成績が悪いからには理由があるんだろうな。
　　이렇게 성적이 나쁜 걸 보면 이유가 있겠지?

　B 次、頑張ります。 다음에 열심히 하겠습니다.

2. 동사 て형＋たからには 〜ㄴ/은 이상

A 頼まれたからには責任を持ってやります。
　부탁받은 이상 책임을 지고 하겠습니다.

B よろしくお願い致します。 잘 부탁 드립니다.

접속방법

▶ 동사・현재형의 종결표현＋からには
▶ 동사 て형＋たからには

039 きり

단 ~이서, ~로/으로, 그냥 ~만 ~고, ~ㄴ/은 채, 쭉 ~아서/어서/해서

1 명사 + きり ➡ 단 ~이서, ~로/으로

★ 숫자를 한정하는 의미일 때 ⇒ 단 ~이서
　기간을 한정하는 의미일 때 ⇒ ~로/으로

❶ A 母子二人きりで暮らしています。 모자 단둘이서 살고 있습니다.
　 B ぜひ援助させて頂きたいです。 꼭 도와 드리고 싶습니다.

❷ A いつまでですか。 언제까지입니까?
　 B 今年きりで解散です。 올해 말로 해산입니다.

❸ A 一人きりになりたいです。 혼자 있고 싶습니다.
　 B 分かりました。 알겠습니다.

★ 一人きりになりたい 혼자 있고 싶다.

2 これきり・それきり・あれきり ➡ 이 길로 · 그 길로 · 그 길로

❶ A 私たち、これきりで別れましょう。 우리 이 길로 헤어져요.
　 B いきなりどういうことだよ。 갑자기 무슨 소리야?

❷ A 最近連絡はあるんですか。 최근에 연락은 있습니까?
　 B いいえ、それきり全くありません。 아뇨, 그 길로 전혀 없습니다.

③ 동사 연체형 + きり ➡ 그냥 ~만 ~고

★ 일상회화에서 그렇게 많이 쓰이지는 않는다.

❶ A 頭を下げるきりで何も言わないんですよ。
　　그냥 고개만 숙이고 아무 말도 안 해요.

　B まぁ、許してやって下さい。 음, 용서해 주시지요.

❷ A 何を聞いてもうんうんと頷くきりで…。
　　뭘 물어봐도 응응하고 그냥 고개만 끄덕이고…….

　B そうですか。 그래요?

④ 동사 て형 + たきり ➡ ~ㄴ/은 뒤로

★ 「동사 て형 + たきり」 뒤에 주로 부정표현이 올 때

❶ A 野中さんとはどうなりましたか。
　　노나카 씨하고는 어떻게 됐습니까?

　B 一度会ったきりで全然連絡していません。
　　한 번 만난 뒤로 전혀 연락 안 하고 있습니다.

❷ A 里美ちゃんは帰って来たんですか。 사토미는 돌아왔어요?
　B 違うわよ。東京に行ったきり戻ってこないのよ。
　　아니, 도쿄에 간 뒤로 안 돌아와.

⑤ 동사 연용형 + っきり ➡ 쭉 ~

❶ A その子につきっきりで指導されるようですね。
　　그 애한테 쭉 붙어서 지도하시는 모양이죠?

　B 大会が近いですからね。 대회가 얼마 안 남았으니까요.

❷ A 足がパンパンだよ。 다리가 통통 부었다.
　B 7時間も立ちっきりだったからね。 7시간이나 쭉 서 있었으니 뭐.

❸ A 思いっきり泣きたい気持ちです。 마음껏 울고 싶은 기분이에요.
　B よく頑張ったな。 참 수고 많이 했어.

★ 思いっきり 마음껏

접속방법

▶ 명사 + きり
▶ 동사 연체형 + きり
▶ 동사 て형 + たきり
▶ 동사 연용형 + っきり

040 ～く 〈형용사 연용형〉
～게

1 형용사 어간+く ➡ ~게

❶ A 美味(おい)しく頂(いただ)きました。 맛있게 먹었습니다.
　 B そうですか。良(よ)かったです。 그래요? 다행입니다.

❷ A これ、長(なが)く切(き)って下(くだ)さい。 이거 길게 잘라 주세요.
　 B どのぐらい？ 어느 정도?

2 형용사 어간+く ➡ ~이/히/리

❶ A 明日(あした)早(はや)く来(き)てね。 내일 빨리 와.
　 B 分(わ)かった。 알았어.

❷ A 意外(いがい)に多(おお)く集(あつ)まりましたね。 의외로 많이 모였죠.
　 B そうですね。意外(いがい)でしたね。 그러게요. 의외였어요.

접속방법

▶ 형용사 어간+く

041 〜くせに
〜주제에

❶ 동사 연체형＋くせに ➡ 〜는 주제에

❶ A それも分からないくせに。그것도 모르는 주제에.
   B それがどうした？ 그게 어쨌다는 거야?

❷ A 毎日遅刻するくせに。매일 지각하는 주제에.
   B 今日はしてないもん。오늘은 안 했는데.

❷ 동사 て형＋たくせに ➡ 〜ㄴ/은 주제에

❶ A 昨日の映画、面白かったよね。어제 영화 재미있었지.
   B 寝ていたくせに。잔 주제에

❷ A これ、簡単だよ。이거 간단해.
   B 何だと？ 前怪我したくせに。뭐라고? 전에 다친 주제에.

✎ 이전에 철봉을 넘다가 다친 일이 있는 상대방이 '이런 건 쉽게 할 수 있어'라고 또 장담하는 장면 등에서 사용되는 표현

접속방법

▶ 동사 연체형＋くせに
▶ 동사 て형＋たくせに

042 くらい
정도, ~ㄹ/을 정도 · ~는 정도 · ~ㄴ/은 정도

1 명사＋くらい ➡ 정도(야)

❶ A 毎日1時間くらい歩きます。 매일 1시간 정도 걷습니다.
　B いい運動ですね。 좋은 운동이군요.

❷ A ご飯ぐらい炊けるよ。 밥 정도야 할 수 있지.
　B え、本当ですか。 예? 정말이에요?

✎ 「くらい」앞에 오는 명사의 실행이 자신에게 그다지 어려운 것이 아님을 나타낼 때 ⇒ ~정도야

2 동사·형용사 현재 연체형＋くらい
➡ ~ㄹ/을 정도, ~는 정도, ~ㄴ/은 정도

❶ A 簡単な英語を読むくらいはできると思うよ。
　　간단한 영어를 읽을 정도는 할 수 있을 걸.
　B そう？ 그래?

❷ A これ、口の中がひりひりするくらい辛いわ。
　　이거 입안이 얼얼할 정도로 맵네.
　B 食べなきゃいいのに。 안 먹으면 될 텐데.

❸ A ちょっと走るくらいでは運動になりませんよ。
　　조금 뛰는 정도로는 운동이 안 돼요.
　B 分かりました。頑張ります。 알았어요. 열심히 할게요.

❹ A ちょっと熱いくらいで、本当に大げさだな。
　　조금 뜨거운 정도를 가지고 요란하긴 정말.
　B だって、熱いんだもん。 정말 뜨겁단 말이야.

❸ 동사 て형·형용사 과거 연체형 + たくらい ➡ ~았을/었을 정도

A あの方、そんなに有名ですか。 그분 그렇게 유명합니까?
B 記念館を作ったくらいだよ。 기념관을 만들었을 정도야.

비슷한 표현

'~는 정도 · ㄴ/은 정도'와 '~ㄹ/을 정도'

◆ 화자에게 있어서 기지(既知)의 움직임이나 상태의 정도를 나타낼 때
⋯▶ ~는 · ㄴ/은 정도
◆ 화자에게 있어서 미지(未知)의 움직임이나 상태의 정도를 나타낼 때
⋯▶ ~ㄹ/을 정도

① 담당자를 바꾸는(바꿀×) 정도로는 해결 안 됩니다.
   担当者を替えるくらいでは解決しません。
   ✎ '바꿀 정도'가 허용이 안 되는 것은 화자가 이미 양해하고 있는 사항인 「担当者を交替させること」가 마치 미지의 일인 것처럼 표현되고 있기 때문이다.

② 하루에 10시간은 잘(자는×) 정도입니다.
   一日に10時間は寝るぐらいです。
   ✎ 「一日に10時間寝ること」는 화자가 이해를 한 사안이 아니다. 그러므로 기지를 나타내는 '자는 정도'는 쓸 수 없다.

③ 1시간 이야기하는(할×) 정도로 충분합니다.
   1時間お話しするくらいで充分です。
   ✎ 「充分である」고 판단할 정도이기 때문에 화자에게 있어서는 기지의 사안이라고 볼 수 있으며, 따라서 '이야기할 정도'는 쓸 수 없다.

④ 1시간 내내 전화할(전화하는×) 정도의 이야기예요?
   1時間をずっとしゃべるくらいの話ですか。
   ✎ 「1時間しゃべりっぱなしだったこと」가 화자에게는 받아들여질 수 없는 일임을 나타내고 있다. 따라서 기지의 의미를 나타내는 '전화하는'은 쓸 수 없다.

⑤ 몇 사람 죽는(죽을×) 정도로는 안 끝납니다.
　何人かが死ぬくらいでは収まりません。
　✎ 「収まるはずがない」라고 판단할 정도이기 때문에 충분히 기지적(既知的)인 상황이라고 볼 수 있고, 미지의 의미를 나타내는 '죽을 정도'는 쓸 수 없다.

⑥ あっという間に売り切れるほど人気がありましたよ。
　순식간에 다 팔릴(팔리는×) 정도로 인기가 있었어요.
　✎ 「あっという間に売り切れること」를 화자가 사전에 예측할 수는 없다. 그러므로 기지의 의미를 가지고 있는 '팔리는'은 쓸 수 없다.

접속방법

▶ 명사+くらい
▶ 동사・형용사 현재 연체형+くらい
▶ 동사・형용사 과거 연체형+くらい

043 ～くらいしか～ない
～정도밖에 안·못～하다

❶ A 1回くらいしか着ない服にそんなお金を使うの?
   한 번 정도밖에 안 입는 옷에 그런 돈을 쓰니?
   B 1回じゃないよ。 한 번 아니야.

❷ A 千円くらいしか持ってないよ。 천 엔 정도밖에 안 가지고 있어.
   B どうしよう? 어떻게 하지?

❸ A 10分くらいしか待てないよ。 10분 정도밖에 못 기다려.
   B 充分です。 충분해요.

접속방법

▶ 소량/소액을 나타내는 명사 + くらいしか～ない

044 〜くらいだったら

〜느니(차라리)

❶ A こんなものを食べるくらいだったら死ぬよ。
　　이런 걸 먹느니 차라리 죽겠다.
　B アホか、お前は。이런 머저리 같은 놈.

❷ A 遊んでいるくらいだったら何だってやるね。
　　노느니 아무거라도 하겠다.
　B 職探しはしているよ。일자리는 찾고 있어.

접속방법

▶ 동사 연체형＋くらいだったら〜する

045 け (종조사(終助詞))

~더라?, ~가?, ~나?

1 명사+だっけ(な・ね) ➡ ~이더라/더라?
　 명사+だったっけ(な・ね) ➡ ~이었더라/였더라?

★ 꼭 상대방의 대답을 기다리는 것은 아닐 때 쓴다. 따라서 상대방도 꼭 대답을 할 필요는 없다.

❶ A 誰の本だっけ？ 누구 책이더라?
　 B …。……．

❷ A 何という名前だったっけな。이름이 뭐였더라?
　 B ボケが始まったか。치매 시작됐니?

2 동사·형용사 연체형+んだっけ ➡ ~더라?
　 동사 て형·형용사 과거형+たっけ ➡ ~았더라/었더라?

★ 꼭 상대방의 대답을 기다리는 것은 아닐 때 쓴다. 따라서 상대방도 꼭 대답을 할 필요는 없다.

❶ A いつ行くんだっけな。언제 가더라?
　 B …。……．

❷ A どこにしまったっけ？ 어디에 뒀더라?
　 B よく考えてみて。잘 생각해 봐.

❸ A どこが美味しいんだっけ？ 어디가 맛있더라?
　 B 似たようなものですよ。비슷비슷해요.

❸ 명사+だっけ · 명사+だったっけ
➡ ~ㄴ가/인가?, ~이었던가/였던가?, ~이었나/였나?

★ 상대방의 대답을 염두에 두고 말할 때 쓴다. 따라서 상대방도 대답을 해야 한다.

❶ A 俺だっけ? 난가?
B そうだよ。 그래.

❷ A 月曜日だったっけ? 월요일이었던가?
B そうだと思います。 그럴 겁니다.

❸ A あの店でしたっけ? 저 집이었나요?
B 違います。 아닙니다.

❹ 동사 · 형용사 연체형+んだっけ ➡ ~던가?, ~았(었)던가?, ~았(었)나?

★ 상대방의 대답을 염두에 두고 말할 때 쓴다. 따라서 상대방도 대답을 해야 한다.

❶ A あの人、ピアノ弾くんだっけ? 저 사람 피아노 치던가?
B いや、弾けないね。 아니 못 쳐.

❷ A この前はどこで食べたんだっけ? 지난번에 어디에서 먹었던가?
B 会社の前じゃないですか。 회사 앞 아니에요?

❸ A 去年は高かったっけ? 작년에는 비쌌나?
B そうですね。 그렇지요.

 비슷한 표현

'~았(었)던가?/이었(였)던가?' 와 '았(었)나?/이었(였)나?'

◆ 마음속에 생각하고 있는 것을 상대방에게 자연스레 물어보는 「だっけ」・「だったっけ」 … → ~가?

◆ 상대방의 마음속을 헤아리면서 물어보는 「だっけ」・「だったっけ」 … → ~나?

① A あの映画、面白かったんだっけ? 그 영화 재미있었던가?
   あの映画、面白かったんだっけ? 그 영화 재미있었나?
   B そこそこ面白かったですよ。 그런대로 재미있었어요.

✎ 영화에 관한 것을 마음속에 생각하고 있다가 그 영화가 재미있었는지 어떤지를 상대방에게 자연스레 물을 때는 '재미있었던가?'가 적당하고, 재미있었는지 어떤지에 대한 상대방의 의견을 듣고자 의중을 떠보면서 물을 때는 '재미있었나?'가 적당하다. 한편 화자의 독백적인 「んだっけ」도 '재미있었던가?'로 나타낸다.

② A 何で遅れたんだっけ? 왜 늦었더라?
   何で遅れたんだっけ? 왜 늦었던가?
   何で遅れたんだっけ? 왜 늦었나?
   B 寝坊したみたいですよ。 늦잠 잔 모양이에요.

✎ 화자가 상대방의 대답을 꼭 기대하고 있는 것이 아닌 경우에는 '늦었더라?'를 쓰고, 늦어진 이유를 마음속에 쭉 생각하고 있다가 상대방에게 슬그머니 그 이유를 물어볼 때는 '늦었던가?'를, 상대방의 눈치를 살피면서 늦은 이유를 떠볼 때는 '늦었나?'를 쓴다.

046 けど(けれど、けども、けれども) ～는데・～ㄴ/은데, ～지만

❶ 동사・형용사 각종 종지형+けど ➡ ～는데, ～ㄴ/은데

★ 화자가 사건 B의 전제로서 사건 A를 제시할 때 사용된다.

❶ A 希(のぞみ)ですけど、母(はは)お願(ねが)いします。
　　노조미인데요, 우리 엄마 부탁 드립니다.
　B お母(かあ)さん、今(いま)いないよ。 네 엄마 지금 없다.

❷ A 友達(ともだち)が待(ま)っているんだけど。 친구가 기다리는데.
　B そのまま待(ま)たせておいて。 그대로 기다리게 둬.

❸ A 私(わたし)、今(いま)すごく忙(いそが)しいんですけど。 저 지금 무지하게 바쁜데요.
　B 分(わ)かった。 알았다.

❷ 동사・형용사 각종 종지형+けど ➡ ～지만

★ 사건 A와 사건 B의 내용이 대립되는 내용일 때 사용된다.

❶ A 掃除(そうじ)はするけど、ご飯(はん)は炊(た)かないよ。 청소는 하지만 밥은 안 해.
　B それは私(わたし)がやるわ。 그건 내가 해.

❷ A ここ、高(たか)いけど、美味(おい)しいよ。 여기 비싸지만 맛있어.
　B 美味(おい)しければ高(たか)くてもいいよ。 맛있으면 비싸도 괜찮아.

접속방법

▶ 명사+けど
▶ 동사・형용사 각종 종지형+けど

비슷한 표현

'~데' 와 '~지만' ⇒ 「が〈접속조사〉」의 항목 참조(p.48)

◆ 「사건 A＋けど＋사건 B」에서 앞 문장의 내용을 하나의 전제로서 표현하고 싶을 때 … ~인데, ~는데, ~ㄴ/은데

◆ 「사건 A＋けど＋사건 B」에서 앞 문장의 내용을 뒤 문장의 내용과 대립하는 내용으로 표현하고 싶을 때 … ~지만

① 미안한데 내일 와 줄래? 申し訳ないけど、明日来てくれる？
② 미안하지만 내일 와 줄래? 申し訳ないけど、明日来てくれる？

✎ 화자가 「申し訳ない」를 「明日来てくれる？」의 전제로 사용하고 싶을 때는 ①을 쓰는 것이 적당하고, 그렇지 않고 상호대립하는 내용으로 파악할 때는 ②를 쓰는 것이 적당하다.

③ 오늘 오는데 어떻게 할래? 今日来るんだけど、どうする？
④ 오늘 오지만 어떻게 할래? (×)
⑤ 오늘로 한 달인데 생각한 것보다 사람이 적네.
今日で1か月だけど、思ったより人が少ないね。
⑥ 오늘로 한 달이지만 생각한 것보다 사람이 적네. (×)

✎ ③은 '어떻게 할래?'라는 질문의 전제로서 '오늘 온다'는 사건이, ⑤는 '사람이 적다'는 사건의 전제로서 '오늘로 한 달'이라고 하는 사건이 제시되고 있다. ④와 ⑥이 문장으로 성립을 하지 않는 것은 앞 문장과 뒤 문장이 대립되는 내용이라고 볼 수 없기 때문이다.

⑦ 나, 지금 역에 있는데 데리러 와.
私、今駅にいるんだけど、迎えに来て。
⑧ 나 지금 역에 있지만 데리러 와. (×)
⑨ 번호는 맞는데 아니래. 番号は合っているんだけど、違うって。
⑩ 번호는 맞지만 아니래. 番号は合っているんだけど、違うって。

✎ ⑦은 '데리러 와'라는 이야기를 하기 위한 전제장소로서 '역에 있다'는 사실을 제시하고 있기 때문에 '~는데'가 적당하며 '~지만'은 쓸 수 없다. ⑧이 성립하지 않는 것은 역에 있는 것과 데리러 오는 것이 대립되는 내용이 아니기 때문이다. ⑨는 아니라고 판정을 내린 판단의 전제로 '번호는 맞는다'를 제시한 예이며 ⑩은 같은 사건내용이지만 '번호는 맞는다'와 '아니다'를 대립하는 내용으로 판단했을 경우이다.

047 ご 〈접두어〉

★「ご＋명사」 형식은 우리말에서는 쓰이지 않기 때문에 이 표현이 쓰이는 환경과 의미에 따라 적당한 우리말 표현을 골라서 번역하여야 한다.

❶ ご〈경어〉＋ 명사

❶ A ご家族は何人いらっしゃいますか。 가족은 몇 분 계세요?
B 4人です。 4명입니다.

❷ A ここにご署名お願いします。 여기에 서명해 주십시오.
B はい。 예.

❸ A お名前とご住所をお書きの上、提出して下さい。
성함과 주소를 써서 제출해 주십시오.
B どこに出すんですか。 어디에 냅니까?

❷ ご〈미화어〉＋ 명사 ➡ 「ご」를 없애고 명사만으로 표현하며 적당한 경어표현으로 보충한다

❶ A 今後のご計画をお聞かせ下さい。
앞으로의 계획을 들려 주십시오.
B しばらく休養するつもりです。 당분간 쉴 예정입니다.

❷ A 京都ご出身の方を探しているんですけれども。
   교토 출신이신 분을 찾고 있는데요.
   B この人が京都出身です。 이 사람이 교토 출신입니다.

❸ ご+동사 연용형+する ➡ 동사를 겸양표현으로 만든다.
ご+동사 연용형+される/になる ➡ 동사를 존경표현으로 만든다.

❶ A ご案内しましょう。 안내해 드리지요.
   B よろしくお願いします。 잘 부탁 드립니다.

❷ A 先生が今までご研究なさった内容はいつ発表されるんですか。
   선생님께서 이제까지 연구하신 내용은 언제 발표하실 겁니까?
   B 来週の月曜日を予定しております。
   다음 주 월요일에 발표할 예정입니다.

048 こそ
~(이)야말로, (~으)니까, ~아야/어야

1 명사 + こそ ➡ ~야말로/이야말로(반드시, 꼭)

❶ A 今年こそ一等賞取ります。 올해야말로 꼭 일등할 거예요.
　 B そうだな。頑張りなさいよ。 그래, 열심히 하거라.

❷ A あなたこそ適任でしょう。 당신이야말로 적임자죠.
　 B いやいや、そんな。 아녜요. 그런 말씀하지 마세요.

2 문장 중의 접속조사 + こそ ➡ ~니까/으니까, ~아야/어야

★ 이 용법에 해당되는 우리말 표현은 없다. 「こそ」 앞에 오는 표현을 적당히 이용하는 수 밖에 없다. 「こそ」 앞에 오는 내용이 이유일 때는 '~니까/으니까'를 쓰는 것이 좋고, 조건일 때는 '~아야/어야'를 쓰는 것이 좋다.

❶ A 今だからこそ言えるけどさ。
　　 지금이니까 이야기할 수 있지만 말이야.
　 B あの時、本当に大変だったね。 그때 정말 힘들었지!

❷ A 君の将来のことを思えばこそこんなことを言っているんだよ。
　　 자네 장래를 생각하니까 이런 이야기를 하고 있는 거야.
　 B 申し訳ありません。 죄송합니다.

❸ A 意欲があって行動力もあればこそ成功すると思う。
　　 의욕이 있고 행동력도 있어야 성공하지.
　 B その通りだよ。 맞아.

❹ A その作品を完成してこそ一人前になるらしい。
　　그 작품을 완성해야 한 사람의 작가가 되는 모양이야.
　B 大変ですね。힘들겠네요.

접속방법

▶ 명사 + こそ
▶ から・ば・て 등의 접속조사 + こそ

049 동사 연체형＋こと
~ㄹ/을 것

❶ A ちょっと出かけて来ます。 잠깐 나갔다 오겠습니다.
　B 10時には帰って来ること。 10시까지는 돌아올 것.

❷ A 何があってもドアを開けないこと。
　　무슨 일이 있어도 문 열지 말 것.
　B 友達が来ても? 친구가 와도?

❸ A 遅くても11時には寝ること。 늦어도 11시까지는 잘 것.
　B 分かった。 알았어.

접속방법
▶ 동사 연체형＋こと

050 ごと
~마다, ~별로, ~채로

1 명사+ごと ➡ ~마다

★ 제시되는 명사의 주기・순번이 돌아올 때마다 어떤 사건이 동일하게 전개되는 것을 나타낸다.

❶ A 私は日曜日ごとに教会へ行っています。
　　저는 일요일마다 교회에 갑니다.
　B クリスチャンですか。기독교 신자세요?

❷ A 1週間ごとにここに来ます。 일주일마다 여기에 오겠습니다.
　B 時間はいつですか。 시간은 언제예요?

❸ A 1mごとに白い線を引いて下さい。 1미터마다 흰 선을 그으세요.
　B 分かりました。 알겠습니다.

2 명사+ごと ➡ ~별로

★ 제시되는 명사에 해당된다면 예외 없이 같은 사건이 동일하게 전개되는 것을 나타낸다.

❶ A それでは、それぞれのグループごとに分かれて下さい。
　　그러면 각 그룹별로 흩어지세요.
　B 集合は何時ですか。 집합은 몇 시입니까?

❷ A チームごとに研究成果をまとめましょう。
　　팀별로 연구성과를 정리합시다.
　B いつ発表しますか。 언제 발표합니까?

③ 명사+ごと ➡ ~채로

★ 제시되는 명사 전부에 대해 동일한 사건이 전개되는 것을 나타낸다.

❶ A このりんご、皮ごと食べていいよ。 이 사과 껍질째로 먹어도 돼.
　B 大丈夫なの? 괜찮아?

❷ A 財布ごと盗まれました。 지갑 째로 도둑맞았어요.
　B どこでやられましたか。 어디서 당했습니까?

'~마다'와 '~별로'

◆ 「주기·순번이 돌아올 때마다」의 의미가 강한 ごと … ~마다

◆ 「구성원 누구라도」의 의미가 강한 ごと … ~별로

・各チームごとにリーダーを1人、決めて下さい。
　각 팀마다 리더를 한 사람 정하세요. (O)
　각 팀별로 리더를 한 사람 정하세요. (O)

✏️ 순번이 어떤 팀이 되더라도 똑같이 리더를 결정해야함을 표현하고 싶을 때는 '각 팀마다'가 적당하고, 참석한 팀이라면 예외 없이 리더를 결정해야함을 나타내고 싶을 때는 '각 팀별로'가 적당하다.

051 ごとき・ごとく
~같은, ~같이(처럼)

★ 우리말에는 「ごとき・ごとく」에 해당되는 표현이 없기 때문에 유사한 의미를 가진 「같은⇒のような」「같이(처럼)⇒のように」를 사용해서 표현한다.

❶ A あの人ごときにやられたかと思うと本当に腹が立つ。
　저 녀석 같은 놈한테 당했다고 생각하니 정말 화가 난다.
　B 勝てると思ったわけ? 이길 거라고 생각했어?

❷ A 嵐がごとく、激しい風が吹き荒れているんですって。
　폭풍처럼 거센 바람이 불어닥치고 있대요.
　B そんなに酷いの? 그렇게 심해?

접속방법

▶ 명사+の+ごとく・ごとき
▶ 동사+が+ごとく・ごとき

052 ～ことじゃないか・ことじゃないの ～일이지

❶ A 学校でほめられたらしいですわ。 학교에서 칭찬받았나 봐요.
　B 嬉しいことじゃないの(か)。 기쁜 일이지.

❷ A この前からやっと一人で遊ぶようになりましたよ。
　　요전부터 겨우 혼자서 놀게 됐어요.
　B いいことじゃないの。 잘된 일이지.

접속방법
▶ 각 연체형+ことじゃないか・ことじゃないの

053 〜ことだ(ことです)
〜아야지/어야지(요), 〜아야/어야 해(요)

★ 상대방에게 더 압박하는 것 같은 느낌을 표현하고 싶을 때는 '〜아야/어야 해(요)'가 적당하다.

❶ A 忙しくてなかなかゆっくり寝られないんですよ。
바빠서 좀처럼 잠을 푹 못 자요.

B 健康を考えるんだったらよく寝ることです。
건강을 생각하면 잘 자야지.

✎ 일본어에서는 가까운 사이라 할지라도 손윗사람이 손아랫사람에게 또는 동년배끼리 「です・ます」를 써서 완곡한 명령이나 권유의 의미를 나타내는 경우가 종종 있다.

❷ A そんなに嫌なら止めることですよ。 그렇게 싫으면 그만둬야죠.
B 別にそういうわけでは…。 뭐 그런 건 아니지만…….

❸ A まずは怪我をしないことだよ。 우선 다치지 말아야 해.
B するわけないでしょう。 다치긴 왜 다쳐.

접속방법

▶ 동사 연체형+ことだ

054 〜ことでもないだろう

일도 아니잖아/아니지

★ 상대방에게 설득, 또는 호소하듯이 표현하고 싶을 때는 '아니잖아'가 적당하고, 화자 자신 쪽에서 어떤 의견을 상대방에게 전개하는 듯이 표현하고 싶을 때는 '아니지'를 쓰는 것이 적당하다.

❶ A そんなに怒ることでもないだろう。
　　 그렇게 화낼 일도 아니잖아.

　 B それはそうだけど。그건 그렇지만.

❷ A これでやっと安心だわ。이걸로 겨우 안심이다.
　 B 安心できることでもないだろう。안심할 수 있는 일도 아니지.

❸ A その件、お前が知らないことでもないだろう。
　　 그건 네가 모르는 일도 아니잖아.

　 B そう。知っている。맞아. 알고 있어.

접속방법

▶ 각 연체형 + ことでもないだろう

055 〜ことないだろう
〜ㄹ/을 거 없잖아・없지

★ 상대방에게 설득 또는 호소하듯이 표현하고 싶을 때는 '없잖아'가 적당하고, 화자 자신 쪽에서 어떤 의견을 상대방에게 전개하는 듯이 표현하고 싶을 때는 '없지'가 적당하다.

❶ A もう！帰ってこないでよ。 집에 안 들어와도 돼요!
　 B そんなに怒ることないだろう。 그렇게 화낼 거 없잖아.

❷ A わざとそこまで行くことないだろう。
　　 일부러 거기까지 갈 거 없지.
　 B 何かいい方法でもあるの? 뭐 좋은 방법이라도 있어?

❸ A そんなに泣くことないだろう。 그렇게 울 거 없잖아.
　 B ほっといてよ。 내버려 둬.

접속방법
▶ 각 연체형 + ことないだろう

056 〜ことにする
〜기로 하다

❶ A この前の件はどうなりましたか。 지난번 건은 어떻게 됐습니까?
　　B 私が行くことにしました。 제가 가기로 했습니다.

❷ A 担当は決まったんですか。 담당은 정해졌습니까?
　　B 今日決めることにしました。 오늘 정하기로 했습니다.

❸ A タバコ吸わないことにしましょう。 담배 안 피우기로 합시다.
　　B いいお考えですね。 좋은 생각이십니다.

접속방법
▶ 동사 연체형+ことにする

057 ～ことになる
～게 되다

❶ A 本社に戻ることになりました。
　　본사에 돌아가게 됐습니다.
　B 昇進されたんですか。 승진하셨습니까?

❷ A 俺だけが残ることになったよ。 나만 남게 됐어.
　B 他はどこに移動ですか。 나머지는 어디로 이동입니까?

❸ A 金曜日終わることになりました。 금요일에 끝나게 됐습니다.
　B お疲れ様でした。 수고하셨습니다.

접속방법
▶ 동사 연체형 + ことになる

058 さ (종조사(終助詞), 간투조사(間投助詞))
~아/어・~지・~야/이야, ~말이야(말이에요)

1 각종 종지형+さ ➡ ~아/어, ~지, ~야/이야

★ 우리말에는 종조사「さ」에 해당되는 표현이 존재하지 않는다. 화자가 자신의 이야기에 대해 별로 강조하지 않아도 될 때는 '~아/어'를 쓰는 것이 적당하고, 상대방의 동의・확인을 재촉하는 듯한 느낌을 표현하고 싶을 때는 '~지'를 쓰는 것이 적당하다. 명사 뒤에서는 '~야/이야'가 적당하다.

❶ A 俺らには関係ないさ。 우리하고는 상관없어.
　 B 関係ないことはないだろう。 상관없지는 않지.

❷ A 許せないのはその人さ。 용서 못하겠는 건 그 사람이야.
　 B そうだよ。 그래.

❸ A どうするつもりですか。 어떻게 하실 겁니까?
　 B もちろん行くさ。 물론 가지.

2 각 어절+さ ➡ ~말이야(말이에요)

❶ A でもさ、もしいなかったらどうする?
　　 근데 말이야 만약에 없으면 어떻게 하지?
　 B しょうがないよ。 할 수 없지.

❷ A お母さんがさ、早く来なさいって。 엄마가 말이야 빨리 오래.
　 B 分かった。 알았다.

 비슷한 표현

간투조사(문장 중에 쓰이는 조사)「ね」와「さ」

◆ ね … ~있잖아 *상대방의 반응을 살피는 듯한 말투로 말을 하며「ね」부분을 약간 늘리거나 억양을 올려서 말한다.

◆ さ … ~말이야

★ 일본어의 간투조사는 화자가 자기 자신의 발언 중간마다 조사를 써 가면서 상대방과의 커뮤니케이션을 원활하게 하려는 의도로 사용되는 것이기 때문에 일본사람들은 대개 상대방이「ね」나「さ」를 이야기하자마자 고개를 끄덕이면서 상대방을 쳐다보며 맞장구를 쳐 준다. 그런데 우리는 고개를 끄덕이면서 일일이 상대방의 발언에 맞장구를 쳐 주는 몸짓을 하지 않기 때문에 일본사람들은 한국사람과 이야기를 나누면 자신의 이야기를 상대방인 한국사람이 얼마나 알아듣고 있는지를 불안하게 생각한다. 그러므로 맞장구치는 것이 익숙하지 않아도 상대방이「ね」나「さ」를 쓰면「はい」「うん」등의 대답을 해 주는 것이 좋다. 우리말에서도 '~있잖아'나 '~말이야' 등의 표현을 상대방이 쓸 때 그에 대해 '응'이라고 하거나 또는 얼굴을 마주 보며 대꾸해 주는 것과 같은 원리라고 생각하면 된다.

① あのね、もう12月だからね。 저~, 이제 12월이니까~
② あのさ、もう12月だからさ。 저 말이야, 이제 12월이니까 말이야.
③ 良子ちゃんがね、嫌だって! 요시코가 있잖아, 싫대.
④ 良子ちゃんがさ、嫌だって! 요시코가 말이야, 싫대.
⑤ 君ね、よく覚えとけよ。 너 말이야, 잘 기억해 둬.

✎ 문장 중의「ね」는 ①과 ③ 같이 어절의「ね」부분을 늘려서 말하든가 또는 '~있잖아'를 쓴다. 한편 자신의 말투를 강조하는「ね」는 상대방의 주의를 환기시키려는 마음이 강하게 나타나기 때문에 ⑤와 같이 '~말이야'를 써서 표현해도 된다.

접속방법

▶ 문장 중의 각 어절+さ

▶ 명사+さ

▶ 동사·형용사 종지형+さ

059 さ (접미사(接尾辞))

~이 · ~ㅁ/음 · ~기 · ~ㄴ/은 정도, ~성, ~ㄴ/은 것

1 형용사+さ ➡ 「형용사」+~이, ~ㅁ/음, ~기, ~ㄴ/은 정도

★ 주로 단위를 나타내는 명사 ⇒ 「형용사 어간+이」(독립명사)
  예) 長さ 길이, 深さ 깊이, 広さ 넓이, 高さ 높이, 暑さ 더위, 寒さ 추위, 厚さ 두께

★ 개인 고유의 경험적인 사건(감정 형용사가 많다)을 명사화하는 경우
  ⇒ 「형용사 어간+ㅁ/음」(형용사의 명사형)
  예) 嬉しさ 기쁨, 悲しさ 슬픔, 痛さ 아픔, 若さ 젊음, 難しさ 어려움, つらさ 괴로움, 懐かしさ 반가움, ありがたさ 고마움

★ 어떤 사건이 모두의 공유정보로서 (성상 형용사가 많다) 명사화 되는 경우
  ⇒ 「형용사 어간+기」(형용사의 명사화)
  예) 明るさ 밝기, 大きさ 크기

★ 독립명사 또는 명사형이 안 되는 「형용사+さ」⇒ ~ㄴ/은 정도, ~는 정도
  예) 多さ 많은 정도, 美味しさ 맛있는 정도, 辛さ 매운 정도, 忙しさ 바쁜 정도, 弱さ 약한 정도, 冷たさ 찬 정도

2 한자어 형용동사 어간+さ ➡ 「한자어 · 명사」+성(性)

예) 親切さ 친절성, 正直さ 정직성, 正確さ 정확성, 便利さ 편리성

3 고유일본어 형용동사 어간+さ ➡ ~ㄴ 것

❶ そのホテルはきれいさでいうと日本一だよ。
  그 호텔은 깨끗한 걸로 말하면 일본에서 제일이야.

❷ ここの静かさは本当にいいね。 여기는 조용한 게 참 좋네.

❸ 心の豊かさがいいんだよ。 마음이 풍족한 게 좋은 거야.

접미사「さ」와 접미사「み」

★ 「형용사+さ」가 '~이, ~ㅁ/음, ~기, ~ㄴ/은 정도, ~성, ~ㄴ/은 것' 등의 어느 정도의 규칙성을 가지고 일정한 형태로 나타내지는데 비해, 「형용사+み」는 그에 맞는 일정한 우리말 표현을 찾기가 어렵다. 의미적으로는 「형용사+み」가 「형용사+さ」에 비해 보다 더 추상적이고 심리적인 의미를 나타내고 있는 것처럼 보인다.

痛_{いた}さ / 痛_{いた}み 통증(痛症), 아픔
悲_{かな}しさ / 悲_{かな}しみ 슬픔
甘_{あま}さ / 甘_{あま}み 당도(糖度), 단 정도
厚_{あつ}さ / 厚_{あつ}み 두꺼움, 두께
明_{あか}るさ / 明_{あか}るみ 밝기, 밝은 데(곳)
ありがたさ / ありがたみ 고마움
弱_{よわ}さ / 弱_{よわ}み 약한 것, 약점
強_{つよ}さ / 強_{つよ}み 강한 것, 강점
暖_{あたた}かさ / 温_{あたた}かみ 따뜻한 것, 훈훈함(따뜻함)

접속방법

▶ 형용사 어간+さ
▶ 한자어 형용동사 어간+さ
▶ 고유일본어 형용동사 어간+さ

060 さえ (부조사(副助詞))

~조차(도), ~만 ~면/으면

1 각 어절+さえ ➡ ~조차(도)

★ 처음에는 주목의 대상에 포함이 안 되어 있던 어떤 사건이 새로이 주목의 대상으로 떠오를 때 그 사건을 표현하는 단어나 또는 어절 등에 붙여 쓰는 조사

❶ A 広島にさえ負けたんだからもう優勝はないな。
　　히로시마한테조차 졌으니 이제 우승하긴 틀렸지.
　B まだ分からないよ。아직 몰라.

❷ A 授業、どうだった? 수업, 어땠어?
　B 授業どころか座っていることさえ苦痛だったよ。
　　수업은커녕 앉아 있는 것조차 고역이었다 야.

2 ~さえ~ば ➡ ~만 ~면/으면

❶ A 天気さえよければ行きます。날씨만 좋으면 가겠습니다.
　B じゃ、お願いします。그럼 부탁합니다.

❷ A 暇さえあれば映画三昧の毎日。틈만 나면 영화삼매경인 매일.
　B いいな。좋겠다.

비슷한 표현

⇒「すら」의 항목 참조(p.149)

접속방법

- ▶ 각 어절+さえ
- ▶ 명사+さえ+동사・형용사+ば

061 ～させたら?

～게 하지? (하죠?), ～시키지? (시키죠?)

★ 「～させたらどうかな?(～게 하는/시키는 것이 어떨까?)」라고 하는 표현을 회화체에서 간략하게 줄여서 말할 때 쓰는 표현

❶ A どうしよう? 時間もないし。 어떻게 할까? 시간도 없고.
　 B そのまま行かせたら? 그냥 가게 하지?

❷ A 白雪姫役はどうしようかな? 백설공주역은 어떻게 하지?
　 B あの子にやらせたら? 쟤한테 시키지?

Tip 「あの子」와「あの人」와「쟤」

어떤 사람을 봤을 때 자신과 동년배이거나 또는 나이가 어리게 보일 경우는「あの子」라고 쓸 수 있고, 나이를 잘 모르거나 그 사람을 제 3자로 표현하고 싶을 경우에는「あの人」를 쓸 수 있다. 그러나 우리가 회화 가운데 어느 정도 그 사람을 아는 경우가 아니면 원래 '쟤'라는 말을 쓰지 않듯이 일본어에서도 잘 모르는 제3자에게는「あの人」를 쓰는 것이 좋다.

접속방법

▶ 5단 동사 ア단 어미 + せたら?
▶ 1단 동사 어간 + させたら?
▶ する ⇒ さ + せたら?
▶ 来る ⇒ 来 + させたら?
▶ 명사 + (に)させたら?

062 ～させちゃう
～게 하다

❶ A ここ、何とかなりませんか。 여기 어떻게 안 돼요?
　B 今日のうち片付けさせちゃいます。
　　오늘 안에 정리하게 할게요.

❷ A 待たせちゃってごめんね。 기다리게 해서 미안.
　B いいよ。 괜찮아.

접속방법

▶ 5단 동사 ア단 어미 + せちゃう
▶ 1단 동사 어간 + させちゃう
▶ する ⇒ さ + せちゃう
▶ 来る ⇒ 来 + させちゃう

063 ～させてあげようと思って
～게 해 드리려고

❶ A 今日は本当に楽しかったです。 오늘은 정말 재미있었습니다.
　 B 何とか皆さんを楽しませてあげようと思ってやっただけです。
　　 어떻게든 여러분을 즐겁게 해 드리려고 한 것뿐입니다.

❷ A このノートを見させてあげようと思って持って来ました。
　　 이 노트를 보게 해 드리려고 가지고 왔습니다.
　 B わざわざとありがとうございます。
　　 일부러 와 주셔서 감사합니다.

접속방법

▶ 5단 동사 ア단 어미 + せてあげようと思って
▶ 1단 동사 어간 + させてあげようと思って
▶ する ⇒ さ + せてあげようと思って
▶ 来る ⇒ 来 + させてあげようと思って

064 ～させて下さい
～게 해 주십시오/주세요

1 させて下さい ➡ ～게 해 주십시오/주세요

❶ A 私を行かせて下さい。저를 가게 해 주십시오.
　B いいですよ。좋습니다.

❷ A 彼にやらせて下さい。그 사람한테 하게 해 주세요.
　B 彼にできるかな。그 사람이 할 수 있을까?

Tip 彼 / 彼氏 / 彼女

① 화자가 자기 옆에 있는 사람을 가리킬 때의「彼」「彼女」⋯ 이 사람
② 화자가 상대방으로부터 가까운 사람을 가리킬 때의「彼」「彼女」
　⋯ 그 사람, 그 여자
③ 화자와 상대방 양쪽으로부터 조금 거리가 떨어져 있는 사람을 가리킬 때의「彼」「彼女」⋯ 저 사람, 저 여자
④ 상대방으로부터 가까운 곳에 있는 화자와 상대방 양쪽 다 아는 사이의「彼」「彼女」⋯ 걔
⑤ 화자가 자기 옆에 있는 화자와 상대방 양쪽 다 아는 사람을 가리킬 때의「彼」「彼女」⋯ 얘
⑥「彼氏」⋯ 사귀는 남자친구를 가리킨다.
⑦「彼女」⋯ 사귀는 여자친구를 가리키기도 한다.
⑧ 눈에 보이지 않는 제3의 인물을 가리켜 말할 때의「彼」「彼女」
　⋯ 그 사람, 그 여자, 걔

❷ させて下さい ➡ ~겠습니다

★ 말하고자 하는 내용이 부탁·의뢰·청·요구 등의 의미보다도 화자 자신의 의지표현에 가까운 뜻이 될 때는 '~게 주십시오/주세요'보다 '~겠습니다'가 적당하다.

❶ A 1曲歌わせて下さい。 노래 한 곡 부르겠습니다.
　B 歌えるんですか。 노래 부를 줄 아세요?

❷ A ちょっと確認させて下さい。 좀 확인하겠습니다.
　B いいですよ。どうぞ。 좋아요. 하세요.

접속방법

▶ 5단 동사 ア단 어미 + せて下さい
▶ 1단 동사 어간 + させて下さい
▶ する ⇒ さ + せて下さい
▶ 来る ⇒ 来 + させて下さい

065 させてくれる
~게 해 주다

❶ A ここにずっといさせてくれる? 여기 쭉 있게 해 줄래?
　B 私は別にいいですけど。 저는 아무래도 좋은데요.

❷ A その映画、どうでした? 그 영화 어땠어요?
　B 本当に楽しませてくれましたよ。 정말 즐겁게 해 주던데요.

❸ A ここはいつも初心を思い出させてくれるのよね。
　　여기는 늘 초심을 생각나게 해 준단 말이야.
　B いつ来てもいいね。 언제 와도 늘 좋네.

 **비슷한 표현**

「させてくれる」와「させてやる」

우리말에서는「やる」와「くれる」가 다 '주다' 이기 때문에「させてくれる」「させてやる」양쪽 다 '~게 해 주다'가 된다.

접속방법

- 5단 동사 ア단 어미+せてくれる
- 1단 동사 어간+させてくれる
- する ⇒ さ+せてくれる
- 来る ⇒ 来+させてくれる

066 〜させてもらう(頂く)
〜하다・〜하겠다, 〜고 싶다, 〜ㄹ/을 수 있다・없다, 〜지요(죠)

★「させてもらう」표현에 해당되는 우리말 표현은 없기 때문에 「させて」앞에 오는 동사를 가지고 적절한 표현을 만들 수 밖에 없다.

❶ させてもらう(頂く) ➡ 〜하다, 〜하겠다

❶ A それ、使わせてもらいました。 그거 썼습니다.
　 B あ、いいですよ。 아, 괜찮아요.

✎ 상대방이 가지고 있는 정보・자료・지식을 활용해서 자신이 무엇인가를 만들었을 경우 상대방에게 그 사실을 이야기해 주는 장면에서 사용된다.

❷ A ちょっと座らせてもらいます。 좀 앉겠습니다.
　 B どうぞ。 그러세요.

✎ 화자 자신이 앉는 행동을 취하므로서 상대방에게 어떤 영향을 미칠 것으로 예상될 때 상대방에게 앉겠다고 귀띔을 하면서 앉는 장면에서 사용된다.

❷ させてもらいたい(頂きたい) ➡ 〜고 싶다

❶ A 今月一杯で辞めさせて頂きたいのですが。
　　 이달 말로 그만두고 싶은데요.
　 B どうしたの? 急に。 무슨 일이야? 갑자기.

✎ 그만두는 것이 자기 자신만의 일이 아니고 상대방과 연관이 있는 일이기 때문에 이와 같은 표현을 쓴다. 물론 상대방과 연관을 짓지 않고 자신만의 일방적 판단으로 그만둘 때는 「辞めたいのですが」라고 써도 무방하나 실제로 그만두는 것이 자기 자신만의 일로 끝날 수는 없기 때문에 위와 같은 상황이 벌어질 경우 대부분 위 예문과 같은 표현을 쓴다.

❷ A 是非僕にやらせて頂きたいです。 꼭 제가 하고 싶습니다.
　B いいですよ。お願いします。 좋습니다. 부탁 드립니다.

✎ 자신의 힘만으로 추진할 수 있는 일이라면 위 예문과 같은 표현은 쓰지 않는다. 본인의 의지대로 결정되는 것이 아닌 경우, 즉 상대방과의 연관관계 속에서 최종결정이 될 경우 위와 같은 표현을 쓴다.

❸ させてもらえる/もらえない ⇒ ~ㄹ/을 수 있다·없다

❶ A ここで働かせてもらえないかな。 여기서 일할 수 없을까?
　B ごめん。人手は足りているわ。 미안. 사람 충분해.

❷ A ちょっと中、覗かせてもらえる？ 잠깐 안을 좀 볼 수 있을까?
　B 今はだめです。 지금은 안 돼요.

✎ 자기 멋대로 안을 들여다 볼 수 있는 상황이 아닌 경우 상대방의 양해를 얻기 위해 위 예문과 같은 표현을 쓴다.

❸ A 明日から利用させて頂けますか。 내일부터 이용할 수 있습니까?
　B はい。大丈夫です。 예. 괜찮습니다.

✎ 이용은 물론 본인이 하는 것이지만 상대방의 양해 아래 그 이용이 이루어질 경우 위 예문과 같은 표현을 쓴다.

접속방법

▶ 5단 동사 ア단 어미 + せてもらう
▶ 1단 동사 어간 + させてもらう
▶ する ⇒ さ + せてもらう
▶ 来る ⇒ 来 + させてもらう

067 〜させてやる
〜게 해 주다

❶ A 後悔させてやる。 후회하게 해 줄 거야.
　 B 止めなさいよ。そんな話。 하지 마. 그런 얘기.

❷ A 安心して。私が通わせてあげるから。
　　걱정하지 마라. 내가 다니게 해 줄 테니까.
　 B ありがとうございます。 고맙습니다.

 비슷한 표현

「させてくれる」와「させてやる」

우리말에서는 「やる」와 「くれる」가 다 '주다'이기 때문에 「させてくれる」 「させてやる」 양쪽 다 '〜게 해 주다'가 된다.

접속방법

▶ 5단 동사 ア단 어미 + せてやる
▶ 1단 동사 어간 + させてやる
▶ する ⇒ さ + せてやる
▶ 来る ⇒ 来 + させてやる

068 させる(せる)
(사동사) ~게 하다, ~시키다

1 동사+させる/せる ➡ 「동사 어간」+이/히/리/기/우/추+다

★ 우리말의 사역표현은 문법적인 요소 이외에 어휘적인 요소도 많이 작용하는데 비해 일본어의 사역표현은 문법적인 사역표현 외에 자동사를 타동사화한 사역동사가 많아서 우리말과 일본어간에 일률적으로 통일된 형태의 사역표현이 존재하지 않는다. 그러므로 다음과 같이 중요한 어휘는 각 단어별로 알아두어야 할 필요가 있다.

예) 食べさせる 먹이다   減らす 줄이다   見せる 보이다   解かす 녹이다
　　殺す 죽이다   だます 속이다   沸かす 끓이다   曲げる 굽히다   読ませる 읽히다
　　着せる 입히다   熟れさせる 익히다   寝かせる 눕히다   冷ます 식히다
　　座らせる 앉히다   脱がせる 벗기다   履かせる 신기다   洗わせる 씻기다
　　任せる 맡기다   笑わせる 웃기다   隠す 숨기다   残す 남기다   渡す 넘기다
　　知らせる 알리다   乾かす 말리다   広げる 벌리다   泣かせる 울리다
　　遊ばせる 놀리다   生かす 살리다   回す 돌리다   凍らせる 얼리다
　　飛ばせる 날리다   伸ばす 늘리다   流す 흘리다   転がす 굴리다
　　膨らます 부풀리다   転がす 뒹굴리다   起こす 깨우다   寝かせる 재우다
　　燃やす 태우다   満たす 채우다   済ませる 때우다   ふかす 피우다
　　はめる 끼우다   乗せる 태우다   立てる 세우다   浮かせる 띄우다
　　合わせる 맞추다

❶ A 早(はや)く薬(くすり)、飲(の)ませて! 빨리 약 먹여!
　B ちょっと待(ま)って。좀 기다려.

❷ A どこに座(すわ)らせる? 어디 앉힐 거야?
　B そうだね。どこがいいかな。글쎄, 어디가 좋을까?

❸ A なぜ泣(な)かせるの? 왜 울려?
　B 泣(な)かせてないよ。안 울렸어.

❹ A 今日(きょう)本当(ほんとう)にきれいだね。오늘 정말 예쁜데.
　B 笑(わら)わせないでよ。웃기지 마.

❺ A この子(こ)、寝(ね)ているよ。얘, 조네.
　B 早(はや)く寝(ね)かせて。얼른 재워.

❷ 형용사+くする(させる) ➡「형용사 어간」+이/히/우/추+다 / ~게 만들다

예 高(たか)くする 높이다　明(あか)るくする 밝히다　狭(せま)くする 좁히다　広(ひろ)げる 넓히다
　汚(よご)す 더럽히다　くすぐる 간지럽히다　大(おお)きくする 키우다
　遅(おく)らせる(遅(おそ)くする) 늦추다　低(ひく)くする 낮추다

❶ A このテーブル、もうちょっと高(たか)くして。이 테이블 조금 더 높여.
　B 分(わ)かりました。알겠습니다.

❷ A ちょっと教(おし)えてもらえますか。좀 가르쳐 주세요.
　B ここを大(おお)きくすればいいですよ。여기를 키우시면 됩니다.

❸ A あの人(ひと)、もうちょっと忙(いそが)しくさせたほうがいいね。
　저 사람, 좀 더 바쁘게 만드는게 좋겠어.
　B どうしてですか。왜요?

❸ 5단 동사 **ア단 어미+させる/せる** ➡ ~게 하다

★ 일본어의 사역표현은 우리말의 '이/히/리/기/우/추'에 비해 문법적인 성격이 강하기 때문에 거의 모든 동사의 사역표현을 만들어 낼 수 있다. 상대방에게 무엇인가를 하게 하려는 의미로 쓰일 때 이 표현을 사용한다.

❶ A 肉を食べさせます。 고기를 먹게 하겠습니다.

B だめです。 안 됩니다.

❷ A 必ず行かせますのでご安心下さい。 꼭 가게 할 테니까 안심하십시오.

B そういってくれると安心だね。 그렇게 말해 주니 안심이군.

❹ 동사 연체형+**ようにする** ➡ ~게 만들다

★ 상대방을 억지로 움직여서라도 화자가 목표로 하는 행동·상태를 일으키고자 할 때 이 표현을 사용한다. 실제 행동을 일으키는 것은 대상이 되는 사람이고 화자는 '만들다'의 주체가 된다.

❶ A 何とか、笑うようにしなきゃ。 어떻게든 웃게 만들어야 할텐데.

B どうやって？ 어떻게?

❷ A 明日までは来るようにします。 내일까지는 오게 만들 겁니다.

B 頼むよ。 부탁해.

❺ 동사 연체형+**ように+させる** ➡ 만들다, ~게 시키다

★ 어떤 사람이 화자가 목표로 하는 행동·상태를 일으키도록 화자가 자기 자신의 의중에 있는 사람을 움직일 때 이 표현을 쓴다. 실제 행동을 일으키는 것은 화자 자신의 의중에 있는 사람이 될 수도 있고, 또는 화자의 의중에 있는 사람이 움직이는 제3자가 될 수도 있다.

❶ A 電話するようにさせます。 전화하게 만들겠습니다.

B ありがとうございます。 고맙습니다.

✎ 화자는 자신이 의중에 두고 있는 사람을 움직이게 되는데 그 사람을 움직여서 그 사람 본인에게 전화를 하게 하든지 또는 그 사람이 다른 제3자를 시켜서 전화를 하게 하든지 해서 전화 거는 사건을 완결시키게 된다.

❷ A きちんと答えられるように準備させたのに。
　　잘 대답하게 준비시켰는데.
　B １回や２回じゃだめですよ。 한두 번 가지고는 안 되지요.

✎ 화자가 잘 대답하게 만든 사람은 화자의 의중에 있는 사람일 수도 있고 또는 화자의 의중에 있는 사람이 움직이는 제3자일 수도 있다. 위 표현은 어느 경우에도 해당된다.

6 명사＋させる ➡ 「명사」＋시키다

❶ A うちの子、転校させます。 우리 아이, 전학시키겠습니다.
　B お母さん、ちょっと待って下さい。 어머니, 잠깐만요.

❷ A もっと勉強させればよかったですね。
　　더 공부시켰더라면 좋았을 걸 그랬네요.
　B もう遅いよ。 이미 늦었어.

7 부사＋させる ➡ 「부사」＋게 하다/만들다
　　　　　　　　　「형용사 어간」＋이/히/리/기＋하다

❶ A 今日くらいゆっくりさせて。 오늘은 좀 쉬게 해 주라.
　B だめ。今日は掃除しなきゃ。 안 돼. 오늘 청소해야 돼.

❷ A 私にどうしろって言うんですか。 저보고 어떻게 하란 말씀이세요?
　B だから白黒はっきりさせましょうよ。
　　그러니까 흑이면 흑, 백이면 백 확실히 하자고요.

❸ A ちょっとしんみりさせちゃったかな。 좀 가라앉게 만들었나?
　B もうちょっとで泣くところでしたよ。 조금만 더 했으면 울 뻔 했어요.

비슷한 표현

'~게 하다', '~게 만들다', '~게 시키다'

◆ 상대방의 행동에 포인트를 두는「させる」… ~게 하다
◆ 상대방을 움직이려고 하는 화자의 심리에 포인트가 주어지는「させる」
  … ~게 만들다
◆ 화자의 의중에 있는 인물이 제3자를 움직이도록 하는 데에 포인트가 주어지는「させる」… ~게 시키다

① 一日に1時間は勉強させなきゃ。 하루에 1시간은 공부시켜야지.

② 一日に1時間は勉強するようにしなきゃ。
   하루에 1시간은 공부하게 해야지.

③ 一日に1時間は勉強するようにさせなきゃ。
   하루에 1시간은 공부하게 만들어야지(시켜야지).

④ 一月に30万ウォンぐらい送らせるつもりです。
   한 달에 30만원 정도 보내게 할 거예요.

⑤ 一月に30万ウォンぐらい送るようにするつもりです。
   한 달에 30만원 정도 보내게 할 거예요.

⑥ 一月に30万ウォンぐらい送るようにさせるつもりです。
   한 달에 30만원 정도 보내게 만들 거예요(시킬 거예요).

✎ ①과 ④는 단순히 상대방의「공부하는 행동」「보내는 행동」에 포인트를 두는 예이고, ②와 ⑤는 화자의 의중에 있는 인물에게「공부하게」「보내게」하려는 화자의 적극적인 심리를 나타내는 예이며, ③과 ⑥은 제3자를 움직여서「공부하게」「보내게」하려는 화자의 심리를 표현하고 싶을 때 사용되는 표현이다. ③과 ⑥에 있어서 화자의 의중에 있는 인물 자신이 움직여 그 사건을 완결하는 경우에는 화자 자신이「하게 만드는 주체」가 되고 화자의 의중에 있는 인물이 사건의 실행주체가 된다.

⑦ 형용사+くさせる, 형용동사+にさせる
   ⇒「にさせる」참조(p. 412)

접속방법

▶ 5단 동사 ア단 어미+**せる**
▶ 1단 동사 어간+**させる**
▶ する ⇒ さ+せる
▶ 来る ⇒ 来+させる

069 〜させるべきじゃない
〜게 해서는 안 되다

❶ A 子供にそんな話を聞かせるべきじゃないと思うよ。
　　아이한테 그런 이야기를 듣게 해서는 안 된다고 생각해.
　B でも知らなきゃ。그래도 알아야지.

❷ A あ、折れちゃった。아, 부러졌다.
　B あー、お前にやらせるべきじゃなかった。
　　아~, 너한테 하게 해서는 안 되는 건데.

❸ A ジスが転んだらしいよ。지수가 넘어진 모양이야.
　B あんな重たいものを持って行かせるべきじゃなかったね。
　　그런 무거운 걸 가지고 가게 해서는 안 되는 건데.

접속방법

- 5단 동사 ア단 어미+**せるべきじゃない**
- 1단 동사 어간+**させるべきじゃない**
- する ⇒ さ+**せるべきじゃない**
- 来る ⇒ 来+**させるべきじゃない**

070 ～ざるを得ない
～지 않을 수가 없다

❶ A 人体に有害です。 인체에 유해합니다.
　B じゃ、発表せざるを得ませんね。
　　그럼, 발표하지 않을 수가 없군요.

❷ A あの人、疑わざるを得ませんね。
　　그 사람 의심하지 않을 수가 없군요.
　B 再調査しましょう。 재조사합시다.

접속방법

- 5단 동사 ア단 어미 + ざるを得ない
- 1단 동사 어간 + ざるを得ない
- する ⇒ せ + ざるを得ない
- 来る ⇒ 来(こ) + ざるを得ない

123

071 さん・さま(様)

★ 「さん」「さま」는 단순히 '님'이나 '씨'가 아니다.
★ 일본어에서 사람 이름을 부를 때 대상의 남녀노소를 막론하고 「이름＋さん」을 사용하여 실례가 되는 일은 없다. 일본사람의 이름 전체는 세 문자, 네 문자가 짧은 편이고 대부분의 경우 여섯 문자에서 여덟 문자, 또는 아홉 문자도 드물지 않기 때문에 그 이름을 처음부터 끝까지 다 이야기하고 마지막에 「さん」을 붙여 부르는 것은 실생활에서 효율적인 커뮤니케이션 방법이라고 할 수 없다. 따라서 대부분의 경우는 「성＋さん」 또는 「이름＋さん」 형식으로 사람의 이름을 부르게 되며 이름은 친한 사이가 아니면 쓰기가 거북하기 때문에 보편적으로는 「성＋さん」 형식을 즐겨 쓰게 된다. 그에 비해 우리 이름은 길어야 네 문자이고 또 일부분의 성에 전 인구의 상당 부분이 밀집되어 있는 문제도 있어서 「성＋씨」 만으로 쓰기에는 커뮤니케이션상의 여러 문제를 초래한다. 그래서 「성＋씨」 만으로는 잘 안 쓰이고 「이름 전체＋씨」 형식이 쓰여지며 또 유교의 영향 등으로 인해 본래의 이름이 아닌 직책명, 또는 직업명 등을 즐겨 쓰게 되는 것이다. 이에 비해 일본어에서는 우리보다도 성의 종류가 많고 (대략 성의 종류만 4만개가 넘는다) 또 성만 가져도 두 문자에서 다섯 문자 정도되기 때문에 충분히 커뮤니케이션상의 기능을 발휘할 수 있어서 「성＋さん」 형식으로 사람의 이름을 부르게 된다.
★ 「さま」가 「さん」보다 무조건 정중한 뜻이 되는 것은 아니며 황족이나 세계적으로 유명한 연예인 등 감히 넘볼 수 없는 구름 위의 사람 등을 가리킬 때나 일반인 중에서도 특히 서비스업 계통에서 손님을 아주 정중하게 가리킬 때 사용한다. 따라서 보통 회화에서 상대방을 가리킬 때 「さま」를 쓰는 것은 피하는 것이 좋다.

1 아는 사이에서 손윗사람이 손아랫사람에게, 친구가 아닌 동년배끼리 쓰는 **さん** ➡ 이름 전체・이름+씨

★ 회사와 같은 공식적인 자리라면「이름 전체+씨」가 적당하고 사석이라면「이름+씨」가 적당하다. 직책명을 알고 있다면「성+직책명+님」으로 표현해도 된다.

❶ A 李さん(李ミンジャさん)、電話だよ。 이민자 씨 전화.
　 B はい。 예.

❷ A 朴さん(ジンスさん)、ちょっと待ってね。 진수 씨 잠깐 기다려.
　 B はい、分かりました。 예. 알겠습니다.

2 아는 사이에서 손아랫사람이 손윗사람에게 쓰는 **さん**
➡ 성+직책명 등+님

★ 아직 직책명이 없을 때는 '선배님'을 써도 된다.

❶ A 趙さん、誕生日11月ですよね。 조 과장님 생일 11월이시죠?
　 B うん。 응.

❷ A 安さん、今日一杯やりませんか。 안 선배님 오늘 한잔 안 하실래요?
　 B いいね。 좋지.

3 고객의 이름을 부를 때(대기실 등에서) 쓰는 **さん** ➡ 이름 전체+님

A 林(ジホン)さん。 임지헌 님
B はい。 예.

❹ 첫대면 등 서로 모르는 사이에서 이름을 부를 때 쓰는 さん
➡ 선생님, ~씨

❶ A あのー、お名前は何とおっしゃるんですか。
저, 성함이 어떻게 되시지요?

B 渡辺といいます。 와타나베라고 합니다.

A 渡辺さんですね。 와타나베 선생님이요?

❷ A 順番に自己紹介をお願いします。
순서대로 자기소개를 부탁 드립니다.

B 南です。 미나미입니다.

A 南さんですね。 미나미 씨요.

❺ 회사이름 뒤에 붙여서 쓰는 さん ➡ 회사명을 그대로 사용

A キャノンさん、最近いいみたいですね。
캐논 최근에 괜찮은 모양이에요.

B 改革に成功してますからね。 혁신에 성공했으니까요.

접속방법

▶ 이름 전체・성・이름 ＋さん
▶ 회사명＋さん

072 し〈접속조사〉

~고, ~고 하니(까), ~고 해서, ~니/으니

1 활용어 종지형 + し ➡ ~고

❶ A あのホテルは料理もうまいし、サービスもいいよ。
그 호텔은 요리도 맛있고 서비스도 좋아.

B よかったわね。 좋았겠네.

❷ A 天気は暑いし、人は多いし、食べ物はまずいし。
날씨는 덥고 사람은 많고 먹는 건 맛없고.

B 本当にそうだよ。 정말. 그러게 말이야.

❸ A 遊びには行きたいし、けどお金はないし、つまんない。
놀러는 가고 싶고 그렇지만 돈은 없고 정말 따분해.

B 残念。 안 됐다.

2 활용어 종지형 + し ➡ ~고 하니(까), ~고 해서, ~니/으니

★ 「앞 문장+し+뒤 문장」에서 앞 문장이 뒤 문장의 적극적인 원인·이유가 되는 경우에는 '~고 하니(까)'가 적당하고, 뒤 문장의 내용과 자연스럽게 연결되는 원인·이유가 되는 경우에는 '~고 해서'가 적당하다.

❶ A 家も近くですし、また来ます。 집도 가깝고 하니까 또 올게요.

B ごめんなさいね。 미안해요.

✎ 자기 집에 일을 도와주러 왔던 사람이 일이 끝나고 돌아가려고 하는 장면에서 사용되는 표현

❷ A バーゲンもやっていることだし、デパートへ行こうよ。
세일도 하고 하니까 백화점 가자.
B 一人で行ってきなさいな。 혼자 갔다 와.

❸ A お父さん、もう年だし、引退することにした。
아빠, 나이도 있고 해서 은퇴하기로 했다.
B まだ元気なのに。 아직 건강하신데.

❹ A まだ新米だし、分かるわけないよ。 아직 신참이니 뭘 알겠어.
B でも、知っていましたよ。 그래도 알고 있던데요.

접속방법

▶ 활용어의 종지형 + し

073 しか (부조사(副助詞))

~ない/しない/できない ~밖에 없다/안 하다/못하다

1 ~しか~ない ➡ ~밖에 없다

❶ A あの子以外に誰か知っているの? 걔 말고 누가 알고 있나?
   B 彼しかいません。 걔 밖에 없어요.

❷ A これ、うちの店にしかないよ。 이거 우리 가게에밖에 없어요.
   B じゃ、それ、下さい。 그럼 그거 주세요.

✎ 가게에 물건을 사러 온 고객한테 주인이 설명을 하는 장면에서 사용되는 표현. 일본어 표현만 놓고 보면 마치 반말을 하는 것처럼 보이지만 반말이라기보다는 자주 오는 손님에게 친근감을 가지고 사용하는 표현이라고 보는 것이 맞다.

2 ~しか~しない ~밖에 안 하다

❶ A 彼女は野菜しか食べないよ。 그녀는 채소 밖에 안 먹어.
   B いつからですか。 언제부터요?

❷ A うちの社長は4時間しか寝ないんだ。
   우리 사장님은 4시간밖에 안 자.
   B へぇ、それでも大丈夫なんですか。 예? 그래도 괜찮아요?

129

❸ 〜しか〜できない 〜밖에 못하다

❶ A ゆっくり休(やす)まれましたか。 잘 쉬셨어요?
　B うぅん、30分(ぷん)しか休(やす)めなかったよ。 아니, 30분밖에 못 쉬었어.

❷ A たくさん食(た)べた? 많이 먹었어?
　B いや、ちょっとしか食(た)べられなかったよ。
　　아니, 조금밖에 못 먹었어.

접속방법

▶ 명사＋しか＋ない
▶ 명사＋しか＋5단 동사 ア단 어미＋ない
▶ 명사＋しか＋1단 동사 어간＋ない
▶ 명사＋しか＋し＋ない
▶ 명사＋しか＋来(こ)＋ない
▶ 명사＋しか＋동사 가능형＋ない
▶ 명사＋しか＋〜できない

074 して〈접속조사〉
~에

★ 부사구에 연결하여 사용하는 표현으로 앞에 나오는 부사구를 강조하는 뜻을 가진다.

❶ ~して ➡ ~에

❶ A 一瞬にして吹っ飛んじゃったね。 한순간에 날아가 버렸네.
　 B 凄かったですね。 굉장했어요, 정말.

❷ A わずか5分にして売り切れとは驚きだね。
　　 겨우 5분 만에 다 팔리다니 정말 놀랬어.
　 B すごい人でしたね。 사람들 대단했어요.

✎ 예상치도 않게 불과 5분 만에 다 팔릴 정도로 사람들이 엄청나게 왔음을 되돌이키면서 이야기하는 장면에서 사용되는 표현

❷ 理由なくして ➡ 이유도 없이

期せずして ➡ 기대도 안 했는데

みんなして ➡ 모두가

접속방법

▶ 각종 부사구 + して

075 ～じゃ
～로는/으로는, ～가지고(는)

★ 수단의 의미를 더 강조하고 싶을 때 '～가지고는'을 쓴다.

❶ A 千円(せんえん)じゃ足(た)りないよ。 천 엔으로(가지고)는 모자라.
　 B じゃ、いくら？ 그럼 얼마?

❷ A お前(まえ)じゃ勝(か)つわけないな。 너로는(너 가지고는) 이길 턱이 없지.
　 B どうしてよ？ 어째서?

접속방법

▶ 명사 + じゃ

076 じゃ 〈조동사〉

~야/이야, ~ㄴ/은가

★ 다소 예스러운 말투로 약간 으스대거나 뻐기는 듯한 느낌으로 손아랫사람 또는 동년배에게 자신에 관한 일을 설명할 때 쓴다.

❶ A 俺の勝ちじゃ。 내가 승리한 것이야.
　 B まいった。まいった。졌다. 졌어.

❷ A 今日行くんじゃ。 오늘 가는 거야.
　 B 一人でですか。 혼자서요?

접속방법

▶ 명사 + じゃ
▶ 명사 상당어구 + じゃ

077 ～じゃありません
～이/가 아닙니다(아니에요)

❶ 명사+じゃありません ➡ 「명사」+이/가 아닙니다(아니에요)

★ 우리말에서는 '～이/가 아닙니다'의 '～이/가'를 종종 생략하는데 비해, 일본어의 「じゃ」는 생략이 불가능하다.

❶ A ご主人ですか。 남편 되시는 분이세요?
　 B いいえ、主人じゃありません。 아니에요. 남편(이) 아니에요.

❷ A その人、友達なの? 그 사람 친구니?
　 B 友達じゃありません。 친구(가) 아니에요.

❷ 명사 상당어구+じゃありません ➡ ～이/가 아닙니다(아니에요)

❶ A これ、誰からもらったんですか。 이거 누구한테서 받았어요?
　 B もらったんじゃありませんよ。 받은 게 아니에요.

❷ A そんなこと言うんじゃありません。 그런 말 하는 거 아니에요.
　 B はい。 예.

접속방법

▶ 명사+じゃありません
▶ 명사 상당어구+じゃありません

078 ～じゃありませんか
～잖아요, ～네요

1 동사 연체형＋じゃありませんか ➡ ～잖아요

① A 災い転じて福となると言うじゃありませんか。
   전화위복이라고 하잖아요.
   B よし、元気出そう。 좋았어. 힘내자.

② A 私がいるじゃありませんか。 내가 있잖아요.
   B 心強いね。 든든하구먼.

2 형용사 연체형＋じゃありませんか ➡ ～네요

① A ここは結構涼しいじゃありませんか。 여긴 꽤 선선하네요?
   B そうでしょう？ 그렇죠?

② A どんな感じですか。 어떠세요?
   B 値段の割にはなかなかいいじゃありませんか。
   가격에 비하면 꽤 좋네요.

접속방법

▶ 동사・형용사 연체형＋じゃありませんか

079 ～じゃない
～이/가 아니다

1 명사+じゃない ➡ 「명사」+이/가 아니다

★ 우리말에서는 '～이/가 아니다'의 '～이/가'를 종종 생략하는데 비해, 일본어의 「じゃ」는 생략할 수 없다.

❶ A これはキムチじゃないよ。 이건 김치가 아니야.
　 B 味が変ですか。 맛이 이상해요?

❷ A これは夢だ、夢。 이건 꿈이다 꿈.
　 B 夢じゃないよ。 꿈이 아니야.

❸ A 今日真理子の誕生日じゃない? 오늘 마리코 생일 아니야?
　 B そうかも。 그럴지도 몰라.

2 동사 연체형+じゃない ➡ ～잖아

❶ A 危ないじゃないか。 위험하잖아.
　 B ごめんなさい。 죄송합니다.

❷ A なかなかやるじゃないの。 꽤 하잖아.
　 B いや、まぁ。 아니 뭐～.

❸ A 行くって約束したじゃないですか。 간다고 약속했잖아요.
　 B ごめん。仕事ができちゃって。 미안. 일이 생겨서.

❹ A 滅多にこんなチャンスないじゃない。 좀처럼 이런 찬스 없잖아.

　B そりゃそうだけど。 그야 그렇지만.

❸ 형용사 연체형＋じゃない ➡ ～네

　A これは広いじゃないのよ。 이거 넓네.

　B でしょう？ 그렇지?

✎ 친구가 빌린 방을 보러 가서 생각보다 넓은 것을 보고 이야기하는 장면에서 사용하는 표현

❹ 연체형＋ん＋じゃない ➡ ～이/가 아니다

❶ A べらべらしゃべるんじゃない。 조잘조잘 지껄이는 거 아니야.
　B すみません。気をつけます。 미안합니다. 조심할게요.

❷ A こんなところ来るんじゃない。 이런 데 오는 거 아니야.
　B 二度と来ません。 두 번 다시 안 올 거예요.

접속방법

▶ 명사・동사・형용사 연체형＋じゃない

080 〜じゃない(です)か・じゃないの
〜잖아(요)

❶ A 思ったよりたくさん食べるじゃないか。 생각보다 많이 먹잖아.
　 B 驚いた? 놀랬어?

❷ A みんな出世しているじゃないか。 모두 출세했잖아.
　 B ああ見えても努力しているもの。 저래 보여도 노력하거든.

❸ A 今日来るって約束したじゃないの。 오늘 온다고 약속했잖아.
　 B でも本当に来るとは思わなかったですよ。
　　 그래도 진짜 올 거라고는 생각 안 했어요.

✎ 온다고 약속을 했지만 반신반의하고 있던 상황에서 진짜 상대방이 나타났을 때의 장면에서 쓰이는 표현

접속방법

▶ 동사・형용사 연체형 + じゃない(です)か

081 ～じゃない(です)もん
~이/가 아닌 데(요) 뭐, 안 ~거든(요)

1 명사＋じゃない(です)もん ➡ ~이/가 아닌 걸(요) 뭐, 아니거든(요)

❶ A これ、捨ててもいいの。 이거 버려도 되니?
　 B 私のじゃないもん。 내 거 아닌 데 뭐.

❷ A 娘さんに声かけないのですか。 따님한테 아는 척 안 하세요?
　 B 娘じゃないんですもの。 딸 아니거든요.

Tip 따님 / 아드님
비교적 가까운 상대방의 딸을 가리킬 때는 「娘さん」을 쓰는 것이 적당하고, 잘 모르는 사람의 딸인 듯싶은 사람을 가리킬 때는 「お嬢さん」을 쓰는 것이 적당하다.
비교적 가까운 상대방의 아들을 가리킬 때는 「息子さん」을 쓰는 것이 적당하고, 잘 모르는 사람의 아들인 듯싶은 사람을 가리킬 때는 「お坊ちゃん」을 쓰는 것이 적당하다. 단 이 「お坊ちゃん」은 비교적 어린 나이의 아들을 가리킬 때 사용하는 경향이 있다.

2 형용동사＋じゃない(です)もん ➡ 안 ~거든(요)

❶ A なぜ飲まないんですか？ 왜 안 마셔요?
　 B ウィスキー、好きじゃないもん。 위스키 안 좋아하거든.

❷ A あの人と何かあったんですか。 저 사람하고 무슨 일 있었어요?
　 B だって、全然親切じゃないですもん。 아니, 전혀 안 친절하거든요.

✎ 두 사람만 놓아 두고 잠시 자리를 비운 화자가 다시 그 자리에 돌아왔을 때 그 자리가 미묘한 분위기가 되어 있는 것을 보고 그 중 한 사람에게 그 이유를 묻는 장면에서 쓰이는 표현

접속방법

- ▶ 명사+じゃない(です)もん
- ▶ 형용동사 어간+じゃない(です)もん

082 じゃないわよ(じゃないよ)
~이/가 아니야

★ 우리말에서는 '~이/가'가 자주 생략되지만 일본어에서는 「じゃ」를 생략할 수 없다. 「じゃないわよ」는 주로 여성들이 많이 사용하며, 같은 뉘앙스의 표현으로 남성들은 「じゃないよ」를 주로 사용한다. 상대방이 말한 것을 강한 어조로 부정할 때 이 표현을 사용한다.

❶ A あなたでしょう? 당신이죠?
　 B 私(わたし)じゃないわよ。 나 아니야.

❷ A 絶対嘘(ぜったいうそ)でしょう? 완전 거짓말이죠?
　 B 嘘(うそ)じゃないよ。 거짓말 아니야.

접속방법

▶ 명사 + じゃないわよ(じゃないよ)

083 ～じゃねーよ
～이/가 아니야

★ 비교적 젊은 남성들이 즐겨 쓰는 표현으로 강한 어조로 부정할 때 이 표현을 사용한다.

❶ A 俺(おれ)じゃねーよ。 내가 아니야.
　B お前(まえ)じゃなきゃ誰(だれ)だよ。 네가 아니면 누구야?

❷ A そんなんじゃねーよ。 그런 거 아냐.
　B じゃ、何(なに)? 그럼 뭐야?

접속방법

▶ 명사+じゃねーよ

084 ～じゃん(か)

～잖아

★ 회화체에서 젊은 남성들이 즐겨 쓰는 표현으로 약간 호기 어린 말투로 이야기할 때 주로 사용된다.

❶ A 誰? こんな無茶なことして。 누구야? 이런 무식한 짓을 하고.
　B お前じゃんか。 너잖아.

❷ A どう? 어때?
　B これ、結構美味しいじゃん。 이거 생각보다 맛있잖아.

Tip 「結構」

어떤 상황이나 움직임이 화자 자신이 당초 생각하고 있던 것보다 예상을 넘어 상당한 레벨에 가 있는 것으로 '생각보다'로 번역한다.

접속방법

▶ 명사 · 명사 상당어구 + じゃん(か)

085 동사·형용사 어간+すぎる

너무·지나치게 ~하다

★ 일본어의 복합동사는 우리말에 비해 매우 풍부하게 만들어지며 또 사용된다. 그래서 우리말로는 때로는 어휘단위로 번역을 할 수도 있고 때로는 위 표현과 같이 부사와 같이 연동되는 구로 번역되는 경우도 있다.

❶ A 早すぎたかな? 너무 빨랐나?
   B いや、ちょうどいいです。 아뇨, 딱 좋아요.

❷ A 今日は食べ過ぎましたね。 오늘은 너무 많이 먹었네요.
   B 美味しかったですね。 맛있었어요.

❸ A ちょっと行き過ぎたみたい。 좀 지나간 것 같은데.
   B そうですか。 그래요?
   ✎ 「行き過ぎる」라는 단어는 경우에 따라「(자신이 한 행동이) 지나치다/도를 넘다」등의 의미로 쓰이는 경우도 있다.

❹ A 遅すぎるよ。 이렇게 늦으면 어떻게 해?
   B ごめん。車が混んでいて。 미안. 차가 막혀서.

접속방법

▶ 동사·형용사 어간+過ぎる

086 ずつ 〈부조사〉
~씩

❶ A 少しずつ入れて。 조금씩 넣어.
　 B いいよ。 알았어.

❷ A 1日10分ずつ必ず読んでね。 하루에 10분씩 꼭 읽어.
　 B 分かった。 알았어.

> **Tip** 「ずつ」와 「씩」
>
> ・그렇게 매번 많이씩 가져오면 안 돼.
>   そんなに毎回たくさん持ってきちゃだめだよ。
>
> ✎ 위 예문에서 알 수 있는 것처럼 우리말의 '~씩'은 그 수량대로 나뉘거나 되풀이 되는 의미로 쓰여지므로 '~씩' 앞에 오는 명사 또는 부사는 양에 있어서 제한을 받지 않는다.
> 즉 우리말의 '~씩'은 소량을 나타내는 경우도 대량을 나타내는 경우도 있는데 비해 일본어의「ずつ」는 소량을 나타내는 명사 또는 부사밖에 오지 못한다.

접속방법

▶ 명사・부사 + ずつ

087 〜ずに 〈부정〉
〜안 〜고, 〜안 〜면서/으면서

1 동사+ず(に) ➡ 안 ~고

★「앞 문장+ずに+뒤 문장」에서 앞 문장과 뒤 문장이 단순히 시간 순서로 나열될 때는 '〜고'를 쓴다.

❶ A 学校へも行かずに何してたの? 학교에도 안 가고 뭐 했니?
   B 行ったよ。ちゃんと。 갔어. 진짜야.

❷ A 一人残らず全員逮捕だって。 한 사람도 안 남기고 전원 체포했대.
   B あら、そう? 어머, 그래?

2 동사+ずに ➡ 안 ~면서/으면서

★「앞 문장+ずに+뒤 문장」에서 앞 문장의 사건이 진행되고 있는 사이에 동시진행·동시상태로 뒤 문장이 성립될 때는 '〜면서/으면서'를 쓴다.

A 住所も知らずにどうやって探すわけ?
주소도 모르면서 어떻게 찾니?
B 何とかなるさ。 어떻게 되겠지 뭐.

3
飲まず食わず 아무것도 안 먹고
何も言わず 아무 말도 안 하고
何も買わずに 아무것도 안 사고

접속방법

- ▶ 5단동사 ア단 어미+ずに
- ▶ 1단동사 어간+ずに
- ▶ する ⇒ せ+ずに
- ▶ 来(く)る ⇒ 来(こ)+ずに

088 〜ずにはいられない
안 (〜지 않고)는 못 배기다

❶ A もうそのことを打ち明けずにはいられません。
　　이제 그 일을 안 털어놓고는 못 배기겠습니다.
　B コーヒーでも飲みながらゆっくり話しましょう。
　　커피라도 마시면서 천천히 이야기합시다.

❷ A これ、食べずにはいられないでしょう。
　　이거 안 먹고는 못 배기겠는데.
　B 美味しそうだもんね。 맛있게 생겼으니 뭐.

✎ 이 예문처럼 친구들끼리의 대화라 하더라도 일본어에서는 경우에 따라「〜でしょう・〜です」를 쓰는 경우가 있는데, 이는 친구인 상대방에게 정중한 말투를 쓴다기보다 일반론으로서 말을 한다고 보는 것이 적당하다. 일반론으로서의 발언이기 때문에 정중한 말투를 사용하는 것이라고 생각하는 것이 좋다.

접속방법

- ▶ 5단 동사 ア단 어미 + ずにはいられない
- ▶ 1단 동사 어간 + ずにはいられない
- ▶ する ⇒ せ + ずにはいられない
- ▶ 来る ⇒ 来(こ) + ずにはいられない

089 すら 〈부조사〉
~조차(도)

★ 처음부터 화자가 주목하고 있던 어떤 사건의 예 가운데에서 순서적으로 마지막에 위치하고 있던 사안을 이야기에 끄집어낼 때 사용한다.

❶ A 専門家です**すら**分からないそうです。 전문가조차도 모른답니다.
   B あ！どうしよう？ 아! 어떻게 하나?

❷ A あのチームに**すら**負けたんだからもう優勝はないな。
   그 팀한테조차 졌으니 이제 우승하긴 틀렸지.
   B まだ分かりませんよ。 아직 몰라요.

❸ A 授業、どうだった？ 수업, 어땠어?
   B 授業どころか座っていること**すら**苦痛だったよ。
   수업은커녕 앉아 있기조차 고역이었다 야.

비슷한 표현

'~조차', '~까지', '~마저', '~도'

1) 처음에는 주목의 대상에 포함이 안 되어 있던 것을 새롭게 지목하여 화자가 예로써 자기 자신의 이야기에 끄집어낼 때 ⋯▶ ~조차(さえ)
2) 처음부터 주목의 대상에 포함되어 있던 어떤 사안들 가운데 순서적으로 마지막에 위치하고 있던 어떤 것을 화자가 예로써 자기 자신의 이야기에 끄집어낼 때 ⋯▶ ~조차(すら)
3) 단순히 순서적으로 마지막에 오는 어떤 사안을 화자가 예로 들 때 ⋯▶ ~까지(まで)
4) 순서적으로 마지막에 오는 어떤 사안이 마이너스 이미지를 가지고 있음을 화자가 나타내고 싶을 때 (までもが) ⋯▶ ~마저

5) 몇 가지를 열거한 후 마지막으로 무엇인가를 화자가 다시 덧붙이고
  싶을 때 ⋯▸ ～도(～も)

① 一抹の望みさえなくなりました。 일말의 희망조차 사라졌습니다.

② 一抹の望みすらなくなりました。 일말의 희망조차 사라졌습니다.

③ 一抹の望みもなくなりました。 일말의 희망도 사라졌습니다.

✎ '일말의 희망'이 처음부터 화자의 머리속에 있었는지(すら) 없었는지(さえ) 에 따른 어법의 차이가 우리말에는 없기 때문에 ①과 ② 다 '～조차'가 된다.

④ あの人まで私たちを裏切ったらしいよ。
  그 사람마저 우리를 배신했다는구나.

✎ 순서적으로 마지막에 있는 「あの人」도 배신했다는 의미이며 마이너스 이미지를 가지고 있는 「まで」의 예이다. 마이너스 이미지의 「まで」는 '～마저'로 나타낸다.

⑤ あの人さえ(すら)私たちを裏切ったらしいよ。
  그 사람조차 우리를 배신했다는구나.

✎ 「すら」는 마지막까지 기대를 걸고 있던 사람도 배신했다는 의미가 되며, 「さえ」는 그렇게까지 기대한 것도 아닌 의외의 사람도 배신했다는 의미가 된다.

접속방법

▶ 명사+すら
▶ 각종 어절+すら

090 ぞ 〈종조사〉

~다, ~란/이란 말이야

1 ぞ ➡ 「동사」+ㄴ/는다(현재), 「동사」+ㄴ/은다(과거), 「형용사」+다

★「ぞ」와 같은 의미기능을 가지고 있는 우리말은 없는 것으로 보인다. 한편 이 「ぞ」는 강하게 말끝을 맺는 의미를 가지고 있으므로 우리말로는 무엇인가를 고하는 것 같은 말투가 되는 '~다'로 표현하는 것이 가장 적당하다.

❶ A さ、行くぞ。 자! 간다.
   B はい。 예.

❷ A お前、何か、怪しいぞ。 너, 뭔가 수상하다.
   B 何も怪しくありませんよ。 아무것도 안 수상해요.

❸ A 頼んだぞ。 부탁한다.
   B 分かりました。 알았어요.

❹ A 雨、やんだぞ。 비 그쳤다.
   B わい、やった。 야, 신난다.

2 명사+だぞ・んだぞ ➡ ~란/이란 말이야

★ 앞에 오는 명사의 존재를 뚜렷하게 강조하고 있기 때문에 '~란/이란 말이야'를 쓰는 것이 적당하다.

❶ A すごいバッターだぞ。 굉장한 타자란 말이야.
   B ホームランたくさん打ったの? 홈런 많이 쳤어?

❷ A これ、本場のキムチなんだぞ。 이거 본고장 김치란 말이야.
　B 辛くてだめだってば。 매워서 안 된다니까.

접속방법

▶ 각종 종지형+ぞ

091 そういうんじゃなくて

그런 게 아니라

A なかなかお似合(にあ)いのカップルですね。 아주 잘 어울리는 커플입니다.

B いや、そういうんじゃなくて。 아니, 그런 게 아니라.

✎ 동행한 여자와 마치 데이트를 하는 것처럼 보여, 그것이 아님을 말하려고 하는 장면에서 쓰이는 표현. 또는 누군가와 사귀는 것을 감추고 있다가 아는 사람한테 들켰을 때 여자친구가 아니라고 둘러대는 장면 등에서 쓰이는 표현

092 そういえば（そういや）
그러고 보니

❶ A そういえば、昨日もらったお菓子があったよね。
　　그러고 보니 어제 받은 과자가 있었지.
　B あ りますよ。食べますか。 있어요. 먹을래요?

❷ A そういや、誰かが遊びに来ていたね。
　　그러고 보니 누군가가 놀러 왔었네.
　B 何時にですか。 몇 시에요?

✎ 「そういえば」를 회화체에서 줄여서 「そういや」라고 표현한다.

093 そうだ (양태의 조동사 (様態の助動詞))
~것 같다, ~겠다

1 동사·형용사·형용동사 어간+そうだ ➡ ~ㄹ/을 것 같다

❶ A 雨降りそうですね。비 올 것 같은데요.
　B 降ると言っていましたよ。온다고 했어요.

❷ A これ、使えそうだね。이거 쓸 수 있을 것 같은데.
　B よかったね。잘됐네.

❸ A その服がよさそうですね。그 옷이 좋을 것 같은데요.
　B そうですか。그래요?

❹ A それ、まずそう。그거 맛없을 것 같다.
　B いや、案外おいしいよ。아니야, 의외로 맛있어.

❺ A 見るからに健康そうですね。척 보기에 건강하실 것 같은데요.
　B そうでもないんですよ。그렇지도 않답니다.

2 형용사+そうだ ➡ ~ㄴ/은 것 같다

★ '~ㄹ/을 것 같다'는 이제부터 일어나는 사건에만 쓸 수 있기 때문에 현재의 상태를 나타내는「형용사+そうだ」는 '~ㄴ/은 것 같다'로 표현해야 한다.

❶ A 何か言いたそうな顔だね。뭔가 이야기하고 싶은 것 같은 얼굴이구먼.
　B いいえ、違いますよ。아뇨, 아니에요.

❷ A 嬉しそうですね。좋은 일 있으신 것 같아요.
　B そう見えますか。그렇게 보여요?

❸ A 先に失礼します。먼저 실례하겠습니다.
　B 忙しそうですね。바쁘신 것 같아요.

❸ 형용사+そうだった ➡ ~ㄴ/은 것 같았다

★ '~ㄹ/을 것 같다'는 이제부터의 사건에만 쓸 수 있기 때문에「そうだった」등의 과거형은 '~ㄴ/은 것 같다'로 표현해야 한다.

❶ A その指輪、高そうでしたよ。그 반지, 비싼 것 같았어요.
　B そりゃ、そうでしょう。그야 그렇겠죠.

❷ A とても健康そうでしたよ。아주 건강한 것 같았어요.
　B それは何よりです。그거 다행이네요.

❹ 동사 어간+なそうだ ➡ 안 ~ㄹ/을 것 같다

★「동사 어간+そうにない」⇒「そうにない」항목을 참조(p.161)
「동사 어간+そうにない」는 'ㄹ/을 것 같지 않다'를 쓰는 것이 적당하고 「동사 어간+なそうだ」는 '안 ~ㄹ/을 것 같다'를 쓰는 것이 적당하다.

❶ A 今すぐには寝なそうですね。금방은 안 잘 것 같은데요.
　B じゃ、ちょっと遊ばせるか。그럼 좀 놀릴까?

❷ A 簡単には言わなそうですね。쉽게 말 안 할 것 같습니다.
　B しぶとい奴だな。질긴 녀석이군.

5 화자의 강한 상태추측판단 ➡ ~겠다

❶ A 美味_おしそう！ 맛있겠다.
  B 早_{はや}く食_たべよう。 빨리 먹자.

❷ A あの子_こ、起_おきそう。 애 깨겠다.
  B 静_{しず}かにして。 조용히 해.

 비슷한 표현

'~ㄹ/을 것 같다' '~ㄴ/은 것 같다' '~가 보다' '~나 보다' '~겠다'

1) 이제부터의 움직임이나 상태를 나타내는 そうだ ⋯ ~ㄹ/을 것 같다
2) 지금 현재의 움직임이나 상태를 나타내는 そうだ ⋯ ~ㄴ/은 것 같다
3) 어느 정도 어떤 사건의 객관적인 상황에 입각하여 내리는 화자의 상태 추측판단을 나타내는 そうだ ⋯ ~가 보다
4) 어떤 사건의 상황과 직접적으로는 관계없이 화자 자신이 일방적으로 내리는 상태추측판단을 나타내는 そうだ ⋯ ~나 보다
5) 화자의 강한 상태추측판단을 나타내는 そうだ ⋯ ~겠다
6) 동사・형용사・있다/없다・이다+ㄹ/을 것 같다 ⋯ そうだ
7) 동사・있다/없다+는 것 같다 ⋯ ようだ
8) 형용사+ㄴ/은 것 같다 ⋯ ようだ
9) 동사+ㄴ/은 것 같다 ⋯ ようだ
10) 동사・형용사・있다/없다・이다+가 보다 ⋯ みたいだ
11) 동사・있다/없다+나 보다 ⋯ みたいだ
12) 동사・있다/없다+는 것 같다 ⋯ みたいだ
13) 동사・형용사・있다/없다+겠다 ⋯ そうだ

「そうだ」「ようだ」「みたいだ」

★「ようだ」와「みたいだ」의 의미 차이는 거의 없는 것으로 보이는데, 일반적으로「みたいだ」가 회화체에서「ようだ」보다 자주 쓰인다.「みたいだ」와「ようだ」는 어떤 근거나 상황적인 배경에 입각한 추측판단으로 보여지고,「そうだ」는 화자 자신이 직관적이고 주관적으로 추측판단을 내리는 경우에 쓰이는 것으로 보인다.

① 彼は明日行くみたいよ。(○) 그 사람 내일 가는가 봐.
② 彼は明日行くようだよ。(○) 그 사람 내일 가는 것 같더라.
③ 彼は明日行きそうよ。(×)

✎ 위 예문이 화자가 바깥에서 그 사람의 동정에 대한 정보를 듣고 와서 가족에게 이야기하는 장면에서 쓰이는 것이라면 ③은 쓸 수 없다.

④ あ、気持ち悪い。吐きそう。(○)
아, 기분 나빠. (재수 없어) 토할 것 같아. (토하겠어)
⑤ あ、気持ち悪い。吐くみたい。(×)
⑥ あ、気持ち悪い。吐くようだ。(×)

✎ 위 예문이 화자가 누군가에게서 무슨 이야기를 듣고 나서 재수 없다는 식의 반응을 보이는 장면에서 쓰이는 것이라면 ⑤와 ⑥은 쓸 수 없다. 토할 것 같다고 하는 반응이 화자 자신의 직관적이고 주관적인 판단이기 때문이다.

⑦ 動きそう。(○) 돌아가겠다.
⑧ 動くみたいね。(○) 돌아가는가 보네.
⑨ 動くようだね。(○) 돌아가는 모양이네.

✎ 위 예문들이 중고기계를 사 와서 수리를 한 후에 전원을 넣어서 기계를 작동시켜 보는 장면에서 쓰이는 가정하에 보면, ⑦은 작동시켜 보기 전에 감각적으로 또는 엔진 소리 등을 듣고 화자가 즉시 직관적이고 주관적으로 판단할 때 사용된다. ⑧은 엔진 돌아가는 소리나 기타 기계의 상태를 볼 때 가동을 하는데는 별 문제가 없을 듯하다고 화자가 판단을 내릴 때 사용되고, ⑨는 기계가 본래 정상적으로 움직이는 상태에 상당히 근접해 있음을 화자가 나타내고 싶을 때 사용된다. 혹은 ⑧과 ⑨는 그 상황을 전해 들은 제3자가 화자에서 그 상황을 되물을 때 쓰이기도 한다.

접속방법

▶ 동사 어간+そうだ
▶ 형용사 어간+そうだ
▶ 형용동사 어간+そうだ
▶ 良い ⇒ よ+さ+そうだ
▶ ない ⇒ な+さ+そうだ

094 そうだ 〈전문(伝聞)의 조동사〉

~대(요)・~단다(답니다), ~래/이래(요)・~란다/이란다(답니다/이랍니다)

1 동사+そうだ ➡ ~ㄴ/는대(요), ~ㄴ/는단다(답니다)

❶ A 納豆をよく食べるそうよ。 낫토를 잘 먹는대.
　 B 本当ですか。 정말이에요?

✎ 위 예문의 마지막에서 쓰이고 있는「そうよ」와 같은 표현은 주로 여성들이 많이 쓰며 남성들은「そうだ」를 쓴다. 우리말은 남녀 성차에 따른 표현의 구분을 하지 않으므로 '~대', '~단다' 어느 쪽을 써도 무방하다.

❷ A 試合がもう終わったそうだ。 시합이 이제 끝났단다.
　 B どうなったんですか。 어떻게 됐습니까?

❸ A 二度と酒飲まないそうだ。 다시는 술 안 마신단다.
　 B その話、もう3度目ですよ。 그 얘기, 벌써 세 번째예요.

2 형용사+そうだ ➡ ~대(요), ~단다(답니다)

❶ A その塾、どこにあるんですか。 그 학원, 어디에 있어요?
　 B ここから近いそうだ。 여기에서 가깝단다.

❷ A それ、高いそうよ。 그거 비싸대.
　 B これがですか? 이게요?

③ 명사+だそうだ ➡ ~래/이래(요), ~란다/이란다(랍니다/이랍니다)

❶ A 事故だそうだ。 사고란다.
   B どこでですか。 어디에서요?

❷ A 発表、明日だそうですよ。 발표, 내일이랍니다.
   B どうなるんだろう。 어떻게 되려나?

 비슷한 표현

전문의「そうだ」와 문말표현의「だって」

◆ 전문의 そうだ … ~단다(답니다), ~대(요)
◆ 문말표현의 だって … ~대

★ '~단다'는 다소 딱딱한 말투이기 때문에 회화에서 많이 쓰이는 문말표현인「だって」와는 어울리지 않는다.

① 印鑑を押したそうだ。 도장 찍었단다.
② 印鑑を押したんだって。 도장 찍었대.
③ 結婚してないそうですよ。 결혼 안 했대요.
④ 結婚してないんですって。 결혼 안 했대요.
⑤ その番号、合っているそうです。 그 번호 맞답니다. (맞는답니다)
⑥ その番号、合っているんですって。 그 번호 맞대요. (맞는대요)
⑦ かなり辛いそうよ。 무지하게 맵대.
⑧ かなり辛いんだってよ。 무지하게 맵대.

접속방법

▶ 각종 종지형+そうだ

095 そうに(も)ない
~ㄹ/을 것 같지 않다, 안 ~ㄹ/을 것 같다

❶ 동사+そうにない ➡ ~ㄹ/을 것 같지 않다

★「동사+なそうだ」는「そうだ」를 참조(p.155)
「동사 어간+そうにない」는 '~ㄹ/을 것 같지 않다'를 쓰는 것이 적당하고, 「동사 어간+なそうだ」는 '안 ~ㄹ/을 것 같다'를 쓰는 것이 적당하다.

❶ A この花、咲きそうにないね。 이 꽃, 필 것 같지 않네.
　 B どうしたんだろう。 어떻게 된 거지?

❷ A しばらく来そうにないですね。 한동안 올 것 같지 않군요.
　 B いや、また来るでしょう。 아뇨, 또 올 겁니다.

❸ A ここからだと見えそうにないね。 여기에서는 보일 것 같지 않네.
　 B じゃ、あっち行ってみましょうか。 그럼 저쪽으로 가 볼까요?

❷ 동사+(ら)れそうにない ➡ ~ㄹ/을 수 있을 것 같지 않다, 못 ~ㄹ/을 것 같다

★ 부정의 의미를 더 강조하고 싶을 때는 '~ㄹ/을 수 있을 것 같지 않다'를 쓰는 것이 적당하고, 단순히 부정적 상황판단의 의미로 쓸 때는 '못~ㄹ/을 것 같다'를 쓰는 것이 적당하다.

❶ A これは全部食べられそうにないですね。
　　 이거 다 못 먹을 것 같은데요.
　 B 全部食べろとはいいませんよ。 다 먹으라고 한 거 아닙니다.

❷ A いつ帰ってくるんですか。 언제 오세요?

　B 当分帰れそうにないな。 당분간 집에 못 갈 것 같아.

❸ A これは到底期限内に終われそうにない工事ですね。
　　이건 도저히 기한 내에 끝날 것 같지 않은 공사군요.

　B そこを何とか。 그래도 어떻게 좀…….

 비슷한 표현

「～そうにない」와 「～なそうだ」

◆ ～そうにない ⋯▶ ～ㄹ/을 것 같지 않다

◆ ～なそうだ ⋯▶ 안 ～ㄹ/을 것 같다

① これは売れそうにないな。 이건 팔릴 것 같지 않구먼.

② これは売れなそうだね。 이건 안 팔릴 것 같은데.

③ 10分じゃ終わりそうにないですね。
　10분 가지고는 끝날 것 같지 않은데요.

④ 10分じゃ終わらなそうですね。 10분 가지고는 안 끝날 것 같은데요.

★「동사 어간+ない+そうだ ⇒ なそうだ(안 ～ㄹ/을 것 같다)」와「동사 어간+そうだ+ない ⇒ そうにない(～ㄹ/을 것 같지 않다)」가 각각 우리말의 구조와 비슷하기 때문에 위 조합이 적당한 것으로 보인다.

접속방법

▶ 동사 어간+そうにない

096 た (과거·완료의 조동사)

~았/었다, ~았/었어, ~았/었지 ⇒ 종지형 · ~ㄴ/은 ⇒ 동사 연체형
~았던/~었던, ~던 ⇒ 형용사 연체형

1 た ➡ ~았다/었다
　た(よ) ➡ ~았어/었어
　たね(たな) ➡ ~았지/었지

★ 상대방에게 일방적으로 통보하는 듯한 말투로 이야기할 때는 '~았다/었다'를 쓰는 것이 적당하고, 상대방에게 설명하는 듯한 말투로 이야기할 때 '~았어/었어'를 쓰는 것이 적당하다. '~았지/었지'는 화자가 자신의 경험을 이야기하여 상대방과 어떤 의식이나 느낌 등을 공유하고자 할 때 쓰는 것이 적당하다. 「た(ね)」⇒ '~았지/었지'는 자주 쓰이지는 않는다.

❶ A お爺ちゃん、なくなったよ。 할아버지 돌아가셨다.
　 B 嘘でしょう！ 거짓말이죠.
　✎ 자신의 아버지가 돌아가셨다는 연락을 화자가 받고 그것을 다시 자기 자녀에게 연락을 하는 장면 또는 화자 자신이 아버지의 임종을 지켜보고 나서 자기 자녀에게 그것을 통보하는 장면 등에서 쓰이는 표현

❷ A 私のスカート、どこ？ 내 치마 어디 갔어?
　 B それ？ 洗ったよ。 그거 빨았다. (빨았어)
　✎ 딸에게 일방적으로 통보하는 듯한 말투로 표현할 때는 '빨았다'가 적당하고, 설명하는 듯한 말투로 표현할 때는 '빨았어'가 적당하다.

❸ A あの店、すごく美味しかったよ。 그 집 되게 맛있었어.
　 B そう？ 今度一緒に行こうよ。 그래? 다음에 같이 가자.
　✎ 그 가게의 맛을 설명하는 내용이기 때문에 '맛있었어'가 된다.

163

❹ A あの人には本当に世話になったよ。

   그 사람한테는 정말 신세 많이 졌어. (신세 졌다)

   B そうだったんですか。그러셨어요?

✎ 설명하는 듯한 말투로 이야기할 때는 '신세 졌어'가 적당하고, 일방적으로 통보하는 듯이 이야기할 때는 '신세 졌다'가 적당하다.

❺ A 学生の頃はよく飲んだね。학생 때는 자주 마셨지.

   B そんなに飲んだんですか。그렇게 마셨어요?

❻ A 今日2時の約束だったよね。오늘 2시 약속이었지?

   B そうだっけ。그랬던가?

❷ た (동사의 과거 연체형) ➡ 「동사」+ ㄴ/은

❶ A 俺ら出発したの、何時だっけ。우리 떠난 게 몇 시였지?

   B 4時だろう。4시일 거야.

❷ A 洗った白菜、持って来て。씻은 배추 가져 와.

   B 分かりました。알았어요.

❸ た (형용사 과거 연체형) ➡ 「형용사」+았던/었던, 「형용사」+던

★ 과거의 한 시기에서 또 다른 어떤 시기까지 일정 기간 그 상태 또는 속성이 지속되고 있었음을 나타내고 싶을 때는 '~았던/었던'을 쓰는 것이 좋고, 과거의 어떤 한 시점에 있어서 그 상태 또는 속성이 존재했음을 나타내고 싶을 때는 '~던'을 쓰는 것이 좋다.

❶ A 良かった記憶は? 좋았던 기억은?

   B あまりありません。별로 없습니다.

✎ 위 예문에서 '좋던'은 쓸 수 없다. 어떤 특정적인 한 시기를 이야기하는 것이 아니고, 어떤 한 시기에서 다른 어떤 시기까지 일정 기간 중에 어떠했는가를 나타내고 있기 때문이다.

❷ A 昨年はパッとしなかった選手が今年はまるで別人みたいだね。 작년에 별 볼 일없던 선수가 금년에는 완전히 딴사람 같네.

B シーズンオフに死に物狂いで練習したらしいですよ。 시즌 오프 때 죽을 각오로 연습했다해요.

✎ 위 예문에서 '없었던'은 쓰기 어렵다. 작년 1년간을 하나의 특정시기로 판단하여 나타내고 있기 때문이다. 그러나 작년 1년간을 통틀어서 성적이 별로 안 좋았다는 의미가 될 때에는 '별볼일 없었던'을 써도 된다.

❸ A あんなに冷たかった人がどうしたの? 그렇게 차갑던 사람이 어떻게 된 거야?

B 心変わりしたのでしょう。 마음이 바뀐 거겠죠.

✎ '차가웠던'은 쓰기 어렵다. 언제부터 언제까지가 아니고 그 사람의 속성이 차갑다고 말하고 있기 때문이다. 그러나 그 사람이 어떤 일정 기간 차가웠었다는 의미가 될 때에는 '차가웠던'을 써도 된다.

접속방법

▶ 동사 て형+た

▶ 형용사 어간+かっ+た

▶ 형용동사 어간+だっ+た

097 だ 〈조동사〉

だ ⇒ ~다/이다   だよ ⇒ ~야/이야   だね ⇒ ~네/이네
だな ⇒ ~군/이군(이구먼)   だぞ ⇒ ~란/이란 말이야
だね ⇒ ~말이야   んだ ⇒ ~는 거야
んだ ⇒ ~ㄴ/는단 말이지, ~단 말이지, ~란/이란 말이지

1 だ ➡ ~다/이다   だよ ➡ ~야/이
　だね ➡ ~네/이네   だな ➡ ~군/이군(구먼/이구먼)
　だぞ ➡ ~란/이란 말이야

★ 일반적으로 「だ」는 '~다/이다', 「だよ」는 '~야/이야'가 적당한데 이는 형태보다도 의미에 의해 나뉜다고 보는 것이 맞다. 상대방에게 일방적으로 통보하는 듯이 말을 할 때는 '~다/이다'가 적당하고, 그냥 설명하는 듯한 어조로 말을 할 때는 '~야/이야'가 적당하다.

★ 화제가 되어 있는 내용이 화자 자신에 있어서 신발견적인 것일 경우에는 '~네/이네'가 적당하고, 화자 자신에 있어서 이미 그 내용이 기정사실적인 성격의 것일 경우에는 '~군/이군'이 적당하다. 「だぞ」는 명사의 존재를 부각시켜 강조하는 의미를 가지고 있기 때문에 '~란/이란 말이야'가 제일 적당하다.

❶ A わい、寿司だ。 야, 초밥이다. (초밥이야×)
　B 手、洗って。 손 씻어.

✎ 초밥을 보고 기뻐하며 달려드는 장면에서 쓰이는 표현이기 때문에 설명하는 듯한 어조가 되는 '초밥이야'는 적당하지 않다.

❷ A これ食べた人、誰? 이거 먹은 사람 누구야?
　B (お前の)母さんだよ。 네 엄마다. (엄마야)

✎ 먹은 사람이 다름아닌 '네 엄마다'라는 내용을 화자는 일방적으로 통보할 수도 있고 또는 설명할 수도 있다. 따라서 '엄마다'도 '엄마야'도 쓸 수 있다.

❸ A うちのお兄ちゃんだよ。 우리 오빠야. (오빠다×)

B 初めまして。 처음 뵙겠습니다.

✎ 자기의 오빠를 오빠와 초면인 상대방에게 설명해야 하기 때문에 일반적으로 '오빠다'는 쓰기 어렵다. 그러나 화자가 자기 자신의 오빠에 대해 사전에 상대방에게 이미 충분한 정보를 준 경우에는 자기의 오빠임을 통보만 해도 충분하기 때문에 그런 경우에는 '오빠다'도 쓸 수 있다.

❹ A これは奇跡だよ。 이건 기적이야. (기적이다)

B 全くその通りだね。 정말 그러네.

❺ A もう春だね。 이제 봄이네. (봄이다×)

B そうですね、暖かくなりましたね。 그러네요. 따뜻해졌네요.

✎ 봄이 됐다는 사실을 새삼 느끼면서 그것을 상대방과 나누는 장면에서 사용되는 표현이기 때문에 신발견적인 '봄이네'가 쓰여지며 '봄이다'는 쓰기 어렵다.

❻ A 本当に親切な店だな。 정말 친절한 식당이군(이구먼).

B 本当、そうですね。 정말 그러네요.

✎ 식당이 친절하다는 사실이 이미 화자에 있어서 기정사실적인 사건이 되었기 때문에 '식당이군'이 사용된다. 「だな」가 「だね」가 되면 이번에는 신발견적인 의미가 되기 때문에 '친절한 식당이네'가 적당한 표현이 된다.

❼ A いいピッチャーだな。 좋은 투수군(구먼).

B プロでも通じそうですね。 프로에서도 통할 것 같은데요.

❽ A 滅多に獲れない魚だぞ。 좀처럼 안 잡히는 물고기란 말이야.

B すごい! 멋있어.

✎ 보기 드문 물고기를 잡았음을 상대방에게 강하게 어필하는 장면에서 쓰이는 표현이므로 '물고기란 말이야'를 쓰는 것이 적당하다.

❷ のだ(んだ) ➡ ~는 거야

★「のだ(んだ)」가 명령의 의미가 될 때는 '~는 거야'가 된다.

❶ A さあ、降りる**んだ**、素早く。 자, 내리는 거야, 잽싸게.
   B 怖いよ。 무서워.

❷ A 一人でやる**んだ**。 혼자 하는 거야.
   B できません。 못해요.

❸ のだ(んだ) ➡ ~ㄴ/는다, ~ㄴ/는단 말이지(동사)
　　　　　　 ~단 말이지(형용사·있다/없다), ~란/이란 말이지(명사)

★「のだ(んだ)」가 어떤 설명에 대해 화자가 납득하는 의미가 되거나 또는 화자 자신의 감상을 이야기하며 상대방과 그 사실을 재확인하는 의미가 될 때 형용사는 '~단 말이지', 동사는 '~ㄴ/는다, ~ㄴ/는단 말이지'로 표현하며 명사는 '~란/이란 말이지'로 표현한다.

❶ A へぇ、僕一人で行く**んだ**。 흐음, 나 혼자 간다. (간단 말이지)
   B 心配しなくていいからね。 걱정 안 해도 된다니까.

✎ 자기 혼자 가야 한다는 사실을 전해 듣고 그 사실이 금방 이해되지 않아 잠시 생각을 하는 장면에서 쓰이는 표현

❷ A こんなところに住んでいる**んだ**。 이런 데 산단 말이지.
   B この部屋に人入れたのは初めてだよ。
   　이 방에 사람 들인 거 처음이야.

✎ 친구 집에 처음으로 놀러 가서 친구가 쓰는 방을 한 바퀴 둘러 보면서 감상을 이야기하는 장면 등에서 쓰이는 표현

❸ A そこはそんなに寒い**んだ**。 거기가 그렇게 춥단 말이지.
   B そうみたいよ。 그런가 봐.

✎ 상대방의 설명에 대해 화자가 자신의 감상을 상대방에게 이야기하면서 그곳이 춥다는 사실에 대해 새삼 확인을 하는 장면에서 쓰이는 표현

❹ A この服、そんなに高いんだ。 이 옷 그렇게 비싸단 말이지.
　 B 素材が全部天然だからね。 소재가 전부 자연산이니까.

📎 옷이 비싸다는 사실에 대해 다시 한 번 상대방에게 확인을 하면서 자기 자신을 이해시키는 장면에서 사용되는 표현

❺ A その人、美人なんだ。 그 사람 미인이란 말이지.
　 B 噂ではね。 소문으로는.

4 だね〈간투조사〉 ➡ ~말이지

★ 한 어절이 끝날 때 그 어절에 붙여서 쓸 수 있는 표현으로 대화 중에 그 부분에 대해 특별히 무엇인가 한마디 덧붙이고 싶을 때 이 표현을 쓴다.

❶ A あれはだね、必ずしも失敗とも言えないよ。
　　그건 말이지, 꼭 실패라고만 할 수도 없지.
　 B それならいいですけど。 그렇다면야 괜찮지만요.

❷ A ここは、こうやってだね、それからこうやれば…。
　　여기는 이렇게 해서 말이지, 그리고 이렇게 하면…….
　 B あ！ありがとうございます。 아, 고맙습니다.

접속방법

▶ 명사+だ、だよ、だね、だな、だぞ
▶ 동사・형용사 연체형+のだ(んだ)
▶ 각종 어절+だね

098 (し)たい
~고 싶다

1 동사+たい ➡ ~고 싶다

❶ A 今日休みたいな。 오늘 쉬고 싶다.
   B どうしたの？ 왜 그래?

❷ A ここで降りたいんですけど。 여기서 내리고 싶은데요.
   B じゃ、そこに止めますね。 그럼 저기 세울게요.

❸ A 映画見たい。 영화 보고 싶다.
   B どんな映画がいいの？ 어떤 영화가 좋은데?

2 ~が~たい ➡ ~ㄹ/을 ~고 싶다
~を~たい ➡ ~ㄹ/을 ~고 싶다
⇒ 「が」(주격조사)를 참조(p.44)

접속방법

▶ 동사 연용형+たい

099 〜たいと思う
〜겠다, 〜려고/으려고 하다

★ 화자의 의지가 비교적 강하게 나타내는「たいと思う」는 '〜겠다'가 적당하고, 의지보다 단순한 희망을 나타내는「たいと思う」는 '〜려고/으려고 하다'가 적당하다.

❶ A それでは、終わりたいと思います。 그럼 마치겠습니다.
　B お疲れ様でした。 수고하셨습니다.

❷ A 早速始めたいと思います。 바로 시작하겠습니다.
　B まだ一人来ていません。 아직 한 사람 안 왔습니다.

❸ A 例の件はどうなったんですか。 그 건은 어떻게 됐습니까?
　B 来週あたりで返事したいと思います。
　　다음 주쯤에 연락드리겠습니다.

✎ 위 세 예문은「それでは、これで終わりたいです」「早速始めたいです」「返事したいです」라고 표현하지는 않는다. 왜냐하면 이 예문들이 화자의 희망을 표현한다기보다「終わる」「始める」「返事する」를 실현하려는 화자의 의지를 표현하고 있는 예문이라고 볼 수 있기 때문이다. 따라서 우리말로는 '〜겠다'가 적당하다고 보아야 한다.

❹ A 今度の出張は田中さんに行かせたいと思っています。
　　이번 출장은 다나카한테 가게 하려고 하고 있습니다.
　B それはいい考えですね。 그거 좋은 생각이시군요.

❺ A しっかり勉強したいと思っております。
　　열심히 공부하려고 하고 있습니다.
　B 頑張って下さいね。 열심히 하세요.

✎ 위 두 예문은 화자의 희망을 나타내는 표현이라고 볼 수 있기 때문에「〜と思います」가 없이「行かせたい」「勉強したい」만으로도 충분히 성립하며 따라서 '〜려고 하고 있다'가 알맞는 번역이 된다.

 비슷한 표현

「したいと思う」와「したいなと思う」
「しようと思う」와「しようかなと思う」「ようにする」

- ◆ したいと思う ～려고/으려고 (생각)하다
- ◆ したいなと思う ～ㄹ까/을까 하다
- ◆ しようと思う ～려고/으려고 (생각)하다
- ◆ しようかなと思う ～ㄹ까/을까 하다

★ 우리말에서는 '～싶다고 생각하다'라는 말을 쓰지 않으므로 실제로 「したいと思う」와「しようと思う」또는「したいなと思う」와「しようかなと思う」의 의미 차이를 구별하는 것은 대단히 어렵다. 그러나「したいと思う」는 이른바 화자의 희망에 중점을 두는 표현이고,「しようと思う」는 화자의 의지에 중점을 두는 표현이라고 나눠볼 수는 있다.

★ 화자가 사고하고 있음을 강조하고 싶을 때는「～と思う」에 해당하는 표현을 살려서 '～려고/으려고 생각하다'라고 표현할 수 있다.

① 来年行きたいと思っております。 내년에 가려고 하고 있습니다.
② 来年行きたいなと思っております。 내년에 갈까 하고 있습니다.
③ 来年行こうと思っております。 내년에 가려고 하고 있습니다.
④ 来年行こうかなと思っております。 내년에 갈까 하고 있습니다.

✎ ①은「来年行きたいです」로 바꿔 말해도 의미적으로 통하므로 화자의 희망을 나타내는 예문이라고 할 수 있다. ①과 ③은 우리말에서는 같은 표현을 쓸 수밖에 없다. ②와 ④는 화자의 가고자 하는 의지가 명확하게 드러나지 않는 점 등으로 미루어 '갈까 하고 있습니다'가 적당하다.

⑤ 早速使ってみたいと思います。 바로 써 보고 싶습니다.
⑥ 早速使ってみたいなと思います。 바로 써 볼까 합니다.
⑦ 早速使ってみようと思います。 바로 써 보려고 합니다.
⑧ 早速使ってみようかなと思います。 바로 써 볼까 합니다.

✎ ⑤와 같이 화자가 자기 자신의 희망을 적극적으로 나타내는 경우에는 '~고 싶다'만으로 표현해도 된다. ⑥과 ⑧처럼 적극적인 희망이라기보다 소망 또는 바람의 단계에 있는 사안의 경우에는 '써 볼까 합니다'가 적당하다.

⑨ 後日(ごじつ)連絡(れんらく)させて頂(いただ)きたいと思(おも)います。
　며칠 후에 연락드리겠습니다. (○)
　며칠 후에 연락드리고 싶습니다. (×)
　며칠 후에 연락드리려고 합니다. (×)

✎ 위 예문은 「後日連絡する」한다고 하는 화자의 의지를 전달하는 장면에서 쓰여지는 표현이기 때문에는 '연락드리겠습니다' 이외는 적당하지 않다.

접속방법

▶ 동사 연용형+たいと思う

100 〜たいような
~고 싶어 하는, ~고 싶은 것 같기도 하고

1 1인칭 주어 + たいような ➡ ~고 싶은 것 같기도 하고

A もうちょっと食べたいような食べたくないような…。
좀더 먹고 싶은 것 같기도 하고 그렇지 않은 것 같기도 하고…….

B そういう時にはやめなさい。 그럴 때는 그만 둬.

2 3인칭 주어 + たいような ➡ ~고 싶어 하는

A マリナちゃん、どうだった? 마리나 어땠어?
B ずっとあそこにいたいような様子でしたよ。
쭉 거기 있고 싶어 하는 눈치였어요.

접속방법

▶ 동사 연용형 + たいような

101 たがる
~고 싶어 하다

1 3인칭 주어＋동사＋たがる ➡ ~고 싶어 하다

❶ A 彼女が会いたがっていますよ。 여자분이 만나고 싶어 해요.
　 B 私は会いたくありません。 저는 만나고 싶지 않습니다.

❷ A そのコート、うちの女房が買いたがってるよ。
　　 그 코트 우리 마누라가 사고 싶어 해.
　 B これ、あまりいいものじゃないよ。 이거 그렇게 좋은 거 아냐.

❸ A ちょっと見せて！この子が見たがっているから。
　　 좀 보여줘요. 애가 보고 싶어 하니까.
　 B ちょっとならいいですよ。 잠깐이라면 괜찮습니다.

2 ほしがる ➡ 가지고 싶어 하다

A 彼女がほしがっていた香水なんですよ。
　 제 여자친구가 가지고 싶어 하던 향수예요.
B 見つかってよかったですね。 찾아서 다행이네요.

접속방법

▶ 동사 연용형＋たがる

102 〜(し)たくらいで(は)
~ㄴ/은 정도로, ~ㄴ/은 정도를 가지고

1 〜たくらいで(は) ➡ ~ㄴ/은 정도로

❶ A これ、読めるかな。 이거 읽을 수 있을까?
　B 1ヶ月勉強したくらいじゃ読めないでしょう。
　한 달 공부한 정도로는 못 읽을 거예요.

❷ A 私、ミンシックさんと別れます。 저, 민식 씨랑 헤어질래요.
　B 何? 一月会わなかったくらいで別れるというの?
　뭐? 한 달 안 만난 정도로 헤어진단 말이야?

2 〜たくらいで ➡ ~ㄴ/은 정도를 가지고

A 2年走ったくらいで故障するなんて。
2년 달린 정도 가지고 고장이 나다니.

B だから、その車はやめろといったでしょう。
그러니까 그 차는 그만두라고 그랬죠.

「~ㄴ 정도로」와 「~ㄴ/은 정도를 가지고」

◆ 일반적인 수단·방법을 나타내는 경우 … ~ㄴ/은 정도로
◆ 화자가 수단·방법의 의미를 강조하는 경우 … ~ㄴ/은 정도를 가지고

① ちょっと手を出したくらいで逮捕だなんて。
　조금 건드린 정도로 체포라니.

② ちょっと手を出したくらいで逮捕だなんて。
　조금 건드린 정도를 가지고 체포라니.

✎ 수단·방법의 의미로 쓰이는 일본어의 「で」를 강조할 때는 '~를 가지고'를 쓴다.

접속방법

▶ 동사 て형+たくらいで

103 だけ
~만(명사의 한정), ~만큼(허용레벨의 한정), ~뿐(움직임・상태의 한정)

1 명사+だけ ➡ ~만

★ 여럿 있는 가운데 특정대상을 한정 선택할 때 쓰는 표현

❶ A 二人だけで話がしたいんだけど。 둘이서만 이야기하고 싶은데.
   B どこがいいですか。 어디가 좋으세요?

❷ A あの人、いつも口だけだよ。 저 사람 늘 입만 살았어.
   B そのようだね。 그런 거 같네.

❸ A 明日だけ早く終わるんですよ。 내일만 빨리 끝나거든요.
   B 何かあるんですか? 무슨 일 있습니까?

2 ~ば(たら)~だけ ➡ ~면/으면 ~만큼

❶ A 多ければ多いだけいいですよ。 많으면 많은 만큼 좋아요.
   B 頑張ろう。 힘내자.

❷ A 粘れば粘るだけ損です。 버티면 버틴 만큼 손해예요.
   B じゃ、売りましょう。 그럼 팝시다.

3 あれだけ ➡ 그만큼

❶ A あれだけ気をつけなさいと言ったのに。 그만큼 조심하라고 했는데.
   B まぁ、仕方ないですよ。 할 수 없지요 뭐.

❷ A あれだけの選手はなかなかいないよ。 그만큼 하는 선수 좀처럼 없어.
   B そんなに優秀なんですか。 그렇게 우수합니까?

4 できるだけ ➡ 가능한 한

A できるだけ早く来て下さい。 가능한 한 빨리 와 주세요.
B 分かった。急ぐよ。 알았어. 서두를게.

5 명사・동사+だけ ➡ ~만큼, ~ㄹ/을 만큼

★ 여럿 있는 사안 중에서 화자 자신이 생각하는 허용레벨에 달하는 어떤 사안을 한정 선택할 때 쓰는 표현

① A この仕事だけは譲れないな。 이 일만큼은 양보 못하겠군.
　 B 私も同じです。 저도 마찬가지입니다.

② A あのチームにだけは負けられません。
　　 그 팀에게만큼은 질 수 없습니다.
　 B どうしてですか。 왜요?

③ A 行ってみるだけのことはある。 가볼 만큼의 가치는 있어.
　 B じゃ、皆で行くか。 그럼 모두 같이 갈까?

④ A 言うだけムダだった。 말한 만큼 헛수고했어. (입만 아프네)
　 B あの人、そういう人なんだよ。 그 사람 그런 사람이야.

6 동사+だけ ➡ ~뿐

★ 여럿 있는 사안 가운데 어느 하나밖에 선택의 여지가 없어서 그것을 한정 선택할 때 사용하는 표현

① A 優勝する自信はありますか。 우승할 자신은 있습니까?
　 B 一生懸命にやるだけです。 열심히 할 뿐입니다.

② A 何でご飯食べないの? 왜 밥 안 먹니?
　 B お腹が空いてないだけ。 배가 안 고플 뿐이야.

'~만', '~만큼', '~뿐'

- だけ … (물건의 한정 선택) ~만
- ばかり … (어떤 것에 전념, 어떤 것에 근사) ~만
- だけ … (어떤 기준 레벨의 것, 사안의 한정 선택) ~만큼
- だけ … (유일 선택) ~뿐
- のみ … (유일) ~뿐

① 매일 라면만 먹는다.　毎日ラーメンだけ食べている。(×)
　　　　　　　　　　　毎日ラーメンばかり食べている。(○)

✎ '매일 라면만 먹는다'는 정말 쭉 라면만 먹는다는 이야기는 아니기 때문에 한정을 나타내는「ラーメンだけ」는 쓸 수 없다. 단 무슨 특별한 사정이 있어서 정말로 100% 라면만 먹는 일이 벌어진다면 그때는「ラーメンだけ」라고 표현할 수 있다.

② 맨날 거짓말만.　いつも嘘だけ。(×)
　　　　　　　　　いつも嘘ばかり。(○)

✎ 말하는 것 100%가 거짓말이라는 것은 있을 수 없는 일이기 때문에 한정 선택의 의미를 나타내는「嘘だけ」는 성립되지 않는다.

③ 너만 남고 나머지는 가.　お前だけ残って残りは帰りなさい。(○)
　　　　　　　　　　　　　お前ばかり残って残りは帰りなさい。(×)

✎ 여럿 가운데「お前」를 한정하여 선택하고 있기 때문에「お前だけ」를 쓴다.「お前ばかり」는「お前」라고 하는 존재에 전념한다는 뜻을 나타내기 때문에 '너만 남고'의 번역으로서는 적당하지 않다.

④ 英語だけは自信あるよ。(○) 영어만큼은 자신있지.
⑤ 英語ばかりは自信あるよ。(○) 영어만은 자신있지.

✎ 어느 정도의 레벨에 도달하고 있는 하나의 예로서 영어를 한정 선택하고 있음을 표현하고 싶을 때는 ④로 표현하고 영어가 자신있는 과목의 근사치에 있음을 나타내고 싶을 때는 ⑤로 표현한다.

접속방법

▶ 명사+だけ
▶ 동사 연체형+だけ
▶ 동사・형용사 ば형+동사・형용사 연체형+だけ

104 ～だけあって
～이니만큼, ～만큼

1 명사+だけあって ➡ ～이니만큼

A さすが大物だけあって発言に重みがありますね。
과연 거물급이니만큼 발언에 무게가 있군요.

B 若い人には見習ってもらいたいですね。
젊은 사람들이 배웠으면 좋겠군요.

2 각종 연체형+だけあって ➡ ～만큼

❶ A 長い間企業のトップにいるだけあって物の見方が違いますね。
오랫동안 기업의 최고자리에 있는 만큼 보는 각도가 다르군요

B そりゃそれぐらいの経験を積んでいるわけですからね。
그거야 그런 정도의 경험을 쌓았으니까요.

❷ A 加藤君は熱心なだけあって進歩が早いですね。
가토 군은 열심히 하는 만큼 진보가 빠르군요.

B そうですね。素質もありますし。네. 소질도 있고요.

 비슷한 표현

⇒ 「だけに」의 항목 참조(p.185)

접속방법

▶ 명사+だけあって

▶ 각종 연체형+だけあって

105 〜だけじゃなくて
〜뿐만 아니라(아니고)

1 명사+だけじゃなく ➡ 〜뿐만 아니라(아니고)

❶ A 私たちだけじゃなくて他の人もいましたよ。
　　우리뿐만 아니고 다른 사람들도 있었어요.

　B どうやって知ったんだろう。어떻게 알았지?

❷ A 財布だけじゃなくてノートパソコンも盗まれました。
　　지갑뿐만 아니라 노트북도 훔쳐갔어요.

　B パソコンないと困るでしょう。노트북 없으면 곤란하지.

2 각종 연체형+だけじゃなくて ➡ 〜ㄹ/을 뿐만 아니라

　A 温度が高いだけじゃなくて湿度も高いんですよ。
　　온도가 높을 뿐만 아니라 습도도 높아요.

　B 調べてみましょう。조사해 봅시다.

접속방법

▶ 명사+だけじゃなくて
▶ 각종 연체형+だけじゃなくて

106 〜だけど
〜지만, 〜는데

1 A+だけど+B ➡ 〜지만

★ A와 B가 완전히 대립하는 내용일 때

A 俺は英語は得意だけど、数学がだめ。
난 영어는 잘하지만 수학을 못해.

B 俺と反対だな。 나하고 반대구나.

2 A+だけど+B ➡ 〜데

★ B의 이야기를 하기 위한 전제로서 A를 꺼낼 때

❶ A 買い物に行くんだけど、一緒に行く? 장 보러 가는데 같이 갈래?

B いいよ。좋아.

Tip 「買い物に行く」「買い物をする」

'장 보러 가다, 시장 가다, 슈퍼에 가다, 〜을/를 사러 가다, 쇼핑 가다' 등을 일본어에서는 다「買い物に行く」로 표현할 수 있다.

「スーパー」「コンビニ」

「スーパー」라고 하는 표현은 실제 일상생활에서 쓰여지는 빈도가 예전에 비해 현격하게 줄어들고 있다. 우리도 '이마트, 홈플러스'라고 바로 슈퍼명을 이야기하는 것처럼 일본어에서도 「ジャスコ」「イトーヨーカード」등 슈퍼명을 그대로 이야기한다. '편의점'은 「コンビニ」라고 하는데 편의점은 「コンビニ」라는 표현을 쓰는 경우도 있고 또는 「ローソン」「セブンイレブン」등처럼 편의점명을 그대로 쓰는 경우도 있다.

❷ A すごく寒いんだけど。무지하게 추운데.
　B コーヒーでも飲む? 커피라도 마실래?

 비슷한 표현

⇒ 「けど」의 항목 참조 (p.85)

접속방법

▶ 명사+だけど
▶ 각종 연체형+だけど

107 ～だけに
～인 만큼, ～만큼

1 명사+だけに ➡ ～인 만큼

❶ A 彼は本当に話がうまいんですよ。 그 사람 정말 말 잘해요.
　 B 政治家だけに弁が立つんでしょう。
　　 정치가인 만큼 말을 잘하는 거겠죠.

❷ A 鈴木さん本当に道詳しいですね。 스즈키 씨 정말 길 잘 아네요.
　 B 地元だけによく知っているんでしょう。
　　 자기가 사는 데인 만큼 잘 아는 거겠죠.

2 각종 연체형+だけに ➡ ～만큼

❶ A 一人で行くだけに余計緊張しています。
　　 혼자서 가는 만큼 더 긴장됩니다.
　 B 大丈夫ですよ。 괜찮아요.

❷ A 詐欺に遭ったんですって? 사기 당했다면서요?
　 B そうなんですよ。彼を信じていただけにショックですね。
　　 네. 그 사람을 믿었던 만큼 쇼크입니다.

❸ A そこは大変ですって? 거기 힘들다면서요?
　 B そうですね。物価が高いだけに苦労しますね。
　　 네. 물가가 비싼 만큼 고생합니다.

「だけ」「だけに」「だけあって」

- だけ ⇒ 〜만(한정 선택)
- だけに ⇒ 「명사」+ 인 만큼, 각종 연체형+만큼
- だけあって ⇒ 「명사」+ 이니만큼, 각종 연체형+만큼

★ 「명사+だけあって」는 '대상이 되는 명사에 그만큼의 분량이 있기 때문에 그것을 전제로 해서'라는 뜻을 가지기 때문에 '원인'의 뜻을 가지는 '〜니'가 포함되어 있는 '〜이니 만큼'이 적당하다. 「각종 연체형+だけあって」「각종 연체형+だけに」는 양쪽 다 「연체형+만큼」으로 표현한다.

① 官僚出身の議員だけ実力がありますね。 관료출신 의원만 실력이 있군요.
② 官僚出身の議員だけに実力がありますね。
　관료출신 의원인 만큼 실력이 있군요.
③ 官僚出身の議員だけあって実力がありますね。
　관료출신 의원이니만큼 실력이 있군요.
④ 辛い経験をしただけ成長していますね。 힘든 경험을 한 만큼만 성장했군요.
⑤ 辛い経験をしただけに成長していますね。 힘든 경험을 한 만큼 성장했군요.
⑥ 辛い経験をしただけあって成長していますね。
　힘든 경험을 한 만큼 성장했군요.

✎ ①과 ④의 예문은 여럿 존재하는 물건, 사실 가운데 하나만 한정하여 그것에 대하여 무엇인가를 설명하는 문장이기 때문에 한정 선택의 의미를 가지는 '〜만'으로 표현한다. ②와 ③의 예문은 「だけに ⇒ 인 만큼」「だけあって ⇒ 이니만큼」으로 표현되며, ⑤와 ⑥의 예문은 힘든 경험을 한 것이 하나의 원인이 되고 있다고 생각하는 경우에는 ⑤가 적당하고, 힘든 경험을 해서 그 사람이 현재 그와 같은 존재가 되어 있음을 나타내고 싶을 때는 ⑥이 적당하다.

접속방법

▶ 명사+だけに

▶ 각종 연체형+だけに

108 〜だこと
〜구먼(군)

❶ A 食器洗いも洗濯も全部お願いね。 설거지도 빨래도 다 부탁해.
　 B いい身分だこと。 팔자 늘어졌구먼.

✎ 부인이 남편에게 설거지와 빨래를 다 부탁하고 남편은 흔쾌히 그것을 해 주면서도 부인에게 너스레를 떠는 장면에서 쓰여지는 표현

Tip 팔자

일본어에서는 '팔자'라는 말을 쓰지 않는다. 우리가 일상언어생활에서 자주 쓰이는 다음 관용어구들은 다음과 같은 표현이 가깝다.

'팔자가 늘어지다' ⇒ 자신과 가까운 사람이 한껏 자유롭게 쉬고 있는 것을 표현할 경우에는 「いい身分だ」를 쓰는 것이 적당하고, 여자가 부잣집으로 시집을 가서 잘 사는 것을 표현할 경우에는 「玉の輿に乗る」라는 표현을 쓰는 것이 적당하다.

'팔자가 세다/사납다' ⇒ 「星周りが悪い」가 적당하다.

'팔자에 없다' ⇒ 「思いもよらない」가 적당하다.

'팔자를 고치다' ⇒ 여자가 부잣집으로 시집을 가서 잘 사는 모습을 표현할 때는 「玉の輿に乗る」를 쓰는 것이 적당하고, 예를 들어 복권에 당첨되거나 해서 이 표현을 쓰는 경우에는 「人生が変わる」라고 하는 것이 적당하다.

❷ A 元気のいいおじいちゃんだこと。 할아버지가 아주 건강하시구먼.
　 B 健康に人一倍神経を使っているらしいよ。
　　 건강에 다른 사람보다 배는 신경을 쓴대.

접속방법

▶ 명사＋だこと

109 〜たことがある/ない
〜ㄴ/은 적이 있다/없다

1 〜たことがある/ない ➡ 〜ㄴ/은 적이 있다/없다

❶ A この本、読んだことありますか。 이 책 읽은 적 있어요?

　B はい、あります。 네, 있습니다.

❷ A アメリカ行ったことありますか。 미국 간 적 있어요?

　B ないですね。 없어요.

2 〜ていたことがある/ない ➡ 〜던 적이 있다/없다

❶ A 工場で働いていたことありますか。

　　공장에서 일했던 적 있어요?

❷ B はい、あります。 네, 있습니다.

접속방법

▶ 동사 て형+たことがある/ない

110 たち
~들

❶ A あの方たちは日本の方ですか。 저분들은 일본분들입니까?

B そうですね。 그렇습니다.

★ 우리말에서는 복수의 명사를 가리킬 때 생물이든 무생물이든 '~들'을 사용하지만, 일본어에서는 문맥상으로 복수라는 것을 알 수 있으면 일일이「たち」를 쓰지 않는다.

❷ A この額縁はどこに置きますか。 이 액자들은 어디 놓아요?

B あの部屋です。 저 방입니다.

❸ A あそこの建物全部マンションですか。
저 건물들 전부 맨션이에요?

B はい。そうです。 예. 그렇습니다.

접속방법

▶ 명사+たち

~だったっけ

⇒「け」의 항목 참조(p.82)

112 ~だったら
~였더라면/이었더라면, ~면/으면

1 명사+だったら ➡ ~였더라면/이었더라면

❶ A あの人が上司だったらよかった。
　저 사람이 상사였으면 좋았겠다.
　B 本当、そうですよ。 정말 그래요.

❷ A これが1億円だったらな。 이게 1억 엔이었더라면.
　B そんな大金で何するの? 그런 거금으로 뭐 하게?

2 각 연체형+だったら ➡ ~면/으면
　형용동사+だったら ➡ ~면/으면

❶ A 旅行行きたいんだったら宿題やりなさい。
　여행 가고 싶으면 숙제 해.
　B 分かりましたよ。 알았어요.

❷ A そんなに好きだったら買えばいいじゃないの。
　그렇게 좋으면 사면 되잖아.
　B お金ないもん。 돈 없는 걸.

❸ A 会って見で綺麗だったら付き合おうかな。 만나보고 예쁘면 사귈까?
　B あんたって人は。 너라는 인간은.

접속방법

▶ 명사+だったら
▶ 각 연체형+ん+だったら
▶ 형용동사 어간+だったら

113

～たって ⇒ ～아/어 봐야, ～아도/어도

～ったって ⇒ ～고 해도, ～라고/이라고 해도

① 동사 て형・형용사 く + たって ⇒ ～아/어 봐야, ～아도/어도

★ 화자가 예측할 수 있는 최대치까지 간다 하더라도 하는 의미일 때는 '～아/어 봐야'가 적당하고, 단순히 그런 일이 벌어질지라도 라고 하는 의미일 때는 '～아도/어도'가 적당하다.

❶ A 今行ったって誰もいないと思うよ。
　　 지금 가 봐야 아무도 없을 거야.
　B でも行ってみる。그래도 가 볼래.

❷ A 雨が降ったってやりますよ。비가 와도 합니다.
　B 格好いい！멋있어.

❸ A 熱くたって平気だよ。뜨거워도 까딱없어.
　B 熱いのに強いんだ。뜨거운 거에 강하구나.

② 종지형・명사 + ったって ⇒ 「동사」+고 해도
　　　　　　　　　　　　　　「명사」+라고/이라고 해도

❶ A 逃げようったって、無駄です。
　　 도망가려고 해도 소용없습니다.
　B 見逃して下さい。봐 주십시오.

❷ A 出世ったって、やっと課長になっただけですよ。
　　 출세라고 해도 겨우 과장됐을 뿐이에요.
　B でも出世は出世でしょう？그래도 출세는 출세잖아요?

193

「たって」와「ても」

◆ たって … 나타내고자 하는 내용이 화자의 예측범위에 있는「たって」는 '〜아도/어도'를 쓰는 것이 적당하고, 나타내고자 하는 내용이 화자의 예측범위를 벗어나는「たって」는 '〜아/어 봐야, 〜고 해 봐야'를 쓰는 것이 적당하다.

◆ ても … 「ても」는 화자의 예측범위 안의 내용을 나타내는 경우에 쓰여지기 때문에 '〜아도/어도'를 쓰는 것이 적당하다.

① 遅れたって5分くらいだと思うよ。 늦어봐야 5분 정도일 거야.
② 遅れても5分くらいだと思うよ。 늦어도 5분 정도일 거야.

✎ ①은 자신의 예측을 넘어 늦는다 하더라도 그 최대치는 5분이라는 뜻이 되고, ②는 5분 늦는 것이 화자의 계산상으로 충분히 예측할 수 있는 범위 안의 것임을 나타낸다.

③ 高くたってせいぜい10万でしょう。 비싸 봐야 고작 10만 엔이겠지.
④ 高くてもせいぜい10万でしょう。 비싸도 고작 10만 엔이겠지.

✎ ③은 예상을 넘어 비싸 봐야 최대치가 10만 엔이라는 뜻이 되고, ④는 10만 엔 범위 안이겠지 하는 뜻이 된다.

접속방법

▶ 동사 て형 + たって
▶ 형용사 어간 + く + たって
▶ 각종 지형 + ったって
▶ 명사 + ったって

114

だって(문장 처음) ⇒ 술어 부분은 반어적 표현
だって〈종조사〉 ⇒ ~대
だって?〈종조사〉 ⇒ ~(이)라며?, (이)라면서?
だって〈부조사〉 ⇒ ~든지
だって〈부조사〉 ⇒ ~도, ~라도/이라도

1 だって(문장 처음) ➡ 술어 부분을 반어적 표현으로 바꾼다.

★ 우리말에서는 이와 같은 표현을 쓰지 않으므로 술어 부분을 반어적 표현으로 바꿔서 표현해야 한다.

❶ A 新しいやつ、買って来るね。 새 거 사 올게.
   B だって、まだ使えるでしょう。 아직 쓸 수 있잖아.

❷ A もうちょっと見たい。 조금 더 보고 싶어.
   B だって、明日仕事でしょう? 내일 회사 가야 되잖아요.

❸ A 何で窓開けるの? 왜 창문 열어?
   B だって、臭いんだもん。 냄새나잖아.

2 だって〈종조사〉 ➡ 「동사」+ㄴ대/는대, 「형용사」+대, 있다/없다+대, 「명사」+래/이래

❶ A コンサート行くんだって。 콘서트 간대.
   B 誰のコンサート? 누구 콘서트?

❷ A 郵便局を探しているんだって。 우체국 찾는대.
　B この近くにはないよ。 이 근처에는 없어.

❸ A ここから近いんだって。 여기에서 가깝대.
　B よかった。 잘됐다.

❹ A 今家にいないんだって。 지금 집에 없대.
　B どこに出かけたの? 어디 나간 거야?

❺ A それ、卵だって。 그거, 달걀이래.
　B 卵? 달걀?

❸ だって?〈종조사〉 ➡ ~ㄴ다며/는다며, ~ㄴ다면서/는다면서

❶ A いつ来るか分からないんだって? 언제 올지 모른다며?
　B そうなんですよ。 그렇습니다.

❷ A その電話番号、違うんだって? 그 전화번호 틀린다면서?
　B いや、合ってますよ。 아뇨, 맞아요.

❹ 부정대명사+だって〈부조사〉 ➡ ~든지

いつだって 언제든지　どこだって 어디든지　誰だって 누구든지
何だって 뭐든지　　　いくらだって 얼마든지

❺ だって〈부조사〉 ➡ ~도, ~라도/이라도

★「だって」가「でも」의 의미가 될 때는 '~라도/이라도'를 쓰는 것이 적당하고,「も」의 의미가 될 때는 '~도'를 쓰는 것이 적당하다.

❶ A 先生だって人間なんだから、知らないことだってあるわよ。
　　선생님도 사람이니까 모르는 것도 있지.
　B そりゃそうでしょう。 그야 그렇죠.

❷ A 難しそうだな。 어려울 것 같구먼.
　B 誰だってできますよ。 누구라도 할 수 있어요.

❸ A もう遅いですよね。 이제 늦었죠?
　B いや、今からだって遅くないですよ。 아뇨, 지금이라도 안 늦었어요.

전문의「そうだ」와 종조사의「だって」

◆ 전문의 そうだ … ~단다(답니다), ~대(요)
◆ 종조사의 だって … ~대
　★ '~단다'는 약간 격식 차린 말투이므로 종조사「だって」에는 어울리지 않는다.
① 印鑑を押したそうだ。 도장 찍었단다.
② 印鑑を押したんだって。 도장 찍었대.
③ 結婚してないそうですよ。 결혼 안 했답니다.
④ 結婚してないんですって。 결혼 안 했대요.
⑤ その番号、合っているそうです。 그 번호 맞답니다. (맞는답니다)
⑥ その番号、合っているんだって。 그 번호 맞대(맞는대).

⑦ かなり辛いそうだ。 무지하게 맵단다.
⑧ かなり辛いそうよ。 무지하게 맵대.
⑨ かなり辛いんだってよ。 무지하게 맵대.

접속방법

- ▶ だって+문장
- ▶ 각종 연체형+ん+だって
- ▶ 부정대명사+だって
- ▶ 명사+だって

115 ～だと

～은/는〈제시〉, ～라면/이라면〈조건〉

1 명사 + だと ➡ (관련조사) + 은/는 〈제시〉

❶ A お話させて頂いてもいいですか。 말씀 좀 나누어도 될까요?

　B ここだと危険ですからあっちに行きましょう。

　여기(에서)는 위험하니까 저쪽으로 갑시다.

✎ 「ここ」가 장소를 나타내기 때문에 '에서+는'이라고 표현해도 된다.

❷ A 来週までには終わるでしょう。 다음 주까지는 끝날 겁니다.

　B 来週だと遅いですよ。 다음 주(까지)는 늦습니다.

✎ 다음 주까지 끌고 가면 기한에 못 맞춘다는 의미. 「来週」가 기한이기 때문에 '까지+는'으로도 나타낼 수 있다.

❸ A あの肉だと作れないですね。 저 고기(로)는 못 만들어요.

　B どこがだめなんですか。 어디가 안 되는데요?

✎ 그와 같은 재료로는 만들고 싶은 요리를 못 만든다는 의미인데, 「肉」가 재료이기 때문에 '로+는'으로도 표현할 수 있다.

2 명사 + だと ➡ ～라면/이라면 〈조건〉

❶ A このキムチだと喜ばれるよ。 이 김치는/김치라면 좋아할거야.

　B よかった。 다행이다.

✎ 「このキムチ」가 제시적인 의미를 가지는 경우에는 '김치는'이 적당하고, 조건의 의미를 좀더 확실히 표현하고 싶을 경우에는 '김치라면'이 적당하다

❷ A この値段だと赤字だな。 이 가격이라면 적자군.

　B もうちょっと勉強しますから。 좀 깎아 드릴게요.

✎ 이런 값으로 물건을 사면 장사가 안 된다는 의미인데, 현재의 「値段」이 일종의 조건이 되기 때문에 '이라면'으로도 나타낸다.

❸ 명사+조사+だと ➡ ~라면/이라면

A 今からだとそこまで4時間はかかりますね。
지금부터라면 거기까지 4시간은 걸리네요.

B そんなにかかるんですか。 그렇게 걸립니까?

❹ 부사+だと ➡ ~라면/이라면

A 昨日よりもっと早くだと6時ですか。
어제보다 더 빨리라면 6시인가요?

B いや、そんなに早くなくていいですけど。
아뇨, 그렇게 안 빨라도 괜찮은데요.

❺ 각 종지형+だと ➡ 적당한 우리말로

★ 앞에 오는 내용을 받아서 인용하여 다음 표현으로 연결할 때 쓰는 표현. 인용 내용에 따라 우리말로 알맞게 표현하는 수 밖에 없다.

❶ A 毎日のように残業をやらなきゃいけない状態だときつい
ね。 매일같이 잔업을 해야만 할 지경이 된다면 하기 힘들지.

B そうだよな。 그러게 말이야.

❷ A あいつ、俺には出来ないだとよ。 그 놈 자긴 못하겠단다.

B へぇ、そんなこと、言ってんの？ 흐응, 그런 말 하대?

❻ 명사/명령형＋だと？ ➡ ~라고?/이라고?, ~고?

❶ A すみません。もう帰ってもらえませんか。
   죄송합니다. 이제 돌아가 주시겠습니까?

   B 何？帰れだと？ 뭐? 돌아가라고?

❷ A 私の力ではとうてい無理です。出来ません。
   제 힘으로는 도저히 무리입니다. 못하겠습니다.

   B 何だと？無理だと？ 뭐라고? 무리라고?

'은/는', '라면/이라면' ⇒ 조건

① こういうスープは飲みますね。이런 국은 먹어요.
② こういうスープだと飲みますね。이런 국은/국이라면 먹어요.
③ こういうスープだったら飲みますね。이런 국이라면 먹어요.
④ こういうスープなら飲みますね。이런 국이라면 먹어요.
⑤ こういうスープであれば飲みますね。이런 국이라면 먹어요.

✎ ①은 단순히 제시적인 의미를 나타내는 예이고 ②는 제시와 조건의 의미를 겹쳐서 나타내고 있는 예이며 ③~⑤는 조건 또는 가정의 의미를 나타내는 예이다. 우리말로는 ③~⑤의 조건·가정표현을 '~라면/이라면'으로 표현한다.

접속방법

▶ 명사＋だと
▶ 명사＋조사＋だと
▶ 부사＋だと
▶ 각종지형＋だと
▶ 명사·명령형＋だと

116
~だといいね ⇒ ~면·라면/이라면 좋겠다
~だったらいいね ⇒ ~았/었으면 좋겠다
~だったらよかったね ⇒ ~았/었더라면, ~였/이었더라면 좋을걸

1 だといいね ⇒ ~면·라면/이라면 좋겠다

❶ A 毎日休みだといいね。 매일 노는 날이라면 좋겠다.
　B アホか。웃기지 마. (너 바보니?)

❷ A 作る計画はあるみたいですけどね。 만들 계획은 있는가 본데요.
　B この近くだといいね。 여기 가까이라면 좋겠는데.

2 だったらいいね ⇒ ~았/었으면 좋겠다

A ここが俺んちだったらいいね。 여기가 우리 집이었으면 좋겠다.
B そんなに気に入ったの? 그렇게 맘에 들었어?

3 だったらよかったね ⇒ ~았/었더라면, ~였/이었더라면 좋았을걸

A 一緒だったらよかったね。 같이 갔더라면 좋았을걸.
B 俺も一緒に行きたかったですよ。 나도 같이 가고 싶었어요.

✎ 혼자 갔다 온 것에 대해서 유감을 표하는 상대방에 대해 자기도 같이 가고 싶었다는 감정을 나타내는 장면에서 쓰여지는 표현

「だといいね」와 「～てほしい」

◆ 그 사안이 바람직하다고 화자가 판단하는 경우 … ～だといいね
◆ 그 사안이 그랬으면 좋겠다고 화자가 희망을 품고 이야기할 때
　… ～てほしい

・彼(かれ)が金(かね)持(も)ちだったらいいね。 그 사람 부자였으면 좋겠다
・彼(かれ)が金(かね)持(も)ちであってほしいね。

✎ 단순히 그 사람이 부자인 상황이 바람직하다고 화자가 생각하는 경우에는 「だったらいいね」로 표현하고, 꼭 그랬으면 좋겠다고 화자가 바라는 마음을 표현하는 경우에는 「であってほしい」로 표현한다.

접속방법

▶ 명사+だといいね、だったらいいね
▶ 명사+だったらよかったね
▶ 형용동사 어간+だといいね、だったらいいね
▶ 형용동사 어간+だったらよかったね
▶ 부사+だといいね
▶ 부사+だったらよかったね
▶ 각 어절+だったらいいね
▶ 각 어절+だったらよかったね

117 だといい(のに)な ⇒ ~면 좋을 텐데
だったらよかった(のに)な
⇒ ~았/었으면, ~였/이었으면 좋았을 텐데
~았/었더라면, ~였/이었더라면 좋았을 텐데

❶ だといいのにな ⇒ ~면・라면/이라면 좋을 텐데

A ちょっと静かだといいのにな。 좀 조용하면 좋을 텐데.
B 本当にうるさいですよね。 정말 시끄럽죠.

❷ だったらよかった(のに)な ⇒ ~았/었으면, ~였/이었으면 좋았을 텐데
~았/었더라면, ~였/이었더라면 좋았을 텐데

❶ A 便利だったらよかったのにな。 편리했으면 좋았을 텐데.
   B ちょっと不便だったですよね。 좀 불편했지요.

❷ A あのきれいな子だったらよかったのにね。
   저 예쁜 애였더라면 좋았을 텐데.
   B 残念でした。 안됐습니다.

❸ 부사+だといいのにな・だったらよかったのにな
~라면/이라면 좋을 텐데・~였/이었더라면 좋았을 텐데

❶ A 明日遅くだとちょうどいいのにな。 내일 늦게라면 딱 좋을 텐데.
   B いいですよ。合わせましょう。 괜찮습니다. 맞추죠.

❷ A もっとたくさんだったらよかったのにな。
   더 많았더라면 좋았을 텐데.
   B 欲張り過ぎです。 지나친 욕심이에요.

「〜だといいのにな」와 「〜てほしいな」

◆ 그 사안이 바람직하다고 판단하는 경우 … ▶ 〜だといいのにな

◆ 그 사안에 희망을 품고 이야기하는 경우 … ▶ 〜てほしいな

① 걔 독신이라면 좋았을 텐데. あの子、独身だとよかったのにね。
② 걔 독신이었더라면 좋았을 텐데. あの子、独身でほしかったな。

   🖊 화자가「あの子」라고 하는 인물을 알고 있어서 '독신 상태가 바람직한데' 라고 자신의 판단을 나타내는 표현이고, ②는「あの子」라는 인물을 만났는데 '독신이었으면 좋았을 걸' 하는 화자의 희망을 나타내는 표현

접속방법

▶ 명사+だといいのにな、だったらよかったのにな
▶ 형용동사 어간+だといいのにな、だったらよかったのにな
▶ 부사+だといいのにな、だったらよかったのにな
▶ 각 어절+だといいのにな、だったらよかったのにな

118 ～だなんて

동사 어간+각 활용형+니, 동사 어간+았다니/었다니
명사+라니/이라니, 형용사 어간+다니

1 각 종지형+だなんて ➡ 각 활용형+니

❶ A こんな日に遠足に行くだなんて。 이런 날에 소풍을 간다니.
　B 何考えているんですかね。 무슨 생각을 하고 있는 걸까요?

❷ A 迎えに来いだなんて、仕事はどうしてくれるの?
　　애 데리러 오라니, 일은 어떻게 하라고?
　B 熱が上がったら仕方ないでしょう。 열 오르면 할 수 없죠 뭐.

✎ 일본의 보육원에서는 원아가 열이 오를 경우 보호자에게 반드시 연락을 취하며 보호자는 자기 아이를 데리러 가야만 하는데 그런 장면에서 쓰이는 표현. 자기 일을 가지고 있는 엄마 입장에서는 육아와 일을 병행시켜야 하므로 힘들 때가 많다.

❸ A 1時に会いましょうだなんて、無理ですよ。
　　1시에 만나자니, 무리예요.
　B じゃ、どうしますか。 그럼 어떻게 하시겠어요?

❹ A いっぱいやりたいだなんて、行けるかよ。
　　한잔하고 싶다니, 못 가는 거 뻔히 알면서.
　B でも出るんでしょう。 그래도 나갈 거죠?

✎ 친구의 한잔하자는 권유에 못 간다고 말은 하면서도 내심 가고 싶어하는 것을 알고 부인이 남편에게 말을 하는 장면에서 쓰이는 표현

❷ 동사 과거형+だなんて ➡ ~았다니/었다니

❶ A 賄賂を受け取っただなんて、正気なの? 뇌물을 받았다니, 제정신이야?
B 何度も断りましたけど。 몇 번이나 거절했는데요.

❷ A 捨てただなんて、それいくらで買ったと思ってんの? 버렸다니, 그거 얼마에 산 줄 알아?
B 安物だと思って。 싼 건 줄 알고.

❸ 명사+だなんて ➡ ~라니/이라니

❶ A あんな人が先生だなんて。 저런 사람이 선생이라니.
B 本当ですよ。 정말이에요.

❷ A こんな陽気で12月だなんて。 이런 따뜻한 날씨가 12월이라니.
B 本当に春みたいですね。 정말 봄 같네요.

❹ 형용사·형용동사+だなんて ➡ ~다니

❶ A 難しいだなんて、やって見なきゃ分からないでしょう！ 어렵다니요. 해 보지도 않고 어떻게 알아요!
B 申し訳ありません。 죄송합니다.

❷ A ずいぶんと頑固ですね。 아주 깐깐하시군요.
B 頑固だなんて、失礼ですよ。 깐깐하다니요, 무슨 말씀이세요.

접속방법

▶ 명사+だなんて
▶ 형용동사 어간+だなんて
▶ 부사+だなんて
▶ 각 어절+だなんて

119 だに 〈부조사〉
~도

1 だに ➡ ~도

A 順調だったんですか。 순조로웠습니까?
B いや、予想だにしなかったことが起きたりして、大変でしたよ。
아뇨. 예상치도 못했던 일이 일어나기도 하고 해서 힘들었어요.

2 未だに ➡ 지금까지도

접속방법

▶ 명사+だに

120 だの

명사＋니/이니 ～니/이니, 명사＋다/이다 ～다/이다
명사＋(이)라느니 ～(이)라느니, 동사 어간＋느니 ～느니
형용사 어간＋니/으니 ～니/으니
명사＋(이)라는 둥 ～(이)라는 둥
동사 어간＋ㄴ/는다 둥 ～ㄴ/는다는 둥
형용사 어간＋다는 둥 ～다는 둥

1 명사＋だの ➡ ～니/이니 ～니/이니, ～다/이다 ～다/이다

★ '～니/이니 ～니/이니'는 복수의 것을 마이너스 이미지로 열거할 때 적당하고, '～다/이다 ～다/이다'는 단순히 복수의 것을 교대로 열거할 때 적당하다. 좋은 이미지의 복수의 것을 열거할 때는 「とか(～며, ～하며)」를 사용한다.

❶ A カバンだの靴だの、いっぱい買っちゃった。
　　가방이니 구두니 잔뜩 샀다.

　 B また? 또?

❷ A ルイヴィトンだのエルメスだの、ブランドものばかりほしがるね。 루이비통이니 에르메스니 명품만 가지고 싶어 하네.

　 B だって、長持ちするじゃん。 오래 가잖아.

2 각 종지형＋だの ➡

「명사」＋(이)라느니 ～(이)라느니
「동사・있다/없다 어간」＋느니 ～느니
「형용사 어간」＋니/으니 ～니/으니
「명사」＋(이)라는 둥 ～(이)라는 둥
「동사 어간」＋ㄴ/는다 둥 ～ㄴ/는다는 둥
「형용사・있다/없다 어간」＋다는 둥 ～다는 둥

★ '～니 ～니'는 대립하는 복수의 사실을 마이너스 이미지로 열거할 때 적당하며, '～는 둥 ～는 둥'은 단순히 복수의 사실을 열거할 때 적당하다.

❶ A 俺はプロだのそれは違うだの、言い合っていたよ。
　　나는 프로라느니 그건 아니라느니 서로 그러고 있더라.
　B 彼らならやりそうですね。 걔들이라면 그럴 것 같네요.

❷ A 英語をやるだのフランス語をやるだの、意欲満々でしたよ。
　　영어를 하느니 프랑스어를 하느니 하며 의욕이 많던대요.
　B あの子らしいですね。 그 애답군요.

❸ A うちの子、どうだったですか。 우리 애 어땠습니까?
　B 味が薄いだの美味しくないだのと言いながらも全部食べて
　　いましたよ。 싱겁다는 둥 맛이 없다는 둥 그러면서도 다 먹던대요.

접속방법

▶ 명사+だの
▶ 각종지형+だの

121 〜度に
〜ㄹ/을 때마다, 〜번

❶ 동사+度（たび）に ➡ 〜ㄹ/을 때마다

❶ A ここに来る度にあの子のことを思い出すね。
여기 올 때마다 걔가 생각나네.
B 誰? 누구?

❷ A 利用する度にマイレッジが上がります。
이용할 때마다 마일리지가 올라갑니다.
B 溜めとこう。넣어 두자.

❷ この度（たび）➡ 〜이번에

A この度は本当にお世話になりました。
이번에 정말 신세 많이 졌습니다.
B こちらこそありがとうございました。 저야말로 감사합니다.

❸ 숫자+度（ど）➡ 숫자+번

一度（いちど）한 번

접속방법

▶ 동사 연체형+度に

122 ～たまえ
～게

★ 「たまえ」는 「給う」의 명령형으로 주로 남자가 동년배 또는 가까운 손아랫사람에게 가볍게 경의를 표하면서 명령형을 쓰고 싶을 때 사용한다.

A そこに座りたまえ。 거기에 앉게.
B はい。 예.

접속방법
▶ 동사 연용형 + たまえ

123 ため

도움, ~을/를 위해서, ~때문에, ~기 위해서, ~기 때문에

❶ ため ➡ 도움

A ためになる本だから読んでね。 도움이 되는 책이니까 읽어.
B 分かった。 알았어.

❷ ためを思って ➡ ~을/를 위해서

A 僕、今日先生にしかられたよ。 나 오늘 선생님한테 혼났어.
B 拓ちゃんのためを思って言ったのよ。 다쿠를 위해서 말씀하신 거야.

❸ ~のために ➡ ~때문에

A 今日渋滞のために遅刻しちゃった。 오늘 교통정체 때문에 지각했다.
B あらあら。 아이고.

❹ ~のために ➡ ~을/를 위해서

A 国のために私にできることって何だろう。
나라를 위해서 내가 할 수 있는 일이 뭘까?
B 一生懸命に勉強することだよ。 열심히 공부하는 거야.

213

5 동사 연체형＋ために ➡ ~기 위해서

A 何(なに)しに行(い)くの? 뭐 하러 가니?
B 勉強(べんきょう)するためですよ。 공부하기 위해서예요.

6 동사 연체형＋ため(に) ➡ ~기 때문에

★「ため」로 끝나는 절이 뒤에 이어지는 내용의 원인·이유가 될 때.

A 持(も)っていたのが偽物(にせもの)だったため、大変(たいへん)でした。
가지고 있던 게 가짜였기 때문에 큰일이었어요.
B 大丈夫(だいじょうぶ)だったの? 괜찮았니?

접속방법

▶ 명사＋のためを思って
▶ 명사＋のために
▶ 동사 연체형＋ために

124 ～だもん(だもの)
~데 그럼 (어떻게 해)

★ 상대방의 발언에 대해서 화자가 변명이나 설명하는 느낌을 강하게 표현하고 싶을 때 쓴다.

1 명사+だもん ➡ ~인데 그럼 어떻게 해

❶ A 全くうるさいな！ 아이고 시끄러워!
　B だって、これが私の趣味だもん。
　　그렇지만 이게 내 취미인데 어떻게 해?

✏️ 접속사「だって」는 상대방의 이야기에 반대를 하거나 또는 상대방이 자신의 이야기에 반대할 것을 예상하고 미리 그 내용에 대해 설명할 때 사용하는 것으로 우리말에서는 '하지만, 그렇지만' 등이 이에 제일 가깝다.

❷ A いつまで面倒を見るの？ 언제까지 뒤를 봐 줘?
　B 友達だもん。 친구인데 그럼 어떻게 해.

2 동사+だもん ➡ ~는데 그럼 어떻게 해
　형용사+だもん ➡ ~ㄴ/은데 그럼 어떻게 해

❶ A 半袖で大丈夫なの？ 반소매로 괜찮아?
　B 暑いんだもん。 더운데 그럼 어떻게 해.

❷ A 明子、何で連れてこないの？ 아키코는 왜 안 데려와?
　B 寝ているんだもの。 자는데 그럼 어떻게 해.

❸ 동사＋ですもん(ですもの) ➡ 마지막에 '~요'를 붙인다.

- **접속방법**
  - ▶ 명사＋だもん
  - ▶ 형용동사 어간＋ん＋だもん
  - ▶ 형용사 어간＋ん＋だもん

125 たら
~면/으면, ~니까/으니까・~니/으니, ~더니

1 동사＋たら ➡ ~면/으면

★「앞 문장＋たら＋뒤 문장」에서 앞 문장이 어떤 사실을 가정하는 경우

A 何か聞こえたら言って下さい。 뭔가 들리면 이야기하세요.
B 何も聞こえません。 아무 것도 안 들립니다.

2 동사＋たら ➡ ~니까/으니까, ~니/으니

★「앞 문장＋たら＋뒤 문장」의 앞 문장이 뒤 문장에서의 어떤 발견의 조건이 되는 경우

❶ A 昨日行ったら誰もいなかったよ。 어제 가니까 아무도 없던데.
B えっ？ いたよ。 어? 있었어.

❷ A 外に出たら雨降っていましたよ。 밖에 나가니까 비 오던데요.
B しまった。傘持って来てないわ。 어떡하지? 우산 안 가져왔네.

❸ A 今見たらあんた美人だね。 지금 보니 너 미인이구나.
B からかわないで下さいよ。 놀리지 마세요.

3 동사＋たら ➡ ~더니, ~았/었더니

★「앞 문장＋たら＋뒤 문장」에서 타인의 움직임・상태를 보고 있자니 뒤 문장의 사실을 알게 됐다는 의미로 말하고 싶을 때는 '~더니'가 적당하고, 화자가 앞 문장의 사실을 일으켰더니 그 결과로서 뒤 문장의 사실이 일어남을 알 수 있었다는 의미로 말하고 싶을 때는 '~았더니/었더니'가 적당하다.

❶ A ちょっと遊んだらすぐに寝ちゃったの。 조금 놀더니 금방 잠들었어.
B いい子だね。 우리 아기 예뻐라.

❷ A 自宅は歩いて10分くらいですよ。 저희 집은 걸어서 10분 정도입니다.
　B 家が遠くて大変だなと思っていたら引っ越したんだね。
　　집이 멀어서 고생한다 했더니 이사했구먼.

✏️ 「家が遠くて大変」인 것은 상대방이지만 그렇게 생각한 것은 화자이기 때문에 '고생한다 했더니' 가 적당하다. 그러나 같은 문장이지만 상대방의 고생에 초점을 맞추어 표현하고 싶을 때는 '고생하더니'라고 해도 된다.

❸ A ゴキブリ！ 바퀴벌레！
　B 窓開けといたら入ってきたんだ。 창문 열어 놓았더니 들어왔군.

❹ A さっき電話したらいなかったよ。 아까 전화했더니 없더라.
　B ちょっと席を外したの。 잠깐 자리 비웠었어.

4 형용사+かっ+たら ➡ ~면/으면

　A 高かったら買いません。 비싸면 안 살 거예요.
　B だから、安いってば。 그러니까 싸다니까 그래.

5 형용동사+だっ+たら ➡ ~면/으면

　A その人、頑固だったらどうしよう。 그 사람 고집불통이면 어떡하지?
　B 大丈夫だよ。そんな人じゃないから。 괜찮아. 그런 사람 아니니까.

6 명사+だっ+たら ➡ ~라면/이라면

　A お前だったらどうする？ 너라면 어떻게 할래?
　B 俺だったら会わないかもね。 나라면 안 만날지도 모르지.

 비슷한 표현

「たら」「れば」「と」「なら」

◆ たら → 결과조건. 앞 문장의 종료를 조건으로 뒤 문장의 사실이 결과적으로 성립할 때 쓰여지는 접속어미
◆ ば → 자연적 조건. 앞 문장의 사실이 실행되면 자연적으로 뒤 문장의 사실 이 뒤따라 성립할 때 쓰여지는 접속 어미
◆ と → 항상적 조건. 앞 문장의 사실이 성립되면 거의 항상적으로 뒤 문장의 사실이 성립할 때 쓰여지는 접속 어미
◆ なら → 완벽가정조건. 일반적으로는 성립할 것 같지 않은 사실을 앞 문장에 놓고 그것이 이루어지면 뒤 문장이 성립한다고 하는 가정을 할 때 쓰여지는 접속 어미

① 向こうに着いたら電話してね。(O) 거기 도착하면 전화해.
② 向こうに着けば電話してね。(×)
③ 向こうに着くと電話してね。(×)
④ 向こうに着くなら電話してね。(×)

✎ '거기 도착하다'와 '전화하다', 이 두 사실을 연결시켜 조건적으로 표현할 때 쓸 수 있는 표현은 ①뿐이다. 접속 어미「~たら」는 기본적으로 앞 문장의 사실이 종료된 후에 그것을 조건으로 하여 뒤 문장의 사실이 전개될 때 앞 문장과 뒤 문장을 연결하여 쓰는 표현이기 때문에「たら」만이 성립한다.

⑤ 実家に帰ったらお袋はいつも決まってカレーを作ってくれた。(×)
⑥ 実家に帰ればお袋はいつも決まってカレーを作ってくれた。(×)
⑦ 実家に帰るとお袋はいつも決まってカレーを作ってくれた。(O)
집에 가면 어머니는 늘 정해 놓고 카레를 만들어 주셨다.
⑧ 実家に帰るならお袋はいつも決まってカレーを作ってくれた。(×)

✎ '(자기 고향)집에 돌아가다'와 '어머니가 늘 정해 놓고 내가 좋아하는 카레를 만들어 주셨다'라고 하는 두 사실을 연결시켜 조건적으로 표현할 때 쓸 수 있는 표현은 ⑦뿐이다. 접속 어미「と」는 항상적 조건의 의미로 쓰이는 경우가 있기 때문에 'いつも決まって'라고 하는 항상적인 조건이 뒤 문장에 이어질 경우의 조건표현으로서는「と」만이 성립한다.

⑨ 屋上に登ったら花火が見えると思うよ。(○)
  옥상에 올라가면 불꽃놀이가 보일 거야.
⑩ 屋上に登れば花火が見えると思うよ。(○)
  옥상에 올라가면 불꽃놀이가 보일 거야.
⑪ 屋上に登ると花火が見えると思うよ。(○)
  옥상에 올라가면 불꽃놀이가 보일 거야.
⑫ 屋上に登るなら花火が見えると思うよ。(×)

✎ '옥상에 올라가다'와 '보이다'라고 하는 두 사실을 연결시켜 조건적으로 표현할 때 ⑫의 「なら」는 성립하지 않는다. 「なら」는 일반적인 생각을 뛰어넘어 만약에 그런 일이 있을 수 있다면의 의미로 사용되기 때문에 옥상에 올라가면 불꽃놀이가 보일 수 있는 상황에 있어서 「なら」는 쓸 수 없다. ⑨는 옥상에 올라간다고 하는 일을 조건적으로 하고 나면 그 결과로 불꽃놀이가 보인다고 하는 결과조건의 의미이고, ⑩은 옥상에 올라간다고 하는 조건을 클리어하면 자연적으로 불꽃놀이가 보인다고 하는 이른바 자연조건의 의미이며, ⑪은 옥상에 올라가면 틀림없이 불꽃놀이가 보이게 되어 있다는 항상적 조건의 의미이다.

⑬ 成功したら彼だろうな。(×)
⑭ 成功すれば彼だろうな。(×)
⑮ 成功すると彼だろうな。(×)
⑯ 成功するなら彼だろうな。(○) 성공한다면 그 사람일 거야.

✎ 위 상황에서는 ⑯밖에 쓸 수 없다. 왜냐하면 화자가 성공한다는 사실에 대해 가능성을 아주 낮게 보고 있기 때문이다. 이와 같이 「なら」는 완벽가정조건일 때 사용한다.

접속방법

▶ 명사+だっ+たら
▶ 동사て형+たら
▶ 형용사+かっ+たら
▶ 형용동사+だっ+たら

126 ～たら(れば)～のに

～면/으면 ～잖아(요), ～면/으면 ～텐데(요)

① 동사+たら(ば)～のに ➡ ～면/으면 ～잖아(요)

★ 상대방의 행동에 대해 화자가 다소 언짢게 생각하고 있음을 나타내는 표현

❶ A 知らせてくれたら行くのに。 알려 주면 가잖아.

　B うっかりしました。 깜빡했어요.

❷ A 金があったら払えばいいのに。 돈 있으면 내면 좋잖아요.

　B ごめんなさい。 미안합니다.

✎ 상대방에게도 돈이 없을 거라고 생각하고 화자가 무리해서 어떻게든 지불을 했더니 실은 상대방이 그럴만한 돈을 가지고 있는 것을 알았을 때 사용하는 표현

② 동사+たら(ば)～のに ➡ ～면/으면 ～텐데(요)

★ 제3자의 행동에 대해 화자가 다소 언짢게 생각하고 있음을 나타내는 표현

❶ A 遅れそうですね。 늦겠는데요. (제 3자가)

　B 電車に乗ってたら着いたのに。 전철 탔으면 도착했을 텐데.

✎ 대화에 등장하는 화제의 인물이 제시간에 못 올 것 같다고 이야기하는 상대방의 발언에 대해, 그러니까 전철 타고 오라고 했는데 왜 자기 차를 가지고 가서 늦는가 하는 화자의 언짢은 기분을 나타내는 장면에서 쓰여지는 표현

❷ A 一言謝ってくれればこんな嫌な思いはしないのに。

　사과라도 한 마디 하면 이렇게 기분 나쁘지는 않을 텐데요.

　B もともとそんな人ですって。 원래 그런 사람이래요.

❸ 형용사＋たら(れば) 〜のに ➡ 〜면/으면 〜텐데

★ 어떤 사실에 대한 화자의 다소 언짢은 기분을 나타낼 때 쓰인다.

❶ A 安(やす)ければ買(か)うのに。싸면 살 텐데.
　B 安(やす)くしますから買(か)って下(くだ)さい。싸게 해 드릴 테니까 사세요.

❷ A もうちょっとだけ早(はや)ければよかったのに。仕方(しかた)ないわ。
　　조금만 더 빨랐으면 좋았을 텐데. 할 수 없지 뭐.
　B 本当(ほんとう)に申(もう)し訳(わけ)ございません。정말 죄송합니다.

접속방법

- ▶ 명사＋だったら＋のに
- ▶ 동사 て형＋たら＋のに
- ▶ 형용사＋かっ＋たら＋のに
- ▶ 형용동사＋だったら＋のに

127 たり
~기도 하고 ~기도 하고, ~다가 ~다가

★ 앞 문장과 뒤 문장의 움직임·상태가 각각 별도임을 강조하고 싶을 때는 '~기도 하고 ~기도 하고'가 적당하고, 앞 문장과 뒤 문장이 하나의 계속된 움직임·상태임을 강조하고 싶을 때는 '~다가 ~다가'가 적당하다.

A 彼、何していた? 걔 뭐 하던?
B テレビ見たり本読んだりしていたよ。
텔레비전 보기도 하고 책 읽기도 하고 하던데.

Tip ~ていた?

화자의 발언내용이 발생한 과거시간을 돌이켜 보면서 상대방에게 그 상황을 질문할 때의「~ていた?」는 '~던?'으로 표현한다.

A 頑張ったね。잘했네.
B はい。修正したり作り直したりしながら何とか完成しました。
네. 수정하기도 하고 다시 만들기도 하면서 겨우 완성했어요.

Tip 頑張る

「頑張る」는 어떤 사건이든 그 어려움에 지지 않고 노력을 계속한다는 의미이기 때문에 우리말에서 제일 가까운 표현은「一生懸命にやる (열심히 하다)」라고 보아야 한다. 그 외에 상대방 또는 제3자가 노력하고 있는 것에 대해 그것을 칭찬하거나 긍정적으로 평가할 경우에는 '잘하다'가 적당하고, 어려움에 지지 않을 힘을 화자가 기대하고 있다는 의미로 쓰고 싶을 때는 '힘내다'가 적당하다.

❶ A 泣いたり笑ったりしているうちに寝ちゃったみたい。
　　울다가 웃다가 하는 사이에 자 버렸나 봐.

　 B 寝てくれてよかった。 자 줘서 다행이다.

❷ A どうしたんだろう? 暑かったり寒かったり。
　　어떻게 된 거야? 더웠다가 추웠다가.

　 B そうですよね。本当に変わりやすいですね。
　　그러게요. 정말 잘 바뀌네요.

접속방법

▶ 명사+だっ+たり
▶ 동사 て형+たり
▶ 형용사+かっ+たり
▶ 형용동사+だっ+たり

128 ～たりするの
～나 하는 거, ～도 하는 거

★ 하고 있는 행동이 무가치한 것일 경우에는 '～나 하는 거'가 적당하고, 특별히 그런 의미를 표현하지 않는 경우에는 '～도 하는 거'가 적당하다.

❶ A 会社で居眠りしたりするの、どう思う?
　　회사에서 졸거나 하는 거 어떻게 생각해?

　 B クビだよ、クビ。 모가지야, 모가지.

❷ A その家で泊まったりしているの? 그 집에서 묵기도 하는 거야?

　 B たまにはね。 가끔은.

❸ A お昼にこの辺の公園を歩いたりするの。
　　점심시간에 이 근처 공원을 걷기도 하고 그래.

　 B こんな素晴らしい公園があってよかったね。
　　이런 좋은 공원이 있어서 좋겠네.

접속방법

▶ 동사 て형 + たりするの
▶ 형용사 + かっ + たりするの
▶ 형용동사 + だっ + たりするの

129 〜たりとも
단 〜도

❶ A 一日たりとも安心できる日はありませんでした。
　　단 하루도 안심할 수 있는 날이 없었습니다.
　B 今はほっとしているのか。 지금은 마음이 놓이나?

❷ A 一瞬たりとも気が抜けないですね。
　　단 한순간도 방심할 수가 없네요.
　B 本当に緊張しますね。 정말 긴장되네요.

접속방법

▶ 명사 + たりとも

130

だろう ⇒ ~ㄹ/을 거다　**だろう?** ⇒ ~지?
だろうよ ⇒ ~ㄹ/을 거야, ~겠지
だろうね ⇒ ~겠지?　**だろうな** ⇒ ~겠군(구먼)
だろうに・だろうが ⇒ ~ㄹ/을 텐데, ~잖아

❶ 명사+だろう ➡ ~일 거다

❶ A 彼ももう終わりだろう。 그 사람도 이제 끝일 거다.
　 B そうですかね。 그럴까요?

❷ A いつ届くんですか。 언제 도착합니까?
　 B 多分明日だろう。 아마 내일일 거다.

❷ 동사・형용사+だろう ➡ ~ㄹ/을 거다

❶ A ご両親心配しているだろう。 부모님이 걱정하고 계실 거다.
　 B 子供じゃないし。 애도 아니고.

❷ A あそこは便利だろう。 거기는 편리할 거다.
　 B 今度行ってみます。 다음에 가 보지요.

❸ 명사・동사・형용사+だろう? ➡ ~(이)지?

❶ A 意外だろう? 의외지?
　 B そうですね。 그렇네요.

227

❷ A なかなかきれいだろう? 꽤 예쁘지?

　B いい色してますね。색이 곱네요.

❸ A 行くんだろう? 가는 거지?

　B はい。行きます。예. 갑니다.

4 명사·동사·형용사+だろうよ ➡ ~ㄹ/을 거야, ~겠지

❶ A 相当ショックだったんだろうよ。꽤 쇼크였을 거야.

　B そうだったみたいですよ。그랬던 모양이에요.

❷ A 心底嫌だろうよ。정말 싫겠지.

　B そりゃそうでしょう。그야 그렇겠죠.

5 명사·동사·형용사+だろうね ➡ ~겠지

❶ A 今東京だろうね。지금 도쿄겠지?

　B はい。多分。예. 아마도.

❷ A 今日は出てくるだろうね。오늘은 나오겠지?

　B はい。間違いなく来ると思います。예. 틀림없이 올 겁니다.

❸ A きっと忙しいんだろうね。아마 바쁘겠지?

　B そんな話は聞いてないよ。그런 이야기는 못 들었어.

6 명사·동사·형용사+だろうな ➡ ~겠군(구먼)

❶ A それがその子の運命だろうな。그게 그 녀석 운명이겠구먼.

　B かわいそうです。불쌍해요.

❷ A だいぶ待っただろうな。 꽤 기다렸겠군.

　B 電話してみて下さい。 전화해 보세요.

❸ A キムチ、辛かっただろうな。 김치 매웠겠구먼.

　B でもよく食べていたじゃないですか。 그래도 잘 먹었잖아요.

✎ 자기가 생각해도 김치가 매웠기 때문에 화제 중의 사람이 곤란했겠다는 이야기를 했을 때 그래도 그 사람이 싫다고 안 하고 잘 먹었으니 그것으로 되지 않았느냐고 하는 장면에서 쓰이는 표현

7 명사·동사·형용사+だろうに ➡ ~ㄹ/을 텐데

❶ A それが君の夢だろうに。 그게 자네 꿈이었을 텐데.
　B 夢は夢で終わりました。 꿈은 꿈으로 끝났습니다.

❷ A 君だって辛かっただろうに。 자네도 힘들었을 텐데.
　B いいえ。私は大丈夫です。 아닙니다. 저는 괜찮습니다.

8 명사·동사·형용사+だろうが ➡ ~잖아

❶ A お前も持っているだろうが。 너도 가지고 있잖아.
　B いいからちょっと貸してよ。 글쎄 좀 빌려 줘.

❷ A 給料もいいだろうが。 월급도 괜찮잖아.
　B そう。確かにいい。 맞아. 틀림없이 그래.

접속방법

▶ 명사+だろう(よ、ね、な、に、が)
▶ 동사 연체형+だろう(よ、ね、な、に、が)
▶ 형용사 연체형+だろう(よ、ね、な、に、が)
▶ 형용동사 어간+だろう(よ、ね、な、に、が)

131 ～ちゃ
～면/으면, ～고는

★「～ちゃ」⇒「～ては」의 생략형
앞 문장의 내용이 조건적인 성격이 강할 때는 '～면/으면'이 적당하고, 앞 문장을 이행하고 나서 뒤 문장을 이행하는 뜻이 강할 때는 '～고는'이 적당하다.

❶ A 一人にし**ちゃ**まずいでしょう。 혼자 놓아 두면 안 되죠.
　 B そりゃそうだな。 그건 그렇구먼.

❷ A 食っ**ちゃ**寝、食っ**ちゃ**寝の毎日です。
　　매일 먹고는 자고 먹고는 자고 그러고 있습니다.
　 B ま、たまにはそんな休みも必要だよ。
　　뭐, 간혹 그렇게 쉬는 날도 필요하지.

접속방법
▶ 동사 て형 + **ちゃ**

132 〜ちゃいけない
~면/으면 안 되다, ~아서/어서는 안 되다

★ 「〜ちゃいけない」⇒「〜てはいけない」의 생략형
앞 문장의 내용을 조건적으로 볼 때는 '〜면/으면 안 되다'가 적당하고, 이른바 수단·방법적인 성격이 강할 때는 '〜아서/어서는 안 되다'가 적당하다.

❶ A 私が話しちゃいけないの?
　　내가 이야기하면(이야기해서는) 안 되는 거야?

　B だからちょっと待って下さいよ。그러니까 조금 기다려 주세요.

❷ A しばらくここには来ないみたいです。
　　당분간 여기에는 안 올 모양이에요.

　B 会っちゃいけないとでも思ってんのかな。
　　만나면(만나서는) 안 된다고 생각이라도 하는가?

접속방법
▶ 동사 て형 + ちゃいけない

133 ~ちゃう

★ 동작·행위의 완결을 강조하는 말투로 우리말로는 '~아/어 버리다'를 동반하지 않고 그냥 동사만으로 표현하는 것이 적당하다.

① A 私、見ちゃいましたよ。 저, 봤어요.
　B 何を? 뭘?

② A 岸原は? 기시하라는?
　B もう帰っちゃいましたよ。 벌써 갔어요.

Tip もう: 곧, 이제, 벌써, 더

「もう」는 현재 모습에 약간의 시간, 움직임, 상태를 더해 주면 목표로 하는 어떤 일정한 시간, 움직임, 상태가 되는 뜻을 나타내는 부사이기 때문에 다음 세 가지의 의미에 따라 대응하는 우리말이 달라진다.

1) 조금만 더 진행되면 계획하고 있는 사실이 바로 눈 앞에서 현실화 된다는 의미일 때 … 곧
　・もう来るだろう。 곧 오겠지.
　・もう終わりにします。 곧 끝내겠습니다.
　・もうそろそろ着くよ。 머지않아 곧 도착할거야.

2) 이 상태에서 조금만 더 진행되면 화자가 생각하는 이상적인 상태에 도달하지 못할 것이 확실시되어 마치 자포자기적인 심리상태가 될 때 … 이제

- もうだめだ。이제 틀렸다.
- もう間に合わない。이제 늦었어.
- もうこれ以上食べられない。이제 더는 못 먹어.

3) 보다 적은 분량으로 사실이 성립될 것으로 판단하고 있었는데 그것이 계산착오였음을 나타내고 싶을 때 … 벌써

- もう10年も経ちました。벌써 10년이나 지났어요.
- もう12時過ぎました。벌써 12시 지났습니다.
- もう出発したみたいです。벌써 출발했나 봐요.

4) 조금만 더 양·횟수·시간을 더하면 화자가 생각하는 이상적인 상태가 될 것으로 판단이 내려질 때 … 더

- もう少し待って。조금 더 기다려.
- もう一つ足りない。하나 더 모자라.
- もう一杯飲もう。한 잔 더 마시자.

 비슷한 표현

⇒ 「てしまう」의 항목 참조(p.283)

접속방법

▶ 동사 て형 + ちゃう

134 〜ちゃだめ(です)
〜면/으면 안돼(요)

❶ A 今(いま)行(い)っ**ちゃだめ**。 지금 가면 안 돼.
　 B 何(なに)かあったんですか。 무슨 일 있었어요?

❷ A 美味(おい)しい！ 맛있다!
　 B それ、今(いま)食(た)べ**ちゃだめ**よ。 그거 지금 먹으면 안 돼!

접속방법
▶ 동사 て형 + ちゃだめ

135 ～ちゃったよ
동사의 의미만으로 표현

★ 동작·행위의 완결을 강조하는 말투로 우리말로는 '～아/어 버리다'를 동반하지 않고 그냥 동사만으로 표현하는 것이 적당하다.

❶ A あ、ドラマやっている。 아, 드라마 하네.
   B またテレビ、付けちゃったよ。 또 텔레비전 켰네.
   ✎ 텔레비전을 안 보기로 약속을 했는데 또 텔레비전을 켜는 남편을 보고 부인이 뭐라고 하는 장면에서 쓰이는 표현

❷ A お腹空いておにぎり食べちゃったよ。 배가 고파서 주먹밥 먹었다.
   B 夕飯大丈夫? 저녁 괜찮아?

접속방법

▶ 동사 て형 + ちゃったよ

136 ～ちゃって
～아서/어서, ～아/어

1 ～ちゃって ➡ ～아서/어서

★「～ちゃって」는 '～아/어 버리다'를 동반하지 않고 쓰는 것이 적당하며, 「ちゃって」의 「て」가 인과나열의 의미가 될 때 '～아서/어서'가 된다.

❶ A 昨日酔っ払っちゃって大変だった。 어제 술 취해서 힘들었어.
　 B えー！あんた、お酒飲むの? 응? 자기 술 마셔?

Tip 자기

'자기'는 일본어로는 「自分」이 제일 가까우나 주로 오사카 지역에서 쓰이는 방언의 색채가 짙다.

❷ A 最近太っちゃって大変なんですよ。 요새 살쪄서 큰일이에요.
　 B 健康であればいいの。 건강하면 되는 거야.

2 ～ちゃって ➡ ～아/어

★ 명령의 의미로 쓰여질 때는 '～아/어'가 된다.

　 A ドア、開けちゃって。 문 열어.
　 B うん。分かった。 응. 알았어.

접속방법

▶ 동사 て형+ちゃって

137 〜ちゃん
이름+야/아

① 가족의 이름/명칭＋ちゃん ➡ 「이름」+야/아

★ 손아랫사람의 이름에 붙여서 사용할 때는 「이름+야/아」를 쓰고, 가족명의 마지막에 붙여서 사용할 때는 가족명만 쓴다.

❶ A 太郎（たろう）ちゃん！ 타로야!
   B はい。예.

❷ A おじいちゃん！ 할아버지!
   B 何（なに）? 왜?

② 친구 이름＋ちゃん ➡ 「이름」+야/아

A 真奈（まな）ちゃん！ 마나야!
B は〜い。응!

접속방법

▶ 사람 이름 · 가족명＋ちゃん

138 〜ついでに
〜는 김에 · 〜ㄴ/은 김에

❶ A 出かけたついでに買い物してきて。 나가는 김에 뭐 좀 사 와.
　B 何買ってくるの? 뭐 사 오는데?

❷ A 久しぶりに会ったついでに一杯やろうか。
　　오랜만에 만난 김에 한잔하자.
　B いいね。 좋지.

접속방법

▶ 각 종지형+ついでに

139 ～ったら
～도 참, ～기로 말하면/다면, ～니까/으니까

① 명사＋ったら ➡ 「명사」＋도 참

❶ A あの子ったら、また忘れ物したみたいだね。
　　저 애도 참. 또 뭐 잊어버렸나 봐.
　B また? 또?

❷ A 鈴木さんったら。とぼけちゃって。 스즈키 씨도 참. 시치미 떼시고.
　B えっ? 何ですか? 예? 뭡니까?

② 활용어 각 종지형＋ったら ➡ ～기로 말하면/다고 하면

❶ A うるさいったらないね。
　　여기 정말 시끄럽네. (시끄럽기로 하면 여기만한 데가 없네)
　B 本当ですね。정말이에요.

❷ A やるったらやりますから。한다면 한다니까요.
　B やってみて下さい。해 보세요.

③ 활용어 각 종지형＋ったら ➡ ～니까/으니까

❶ A 早く寝なさいったら。빨리 자라니까.
　B 寝たくないもん。자고 싶지 않은 걸.

❷ A いいかげんにしろったら。 어지간히 하라니까.
　B ごめんなさい。 미안해요.

접속방법

▶ 명사+ったら
▶ 활용어 각 종지형+ったら

140 つつ
~면서/으면서

A 相手の出方をうかがいつつ頑張っていきましょう。
상대방이 어떻게 나오는가를 보아 가면서 힘냅시다.

B 頑張りましょう。잘해 봅시다.

「つつ」와 「ながら」

「つつ」는 예스러운 말씨이기 때문에 주로 문장체에서 쓰이며 회화에서 쓰여질 때는 약간 형식적으로 이야기할 때나 동시동작의 의미를 강조할 때 사용된다.

접속방법

▶ 동사 연용형+つつ

141 〜って
〜라니?/이라니?, 〜래/이래, 〜대, 〜래/으래, 〜재

1 명사＋って? ➡ 〜라니?/이라니?

① A 約束って? 약속이라니?
  B 忘れたの? 今日会う約束でしょう?
    잊어버렸어? 오늘 만나기로 약속했잖아.

② A 犬って? 개라니?
  B そう。犬。 그래. 개.

2 명사문＋って ➡ 「명사문」＋래/이래

① A お母さんがお姉ちゃんにって。 엄마가 누나한테래.
  B 何? これ。 뭐야? 이거.

② A 明日パーティーですって。 내일 파티래요.
  B 楽しそう。 재미있겠다.

3 동사・형용사문＋って ➡ 「동사・형용사 어간」＋대

① A もう帰って来るんですって。 곧 돌아오겠대요.
  B 何で? 왜?

② A ものすごく寒いですってよ。 굉장히 춥대요.
  B そりゃ仕方ないね。 그거야 할 수 없지.

❹ 명령문＋って ➡ 「동사 어간」+래/으래

① A 早く行けって。 빨리 가래.
　 B 急ぎましょう。 서두릅시다.

② A 次の駅で降りろって。 다음 역에서 내리래.
　 B 分かった。 알았다.

❺ 권유문＋って ➡ 「동사 어간」+재

① A 写真取ろうって。 사진 찍재.
　 B いいよ。 좋아.

② A 映画見ようって。 영화 보재.
　 B 今日は無理だな。 오늘은 무리인데.

❻ ですって 위 각 항에 나와 있는 우리말 표현의 마지막에 '〜요'를 붙인다.

접속방법

▶ 명사＋って
▶ 각종 종지형＋って

142 〜ってこと
〜라는/이라는 것, 〜는 것

★ 현재 문제가 되고 있는 사실에 대해 관계자들이 이런저런 의견들을 내고 있는 상황에서 화자가 그 논쟁에 마치 종지부를 찍는 것 같은 말투로 결론을 내릴 때 쓰는 표현

1 명사+ってこと ➡ 〜라는/이라는 것

A それがうちのチームの限界(げんかい)ってことですよ。
그것이 우리 팀의 한계라는 겁니다.

B じゃ、どうすればいいですか。 그럼 어떻게 하면 좋습니까?

2 각종 종지형+ってこと ➡ 〜는 것

❶ A 私(わたし)たちの努力(どりょく)が足(た)りないってことでしょう。
우리 노력이 부족했다는 거겠죠.

B そうでしょうか。 그럴까요?

❷ A 一人(ひとり)でやったってことです。 혼자서 했다는 겁니다.

B それが可能(かのう)なんですか。 그게 가능합니까?

접속방법

▶ 명사+ってこと
▶ 각종 종지형+ってこと

143 ～ってことにする

~인 것으로 하다, ~는 것으로 하다

★ 어떤 과제나 문제에 대해 결론을 내야 하는데도 불구하고 화자가 문제 해결이 귀찮다거나 또는 시간이 없다는 등의 이유로 잠정적인 결정을 내려 입막음을 하고 최종결론을 뒤로 미루는 장면에서 사용되는 표현

1 명사＋ってことにする ➡ ~인 것으로 하다

A 取りあえず合格ってことにしましょう。 일단 합격인 걸로 합시다.
B 取りあえず合格ですって？ 일단 합격이라뇨?

2 동사＋ってことにする ➡ 「동사 어간」+는 것으로 하다

A 月末に話し合うってことにして、その件は終わりにしましょう。
월말에 이야기 나누는 것으로 하고 그 건은 끝냅시다.
B 終わりにしていいんですか。 끝내도 되는 겁니까?

3 형용사＋ってことにする ➡ 「형용사 어간」+ㄴ/은 것으로 하다

A 取り合えず嬉しいってことにしとこう。 일단 기쁜 걸로 해 두지.
B どういうことですか。 무슨 뜻이에요?

✎ 상대방이 '좋죠? 기쁘죠?' 등으로 화자에게 반응을 물어왔을 때 그게 귀찮거나 또는 다른 일 등으로 인해 일일이 상대방에게 대꾸를 못할 때 입막음을 하려고 하는 장면에서 쓰여지는 표현

접속방법

▶ 명사＋ってことにする
▶ 각종 종지형＋ってことにする

144 ～ってば
～도 참, ～다니까 · ～ㄴ/는다니까

★ 화제의 명사(주로 사람)에 대하여 친근감이나 또는 약간의 비난이 섞인 말투로 그 대상을 부를 때 사용하는 표현

1 명사+ってば ➡ ~도 참

❶ A お父さんってば、起きてよ。 아빠도 참. 일어나.
　 B もうちょっとだけ寝させて。 조금만 더 잘게.

❷ A どう？ プレゼント、気に入った? 어때? 선물 마음에 들었어?
　 B あなたってば。 당신도 참.

✎ 선물을 사 가지고 와서 풀어보게 하고 그 선물이 마음에 드냐는 남편의 물음에 아내가 좋아서 대답하는 장면에서 쓰이는 표현

2 각종 종지형+ってば ➡ ~다니까, ~ㄴ/는다니까

❶ A これ、辛いってば。 이거 맵다니까.
　 B でも食べてみたい。 그래도 먹어 보고 싶어.

❷ A 夕方行くってば。 저녁때 간다니까.
　 B 必ず来てよ。 꼭 와.

접속방법
▶ 명사+ってば
▶ 각종 종지형+ってば

145 つもり
~ㄹ/을 생각, ~았/었다고 생각

1 동사 현재 연체형+つもり ➡ ~ㄹ/을 생각

❶ A どこに行くつもりなの? 어디 갈 생각이야?
　B 箱根。하코네.

❷ A だますつもりはなかった。속일 생각은 없었어.
　B だったらなぜ? 그럼 왜?

2 동사 て형+たつもり ➡ ~았/었다고 생각

A 死んだつもりでやり直そう。죽었다고 생각하고 다시 해 보자.
B はい、分かりました。네, 알겠습니다.

비슷한 표현

「~するつもり」「~する予定」「~しようと思っている」

◆ するつもりだ ~ㄹ/을 생각이다
◆ する予定だ ~ㄹ/을 예정이다
◆ しようと思っている ~려고/으려고 하다
　① 木曜日の午後便に乗るつもりだ。목요일 오후편을 탈 생각이다.
　② 木曜日の午後便に乗る予定だ。목요일 오후편을 탈 예정이다.
　③ 木曜日の午後便に乗ろうと思っている。목요일 오후편을 타려고 하고 있다.

접속방법

▶ 동사 현재 연체형+つもり
▶ 동사 て형+た+つもり

146 ～(た)つもりが
～ㄴ/는다는 게

❶ A 先生に会いたくないんですって。 선생님 만나고 싶지 않대요.
　B 気を遣ったつもりがかえって逆効果だよ。
　　신경 쓴다는 게 오히려 역효과야.
　✎ 자기 제자가 어떤 문제를 안고 있어서 선생님이 그 문제를 해결해 줄 생각으로 어떤 조치를 취한 것이 오히려 역효과를 낸 상황에서 쓰이는 표현

❷ A ほら見ろ。いったろう? 그거 봐. 내가 뭐랬니?
　B 私としては励ましたつもりが…。 저로서는 격려해 준다는 게….

접속방법

▶ 동사 て형 + たつもりが

147 て〈접속조사〉
~고, ~아서/어서, ~면서/으면서, ~아/어

1 단순연결의 て ➡ ~고

★ 단순연결이란 복수의 문장을 접속조사를 사용하여 단순하게 한 문장으로 연결하기만 하는 것을 말한다. 복수의 완전동격 문장을 단순히 연결만 하기 때문에 앞 문장과 뒤 문장의 순서를 뒤바꿔 놓아도 똑같은 내용의 전달이 된다.

❶ A あの部屋は暑くて狭いよな。 그 방 덥고 좁지.
　B そうですね。 그래요.

❷ A 音楽は後で聞いて掃除して。 음악은 나중에 듣고 청소해.
　B 後でやるよ。 나중에 할게.

2 시간연결의 て ➡ ~고

★ 시간연결이란 복수의 문장을 시간순서대로 한 문장으로 연결하는 것을 말한다. 연결되는 복수의 사실들은 시간순서대로 발생하는데 연결되는 앞 문장과 뒤 문장 사이에 의미적인 구속은 없다. 복수의 사실이 시간순서대로 발생하기 때문에 앞 문장과 뒤 문장의 순서를 바꿔 놓는 것은 불가능하다.

❶ A 手洗って来てね。 손 씻고 와.
　B はい。 네.

❷ A 会社終わってやることあるの? 회사 끝나고 할 일 있어?
　B いいえ。特に。 아뇨. 특별히.

❸ 인과연결의 て ➡ ~아서/어서

★ 인과연결이란 서로 다른 복수의 문장을 접속조사를 사용하여 인과관계의 의미를 지니는 한 문장으로 연결하는 것을 말한다. 앞 문장은 「因」이 되고 뒤 문장은 「果」가 되기 때문에 앞 문장의 성립 없이 뒤 문장이 성립되는 경우는 있을 수 없다.

❶ A お店行って醤油買ってきて。 가게 가서 간장 사 와.
   B 何リットルのやつ？ 몇 리터 짜리?

   ✎ 얼핏 보면 두 문장 사이에 인과관계가 전혀 발생하고 있지 않는 것처럼 보이지만 가게에 가야만(因) 비로소 간장을 살 수 있기(果) 때문에 두 문장 사이에는 충분히 인과관계가 발생하고 있다고 할 수 있다.

❷ A この部屋、暖かい。 이 방 따뜻하다.
   B 寒くて暖房を入れました。 추워서 난방 틀었어요.

❹ 역접연결의 て ➡ ~면서/으면서

❶ A 知りません。 모릅니다.
   B 君、分かっていて答えないんだな? 너 알면서 대답 안 하는 거지?

   ✎ 위 상황에서 '알다'와 '대답 안 하다'의 두 문장을 의미적으로 가장 알기 쉽게 연결할 수 있는 접속조사는 「のに(~지만)」이다. 따라서 위「て」는 역접연결이라고 할 수 있다.

❷ A あれだけ言われてやめないとは。
      그렇게 말을 들으면서도 안 그만두다니.
   B 相当頑固ですね。 어지간히 고집 세요.

❺ 명령의 て ➡ ~아/어

★ 회화체에서 많이 쓰이는 동년배 또는 손아랫사람에 대한 명령표현. 비교적 친근한 사이에서 주로 쓰이며 초면에 쓰이는 경우는 예를 들면 손님이 아무리 보아도 자신보다 손아래가 틀림없어 보이는 가게 종업원 등에게 또는 나이와 상관없이 평소 자주 다니는 가게 주인에게 친근감을 표시하면서 말을 할 때 이 표현을 쓴다.

❶ A これ、抑(おさ)えて。 이거 잡아.
　B はい。 예.

❷ A たくさん食(た)べて。 많이 먹어.
　B 頂(いただ)きます。 잘 먹겠습니다.

접속방법

▶ 동사 て형 + て

148 〜(し)て、〜(し)た
〜았다가/었다가

★「앞 문장＋て＋뒤 문장」에 있어서 앞 문장의 사실을 전개한 결과 뒤 문장의 내용이 되어버렸을 때 사용하는 표현

❶ A お酒を飲みすぎて酷い目に遭いました。
　　 술 많이 마셨다가 죽을 뻔 했어요.
　B 気をつけなきゃ。 조심해야지.

❷ A 彼女を待っていて、結局振られたよ。
　　 걔 기다렸다가 결국 차였다.
　B そうなると思ったよ。 그렇게 될 줄 알았다.

접속방법
▶ 동사て형＋て, 동사て형＋た

149 で〈격조사〉

～에서〈장소〉, ～로/으로〈수단·방법·도구〉, ～에〈단시간〉

① 장소 명사 + で ➡ ～에서

❶ どこでやっていますか。 어디에서 합니까?

❷ 夕飯、外で食べました。 저녁 밖에서 먹었어요.

❸ 公園で一日中遊んでいます。 공원에서 온종일 놀아요.

② 수단·방법·도구가 될 수 있는 명사 + で ➡ ～로/으로

❶ 電車で行きましょう。 전철로 갑시다.

❷ 私の車で来ました。 내 차로 왔습니다.

❸ 今日で休みが終わります。 오늘로 휴가가 끝납니다.

③ 단시간 명사 + で ➡ ～에

❶ わずか10分で全部売れました。 불과 10분에 전부 팔렸어요.

❷ 一日で終わっちゃいました。 하루에 끝나버렸어요.

접속방법

▶ 장소 명사 + で
▶ 수단·방법·도구 명사 + で
▶ 단시간 명사 + で

150 で〈조동사〉
~고/이고, ~라서/이라서

★ 단순연결은 완전동격의 두 문장을 단순하게 연결만 하기 때문에 두 문장의 순서를 뒤바꿔 놓아도 성립하지만 인과연결의 경우 앞문장이 인(因)이 되고 뒤 문장이 과(果)가 되기 때문에 앞뒤문장을 바꿔 놓을 수 없다.

❶ 단순연결의 で ➡ ~고/이고

A こちらは私の妹で、こちらが家内です。
이쪽은 제 동생이고 이쪽이 아내입니다.

B 初めまして。처음 뵙겠습니다.

❷ 인과연결의 で ➡ ~라서/이라서

A あなたは先生で何でも知っているかもしれないけど。
당신은 선생님이라서 무엇이든 다 알고 있는지도 모르겠지만.

B 別にそういうわけではありません。특별히 그런 게 아니라요.

✎ 선생님인 상대방이 자기 이야기를 가로막고 뭐든지 다 아는 것처럼 이야기를 해서 약간 언성을 높이는 학부형과 그것을 무마하려는 선생님이 대화를 나누는 장면에서 사용되는 표현

접속방법

▶ 명사+で

151 〜てあげる
〜아/어 주다, 〜아/어 드리다

1 〜てあげる ➡ 〜아/어 주다

❶ A 教えてあげた? 가르쳐 드렸어?
　 B はい、書いてあげました。예, 써 드렸어요.

❷ A カバンも持ってあげたの? 가방도 들어 줬어?
　 B はい。もちろんです。예, 물론이에요.

2 〜てあげる ➡ 〜아/어 드리다

★ 「명사+동사+てあげる」의 명사가 존경의 대상일 경우에는 우리말로는 '〜아/어 드리다'가 적당하다.

 비슷한 표현

「〜てやる」와 「〜てあげる」

「〜てやる」는 주로 남자들이 쓰는 경우가 많으며 「踏んづけてやる(콱 밟아 주겠어)」처럼 거친 표현을 쓸 경우에도 사용된다. 여자들은 기본적으로 「〜てあげる」를 사용한다.

접속방법

▶ 동사 て형+てあげる

152 〜てある
〜아/어 있다, 〜아/어 놓다, 〜아/어 두다

★ 이 표현은 우리말에는 존재하지 않기 때문에 각각의 의미에 따라 적당한 말을 찾아 표현할 필요가 있다.

1 てある ➡ 〜아/어 있다

★ 화자가 한 직접 간접적 동작·행위의 결과가 현재의 상태를 만들어 내고 있음을 나타내고 싶을 때 이 표현을 쓴다.

A あそこの住所、何だっけ？ 거기 주소 뭐였지?
B 書いてあるよ。 써 있어.

2 てある ➡ 〜아/어 놓다

★ 화자가 한 동작·행위의 결과가 일시적 수납과 같은 상태가 되고 있음을 나타내고 싶을 때 이 표현을 쓴다.

❶ A 警備に頼んで開けてあるからカギはいいよ。
　　경비한테 부탁해서 열어 놓았으니까 열쇠는 됐어.
　B ありがとうございます。 고맙습니다.

❷ A お風呂に脱いであるパンツ、籠に入れてよ。
　　목욕탕에 벗어 놓은 팬티, 바구니에 넣어라.
　B ごめんなさい。 죄송해요.

❸ A ママ、コートは? 여보, 코트?
　B 玄関のところに出してあるでしょう。 현관 쪽에 내놓았잖아요.

> **Tip** 「ママ」와 「パパ」
>
> 기본적으로는 어린아이가 부모를 부를 때 쓰는 말이지만 결혼한 부부 사이에서 상대방을 「ママ」「パパ」 라고 부르는 경우도 꽤 있다.

③ てある ➡ ~아/어 두다

★ 동작·행위의 결과가 원래 들어가야 할 장소에 제대로 잘 들어가 있는 상태가 될 때

❶ A お絞り入れてあるから。 물수건 넣어 두었으니까.

　 B ありがとう。ママ。 고마워. 엄마.

❷ A 私のネックレス、どこ? 내 목걸이 어디 있어?

　 B ちゃんとしまってあるよ。 잘 간수해 두었어.

 비슷한 표현

「~ておく」와 「~てある」

◆ 주체가+대상을+ておく　~아/어 놓다, ~아/어 두다

◆ 대상이+(주체에 의해)+てある　~아/어 놓다, ~아/어 두다

★ 일본어에서는 「주체가 대상을 ~ておく」와 「대상이(주체에 의해)~てある」를 구별하여 사용하지만 우리말에서는 그런 구별이 존재하지 않는다.

① ネギ、切っておいたから。 파, 썰어 놓았으니까.
② ネギ、切ってあるから。 파, 썰어 놓았으니까.
③ ちゃんと言っておいた。 잘 말해 뒀어.
④ ちゃんと言ってある。 잘 말해 뒀어.

비슷한 표현

「～てある」와 「～られている」

◆ 대상이+주체에 의해+てある ～아/어 있다

◆ 대상이+주체에 의해+られている ～아/어 있다

★ 문형의 구조로 볼 때는 같은 구조를 하고 있지만 「て+ある」는 화자 자신이 직접・간접의 주체가 되어 그 사실을 실행을 한 결과 현재의 상태가 되어 있음을 나타내고 싶을 때 사용한다. 반면 「られて+いる」는 화자 자신과는 아무런 상관없이 어떤 사실이 성립되어 현재의 상태가 되어 있음을 나타내고 싶을 때 사용한다.

① それならヤマダ電機に置いてあるよ。(○) 그거라면 야마다 전기에 (놓여) 있어.

② それならヤマダ電機に置かれているよ。(×)

✏ 당신이 찾는 그 상품이라면 야마다 전기에 가면 있다고 하는 말을 할 때 ②는 사용할 수 없다. 왜냐하면 수동문인 ②는 상품이 야마다 전기라고 하는 전기전자 대형소매점에 있는 상태가 누군가에 의해 멋대로 만들어져 있다는 의미가 되기 때문이다. 그런데 화자가 야마다 전기의 관계자가 아니라도 ①의 예문을 말할 수 있는 이유는 그 제품이 야마다 전기에 있는 것을 화자가 알고 있기 때문이다. 알고 있다면 이른바 간접주체의 입장이 될 수 있기 때문에 ①과 같은 표현을 사용할 수 있다.

③ その絵なら銀座のギャラリーに展示してある。(○)

그 그림이라면 긴자 갤러리에 전시되어 있어.

④ その絵なら銀座のギャラリーに展示されている。(○)

그 그림이라면 긴자 갤러리에 전시되어 있어.

✏ ③의 표현을 쓸 수 있는 사람은 그림과 관계가 있는 사람이거나 또는 갤러리와 관계가 있는 사람, 즉 직접・간접주체이며 그에 비해 ④의 표현을 쓰는 사람은 그림이나 갤러리에는 직접적인 관계가 전혀 없고 단순히 그 그림이 긴자 갤러리에 전시되어 있다는 정보를 객관적으로 알려 주는 역할을 하고 있다.

⑤ 地雷が仕掛けてあるから危ないよ。(×)

⑥ 地雷が仕掛けられているから危ないよ。(○) 지뢰가 설치되어 있으니까 위험해.

✏ 화자가 지뢰를 설치한 관계자가 아니라면 ⑤는 쓸 수 없다. 지뢰를 설치한 것이 누군지 모르는 제3자일 경우에는 내가 아닌 누군가가 설치했다는 사실을 표현해야 하기 때문에 ⑥의 예문이 적당하다.

「～ている」와「～てある」

◆ 주체가+대상을+ている ～고 있다
◆ 대상이+주체에 의해+てある ～았/었다
★ 동작・행위가 진행상태임을 나타내고 싶을 때는「주어+타동사+ている」가 적당하며, 어떤 동작・행위가 이미 완료된 상태로 계속되고 있음을 나타내고 싶을 때는「주어+타동사+てある」가 적당하다.

① 彼、呼んでいますから。 그 사람, 부르고 있으니까요. (조금만 기다리세요)
② 彼、呼んでありますから。 그 사람, 불렀으니까요. (불러 있으니까요)

✎ ①은 상대방이 찾고 있는 사람을 부르고 있으니 잠깐 기다리라고 할 때 쓰여지는 표현이고 ②는 이미 부르는 행위가 끝났으니 그 사람이 나타나는 것만 기다리면 된다고 이야기할 때 쓰여지는 표현이다.

③ もう用意しています。 벌써 준비하고 있어요.
④ もう用意してあります。 벌써 준비했어요.

✎ ③은 준비한다고 하는 동작・행위가 지금 이루어지고 있음을 나타내는 표현이고 ④는 준비한다고 하는 동작・행위가 이미 다 끝나 건네줄 채비가 다 되어 있다는 것을 나타내는 표현이다.

접속방법

▶ 동사 て형+てある

153 ～ていく
～아/어 가다

❶ A お土産(みやげ)、もらって行(い)った? 선물 받아 갔어?
　B いいえ。もらってません。 아뇨. 안 받았어요.

❷ A これ、持(も)って行(い)ってください。 이거 가져가세요.
　B あら、嬉(うれ)しい。 어머, 좋아라.

접속방법

▶ 동사 て형 + ていく

154 ～ていただく

～て頂きます ～아/어 주시기 바랍니다
～て頂けますか ～아/어 주시겠어요?(겠습니까?)
～て頂けません(でしょう)か ～아/어 주실 수 없겠습니까?
～て頂こう ～시/으시라고 하자(3인칭), ～게나(2인칭)
～て頂きたい ～아/어 주셨으면 좋겠다
～て頂いて下さい ～아/어 주십사고 하십시오

★ 「～て頂く」는 직역하면 '～을/를 받자옵다'인데 이는 현대 우리말에서 문형으로 쓰일 수 있는 표현이 아니므로 '～아/어 주시다' 형식으로 바꿔 표현하는 것이 적당하다.

❶ ～て頂きます ➡ ～아/어 주시기 바랍니다

❶ A 高橋さんには3階を担当して頂きます。
다카하시 씨는 3층을 담당해 주시기 바랍니다.

B 頑張ります。열심히 하겠습니다.

❷ A 6時までは帰って頂きます。6시까지는 돌아가 주시기 바랍니다.

B もし遅れた場合はどうするのですか。
만약 늦어지는 경우에는 어떻게 합니까?

❷ ～て頂けますか ➡ ～아/어 주시겠어요? (겠습니까?)

❶ A ここに入れて頂けますか。여기에 넣어 주시겠습니까?

B 小さくないですかね。작지 않겠어요?

❷ A 今日ちょっと残って頂けますか。오늘 좀 남아 주시겠어요?

B ごめんなさい。用事があって。죄송합니다. 볼일이 있어서.

❸ ～て頂けません(でしょう)か ➡ ~아/어 주실 수 없겠습니까?

A 7日まで待って頂けませんでしょうか。
7일까지 기다려 주실 수 없겠습니까?

B 7日までですよ。7일까지입니다.

❹ ～て頂こう ➡ ~시라고/으시라고 하자(3인칭), ~게나(2인칭)

❶ A 先生には是非出席して頂こう。
선생님한테 꼭 출석하시라고 하자.

B そうしよう。그러자.

❷ A 中村さんにも出て頂こうよ。
나카무라 아저씨한테도 나오시라고 하자.

B それがいい。그게 좋겠다.

❸ A 悪いけど、明日から休んで頂こう。 미안하지만 내일부터 쉬게나.

B なぜですか。왜요?

❺ ～て頂きたい ➡ ~아/어 주셨으면 좋겠다

❶ A ちょっと電話して頂きたいんですけど。
전화 좀 해 주셨으면 좋겠는데요.

B どこにですか。어디에요?

❷ A 先に行って頂きたいです。 먼저 가 주셨으면 좋겠어요.

B 分かりました。알았어요.

6 ～て頂いて下さい ➡ ~아/어 주십사고 하십시오

A 社長に出て頂いて下さい。 사장님께 나와 주십사고 하십시오.
B 社長に言えるか。 사장님께 어떻게 말씀드리나?

접속방법

▶ 동사 て형 + て頂く

155 〜ていて
〜다가

★ 화자가 사실 A를 전개하고 있는 사이에 전혀 새로운 사실 B에 직면하거나 또는 새로운 사실과 조우, 또는 그때까지의 사실 A가 새로이 사실 B로 전환됨을 나타낼 때 쓰이는 표현

1 〜ていて ➡ ~다가

❶ A 次の駅で降りるんですか。 다음 역에서 내릴 겁니까?

B いいえ、取りあえず急行が止まるところまでは乗っていて、どうするか決めます。 아뇨, 일단 급행이 서는 데까지는 타고가다가 어떻게 할까를 결정할 겁니다.

❷ A ずっと東京ですか? 쭉 도쿄에 사셨어요?

B いいえ、1年前まで大阪に住んでいて今年引っ越して来たんです。 아뇨, 1년 전까지 오사카에 살다가 올해 이사왔어요.

❸ A 車買うとか言ったでしょう? 차 산다더니?

B うん。新車買おうと思っていて、結局中古にしたの。
응. 새 차 사려다가 결국 중고로 했어.

2 뒤 문장의 사실에 직면한 것이 앞 문장이 전개되고 있는 도중이었음을 강조하고 싶을 때는 '~는 도중에'가 적당하고 그 도중에 새로운 사실과 조우, 직면하거나 또는 새로운 사실로 전환했음을 강조하고 싶을 때는 '~다가'가 적당하다.

A 銀行に向かっていてあの先生に会ったよ。
은행 가다가 그 선생님 만났어. (가는 도중에)

B 高校の時の? 고등학교 때 선생님?

❸ 뒤 문장의 사실에 직면한 것이 앞 문장이 전개되고 있던 일부 시간대의 사건이었음을 강조하고 싶을 때는 '~는 사이에'가 적당하고, 그 일부 시간대에 새로운 사실과 조우, 직면하거나 또는 새로운 사실로 전환했음을 강조하고 싶을 때는 '~다가'가 적당하다.

A おしゃべりしていて日が暮れちゃったね。
   수다 떨다가 날 다 갔네. (수다 떠는 사이에)

B もうそんな時間？ 벌써 이 시간이야?

❹ 뒤 문장의 사실에 직면한 것이 앞 문장이 전개되는 시간 내내였음을 강조하고 싶을 때는 '~는 동안에'가 적당하고, 그 시간에 새로운 사실과 조우, 직면하거나 또는 새로운 사실로 전환했음을 강조하고 싶을 때는 '~다가'가 적당하다.

A 主人がやっているのを見ていて覚えちゃったみたいよ。
   남편이 하는 걸 보다가 배웠나 봐. (보고 있는 동안에)

B あら、まぁ、賢いね。 아이고, 똑똑해라.

❺ 뒤 문장의 사실에 직면한 것이 특정시간에 한정된 일임을 강조하고 싶을 때는 '~ㄹ/을 때'가 적당하고, 그 특정시간에 새로운 사실과 조우, 직면하거나 또는 새로운 사실로 전환했음을 강조하고 싶을 때는 '~다가'가 적당하다.

A 家に帰って来ていて事故に遭ったんですよ。
   집에 오다가 사고를 당했어요. (올 때)

B 大丈夫でしたか。 괜찮았습니까?

265

 비슷한 표현

'~다가', '~도중에', '~는 사이에', '~는 동안에', 'ㄹ/을 때'

- ◆ ～ていて ~다가
- ◆ 연체형+途中に ~는 도중에
- ◆ 연체형+うちに ~는 사이에
- ◆ 연체형+間に ~는 동안에
- ◆ 연체형+時に ~ㄹ/을 때

A そのカバン、どうしたの? 그 가방 어디서 났어?
B 来る途中デパートで買ったの。 여기 오는 도중에 백화점에서 샀어.
A 買い物していて、誰かに会わなかった? 쇼핑하다가 누구 안 만났어?
B 誰に? 누굴?
A この前、ミーティングやっている時に、発表した人。
　지난번에 미팅할 때 발표한 사람.
B そのミーティングやっている間に、私、別の仕事やったから。
　그 미팅하는 동안에 나 다른 일 했거든.
A さっき、トイレに行って聞いたんだけど、何回か社内ですれ違っているうちに、あなたのこと、好きになったらしいの。 아까 화장실 갔다가 들었는데 몇 번 사내에서 마주치는 사이에 너를 좋아하게 됐다나 봐.
B じゃ、デパートまで私について来たと言うの?
　그럼 백화점까지 나를 쫓아왔단 말이야?

접속방법

▶ 동사 て형+ていて

156 ～ていては・～ていたら
～다가는

★ 앞 문장이 일단 전개되면 거의 틀림없이 뒤 문장의 사실과 바로 조우, 직면하거나 또는 뒤 문장의 사실로 전환되어 결국은 완전히 뒤 문장의 사실로 바뀌어 버림을 나타내는 표현

❶ A 今みたいに食べ続けていたら太るよ。
　　지금처럼 계속 먹다가는 살찐다.
　B だって、美味しいんだもん。 맛있는데 그럼 어떻게 해.

❷ A このままここにい続けていては何もならないな。
　　이대로 여기 쭉 있다가는 아무것도 안 되겠어.
　B で、どうするつもり? 그래서 어떻게 할 거야?

접속방법

▶ 동사 て형+ていては/ていたら

157 〜ていない(〜ていません)
안 〜았/었, 못 〜았/었

❶ 보통 동사+ていない ➡ 안 〜았/었

❶ A 犯人、どうなったんですか。 범인 어떻게 됐어요?

B まだ捕まってないんですよ。 아직 안 잡혔어요.

❷ A お昼ご飯食べた？ 점심 먹었어?

B 食べてません。 안 먹었어요.

❷ 가능 동사+ていない ➡ 못 〜았/었

❶ A もう出来たかな。 이제 됐나?

B まだ出来てない。もうちょっと待ってくれ。
아직 못했네. 조금만 더 기다려 주게나. (안 됐어)

❷ A 私が頼んだファックス、送りました? 내가 부탁한 팩스, 보냈어요?

B すみません。まだ送れてません。
죄송합니다. 아직 못 보냈어요.

접속방법

▶ 동사 て형+ていない(ていません)

158 ～ていらっしゃい
～아/어 와요, ～아/어 가요

❶ A 行ってらっしゃい。 다녀 오세요. (다녀 와요, 잘 다녀 와)
　 B 行ってきます。 다녀 오겠습니다. (갔다 올게)
　 ✎ 「行ってらっしゃい」는 인사말이므로 누구에게나 쓸 수 있다.

❷ A 早くあの人を呼んでいらっしゃい。 빨리 그 사람 불러 와요.
　 B 今いないんですよ。 지금 없어요.

❸ A 明日はここに寄っていらっしゃい。 내일 여기 들러 가요.
　 B 明後日じゃだめですか。 모레면 안 돼요?

접속방법

▶ 동사 て형+ていらっしゃい

159 〜ている
〜고 있다, 〜아/어 있다

1 동작・행위의 진행을 나타내는 ている ➡ 〜고 있다

❶ A 今何してる？ 지금 뭐 해?
　B 友達に会っています。 친구 만나고 있어요.

❷ A 私は知っていましたよ。 저는 알고 있었어요.
　B いつからですか。 언제부터입니까?

2 상태의 계속을 나타내는 ている ➡ 〜아/어 있다

❶ A あそこに人が倒れていますよ。 저기 사람이 쓰러져 있어요.
　B 生きているかな。 살아 있을까?

❷ A どこに座っていますか。 어디에 앉아 있습니까?
　B あそこです。 저기입니다.

 비슷한 표현

⇒「てある」의 항목 참조(p.256)

접속방법

▶ 동사 て형+ている

160 〜ておく
〜아/어 두다, 〜아/어 놓다

1 ておく ➡ 〜아/어 놓다

★ 물건을 일시적인 장소에 놓을 경우 또는 그 사건이 한시적인 경우에 이 표현을 쓴다.

❶ A いつできますか。 언제 됩니까?
　 B 週末までには作っておきます。 주말까지는 만들어 놓겠습니다.

❷ A この大根、切っておいて下さい。 이 무, 썰어 놓으세요.
　 B 何本ですか。 몇 개요?

2 ておく ➡ 〜아/어 두다

★ 물건을 본래 두어야 할 곳에 둘 경우 또는 그 사건이 연속적인 경우에 이 표현을 쓴다.

❶ A その服、たんすにしまっておいて。 그 옷, 장에 넣어 둬.
　 B はい。 예.

❷ A それはそっちに置いといて下さい。 그건 그 쪽에 놓아 두세요.
　 B はい、分かりました。 예, 알겠습니다

접속방법

▶ 동사 て형 + ておく

161 〜てから
〜고 나서, 〜ㄴ/은지 〜되다

❶ 동사+てから ➡ 〜고 나서

❶ A 終わってからどこ行ってたの？ 끝나고 나서 어디 갔었어?
　 B ちょっとお茶飲みに。 잠깐 차 마시러.

❷ A よく聞いてから答えて下さい。 잘 듣고 나서 대답하세요.
　 B 分かりました。 알겠습니다.

❷ 동사+てから+기간+経つ ➡ 「동사」+ㄴ/은지「기간」+되다

❶ A ここに来てからどのくらい経っていますか。
　　　여기 온지 얼마나 되셨어요?
　 B 3年くらいです。 3년 정도입니다.

❷ A 結婚してから何年経ちますか。 결혼한지 얼마나 되셨어요?
　 B 23年です。 23년입니다.

 비슷한 표현

「〜てから」와 「〜た後で」

- 〜てから 〜고 나서
- 〜た後で 〜ㄴ/은 후에

① ご飯食べてから勉強してね。 밥 먹고 나서 공부해.
② ご飯食べた後で勉強してね。 밥 먹은 후에 공부해.
③ ものを見てから話しましょう。 물건을 보고 나서 이야기합시다.
④ ものを見た後で話しましょう。 물건을 본 후에 이야기합시다.

접속방법

▶ 동사 て형 + てから

162 ～て下さい
～아/어 주세요

1 ～て下さい ➡ ～아/어 주세요, ～아/어 주십시오

★ 부탁・의뢰・요청 등의 의미로 쓰일 때

❶ A ちょっと見せて下さい。 좀 보여 주세요.
　 B いいですよ。 좋아요.

❷ A 2時までには来て下さい。 2시까지는 와 주세요.
　 B ちょっと無理かもしれません。 좀 무리일지도 모릅니다.

2 ～て下さい ➡ ～세요/으세요, ～십시오/으십시오

★ 명령의 의미로 쓰일 때

❶ A 次の駅で降りて下さい。 다음 역에서 내리세요.
　 B 何駅ですか。 무슨 역이에요?

❷ A 始めて下さい。 시작하세요.
　 B それでは、始めさせて頂きます。 그럼 시작하겠습니다.

비슷한 표현

⇒ 「お+동사 연용형+下さい」의 항목 참조(p.32)

접속방법

▶ 동사 て형+ている

163 〜てくる
〜아/어 오다

❶ A じゃ、行って来るね。 그럼 다녀올게.
　B 行ってらっしゃい。 다녀오세요.

❷ A あ、塩が切れてる。 아, 소금이 떨어졌다.
　B 僕が買ってくるよ。 내가 사 올게.

접속방법

▶ 동사 て형 + てくる

164 ～てくれ
～아/어, ～아/어 줘

★ 부탁・의뢰 등의 의미일 때는 '～아/어줘'가 적당하고 명령의 의미일 때는 '～아/어'가 적당하다.

❶ A それ、取ってくれ。그거 집어 줘.
　B 自分でやれよ。자기가 하지.

❷ A 入ってくれ。들어 와.
　B 失礼します。실례하겠습니다.

❸ A ちょっと写真撮ってくれよ。사진 좀 찍어 줘.
　B 分かった。綺麗に撮ってあげるよ。알았어. 예쁘게 찍어 주지.

접속방법

▶ 동사 て형+てくれ

165 ～てくれる
～아/어 주다

❶ A 会ってくれますか。 만나 줄래요?
　B もちろん。 물론.

❷ A 交換してくれる? 바꿔 주겠어?
　B いや、これは無理ですね。 으음, 이건 무리인데요.

❸ A パパが作ってくれたの。 아빠가 만들어 줬어.
　B よかったね。 좋았겠다.

접속방법

▶ 동사 て형 + てくれる

166 〜てくれるよね
〜아/어 줄 거지?

❶ A 今度は送ってくれるよね。 이번엔 바래다 줄 거지?
　B さー。 글쎄.

❷ A クリスマスプレゼント買ってくれるよね。
　　크리스마스 선물 사 줄 거지?
　B 当たり前じゃん。 당연하지.

접속방법

▶ 동사 て형+てくれるよね

167 ～てごらん
～아/어 봐

❶ A これ、食べてごらん。 이거 먹어 봐.
　 B 美味しそう。 맛있겠다.

❷ A ここに座ってごらん。 여기 앉아 봐.
　 B 何? 何? 왜?

✎ 젊은 여성의 경우 애교나 아양을 부리면서 「何?」를 두 번 되풀이하는 경우가 있다.

접속방법

▶ 동사 て형 + てごらん

168 〜てさしあげる
〜아/어 드리다

❶ A 私(わたし)が守(まも)ってさしあげます。 제가 지켜 드리겠습니다.
　 B 頼(たの)もしい！ 믿음직스러워라.

❷ A 明日(あした)の便(びん)で送(おく)ってさしあげますからご安心下(あんしんくだ)さい。
　　 내일 편으로 보내 드릴 테니까 안심하십시오.
　 B ありがとうございます。 감사합니다.

접속방법

▶ 동사 て형＋てさしあげる

169 ～でした
～였습니다/이었습니다, ～였어요/이었어요

1 명사＋でした ➡ ～였습니다/이었습니다, ～였어요/이었어요

❶ A 昨日は私の誕生日でした。 어제는 제 생일이었습니다.
　 B あ、そうですか。 아, 그래요?

❷ A お客さん、いつ来るんでしたっけ? 손님 언제 오죠?
　 B 今日来る約束でした。 오늘 온다는 약속이었어요.

2 형용동사 어간＋でした ➡ ～았/었습니다, ～았/었어요

A 久しぶりに外へ出て気分爽快でした。
오랜만에 밖에 나가서 기분이 상쾌했습니다.

B リフレッシュしたわけですね。 기분전환하셨군요.

접속방법

▶ 명사＋でした
▶ 형용동사＋でした

170 〜でしたら
〜시라면/이시라면

❶ A 例の件、どうなっているんですか。 예의 건 어떻게 됐습니까?
　B その件でしたら、ノーコメントです。
　　그 건이시라면 노코멘트입니다.

❷ A あの方でしたら、何とかなるでしょう。
　　저분이시라면 어떻게 되겠지요.
　B 本当にそうなってほしいね。 정말 그렇게 됐으면 좋겠네.
　✎ 저분이라는 사람이 문제를 해결해 줄 것으로 믿고 대화하는 장면에서 쓰이는 표현

접속방법

▶ 명사 + でしたら

171 ～てしまう
～아/어 버리다, ～고 말다, ～아/어 치우다

❶ ～てしまう ➡ ～아/어 버리다

★ 완결될 또는 완결된 어떤 사건이 당초 의도하지 않은 움직임・상태가 될 때

❶ A その本、面白いでしょう。 그 책 재미있지요?
B はい。昨日一気に最後まで読んでしまいましたよ。
네. 어제 단숨에 마지막까지 읽어 버렸어요.

❷ A 間違って根元まで切ってしまったの。
잘못해서 뿌리까지 잘라 버렸어.
B 気を付けろって言ったでしょう。 조심하라고 했지?

❸ A ここにあったコーラは? 여기 있던 콜라는?
B 俺が飲んでしまったんですよ。 내가 마셔 버렸어요.

❷ ～てしまう ➡ ～고 말다

★ 완결될 또는 완결된 어떤 사건이 엎친 데 덮친 격의 내용이 될 때

❶ A ピサの斜塔がとうとう倒れてしまったみたい。
피사의 사탑이 끝내 쓰러지고 말았나 봐.
B そんな！ 그럴 리가.

❷ A 結局交換してしまったらしい。 결국 바꾸고 말았대.
B そうだろうな。 그럴 테지.

3 てしまう ➡ ~아/어 치우다

★ 완결될 또는 완결된 어떤 사건이 마치 깨끗하게 정리하는 것 같은 내용이 될 때

A これ、綺麗に食べてしまおうよ。 이거 깨끗하게 먹어 치우자.
B いいよ。 좋아.

 비슷한 표현

「~てしまう」와「~ちゃう」

◆ ~てしまう … ~아/어 버리다
◆ ~ちゃう … 그냥 동사만으로 표현

★「ちゃう」는 동작·행위의 완결을 강조하는 표현이기 때문에 '~아/어 버리다' 처럼 당초 의도하지 않는 움직임·상태가 되는 것을 뜻하는 표현과는 어울리지 않는다. 따라서 일반적으로는 '~아/어 버리다'를 동반하지 않는 보통의 동사만으로 표현하게 된다.

★「ちゃう」는 엎친 데 덮친 격이라는 성격의 의미가 강할 때는 '~고 말다' 로 표현하기도 하고, 마치 정리하는 것 같은 의미가 강할 때는 '~아/어 치우다' 로 표현하기도 하지만 일반적으로는 동사만으로 표현하는 것이 무난하다.

- 起きちゃう 일어나다
- 見ちゃう 보다
- 会っちゃう 만나다
- 咲いちゃう 피다

접속방법

▶ 동사 て형+てしまう

172 ~でしょう ⇒ ~겠지요, ~ㄹ/을 거예요, ~ㄹ/을 겁니다
~でしょう? ⇒ ~지요?, ~겠지요?
~でしょうよ ⇒ ~겠지요, ~ㄹ/을 거예요(겁니다)
~でしょうね・でしょうな ⇒ ~겠지요, ~겠군요
~でしょうに・でしょうが ⇒ ~ㄹ/을 텐데요, ~잖아요

1 명사・동사・형용사＋でしょう ➡ ~겠지요, ~ㄹ/을 거예요(겁니다)

★ 거의 확실한 내용의 추측표현일 경우에는 '~겠지요'가 적당하고, 보통의 추측 표현일 때는 '~ㄹ/을 거예요(겁니다)'가 적당하다.

❶ A もう終わるでしょう。 이제 끝나겠지요.
　 B そうですね。 그러겠죠.

✎ 상대방이 '이제 끝나겠죠'라고 화자에게 말을 걸고 그에 대해 화자가 답변을 하는 것이기 때문에 '그러겠죠'라고 대답을 하는 것이 적당하다.

❷ A いつ届きますか。 언제 도착합니까?
　 B 多分明日でしょう。 아마 내일일 겁니다.

❸ A あそこは便利でしょう。 거기는 편리할 겁니다.
　 B 今度行ってみます。 다음에 가 보겠습니다.

② 명사・형용사＋でしょう？ ➡ ~(이)지요?(죠?)
동사＋でしょう？ ➡ ~(이)지요?(죠?), ~겠지요?

❶ A 意外でしょう？ 의외죠?
　 B そうですね。 그렇네요.

❷ A なかなかきれいでしょう？ 제법 예쁘죠?
　 B はい。色がとてもきれいですね。 네. 색이 아주 곱네요.

❸ A 行くんでしょう？ 가는 거지요?(가는 거겠죠?)
　 B はい。行きます。 예. 갑니다.

③ 명사・동사・형용사＋でしょうよ ➡ ~겠지요, ~ㄹ/을 거예요(겁니다)

★ 거의 확실한 내용의 추측표현일 경우에는 '~겠지요'가 적당하고, 보통의 추측 표현일 때는 '~ㄹ/을 거예요(겁니다)'가 적당하다.

❶ A 相当ショックだったんでしょうよ。 꽤 쇼크였겠죠.
　 B そうだったみたいですよ。 그랬던 모양이에요.

❷ A 怒りが治まらなかったんでしょうよ。 화를 못 참았을 거예요.
　 B でも暴力はだめです。 그래도 폭력은 안 됩니다.

❸ A 心底嫌でしょうよ。 무지하게 싫을 겁니다.
　 B そりゃそうでしょう。 그야 그렇겠죠.

4 명사・동사・형용사 + でしょうね ➡ ~겠지요(겠죠), ~겠군요

★ 상대방에게 동의를 구하는 듯한 기분으로 말을 할 때는 '~겠지요'가 적당하고, 일방적으로 전달해 버릴 때는 '~겠군요'가 적당하다.

❶ A 専門家でしょうね。 전문가시겠지요?
   B 教育は受けました。 교육은 받았습니다.

❷ A まさか今日は出てくるんでしょうね。 설마 오늘은 나오겠죠.
   B はい。間違いなく来ると思います。 예. 틀림없이 올 겁니다.

❸ A だいぶ待ったでしょうね。 꽤 기다렸겠군요.
   B 電話してみて下さい。 전화해 보세요.

5 명사・동사・형용사 + でしょうに ➡ ~ㄹ/을 텐데요

❶ A お金なら何とかなったでしょうに。 돈이라면 어떻게 했을 텐데요.
   B 連絡どころじゃなかったのでお願いも出来ませんでした。
   연락할 겨를이 없어서 부탁도 못 드렸습니다.

❷ A お母さんも大変でしょうに。 어머니도 힘드실 텐데요.
   B いいえ。私は大丈夫だよ。 아니다. 나는 괜찮다.

6 명사・동사・형용사 + でしょうが ➡ ~(이)잖아요(잖습니까?)

★ 일본어의 「でしょうが」는 우리말의 '~잖아요/잖습니까'에 비해 상대방을 몰아붙이는 듯한 느낌이 다소 강하게 나타난다.

❶ A 今日は木曜日でしょうが。 오늘은 목요일이잖아요.
   B 私が勘違いしました。 제가 착각했네요.

❷ A パパも使^{つか}うでしょうが。 아빠도 쓰시잖아요.

　B 分^わかった、分^わかった。 알았다 알았어.

✎ 왜 그런 걸 쓰느냐고 묻는 아빠에게 오히려 아이가 반문하는 장면에서 쓰여지는 표현.

❸ A それは高^{たか}いでしょうが。 그건 비싸잖아요?

　B この子^こったら。 애는..

✎ 비싼 건 안된다고 늘 이야기하는 엄마가 비싼 것을 손에 든 것을 보고 아이가 엄마에게 이상하지 않느냐고 말하는 장면에서 쓰이는 표현.

접속방법

▶ 명사+でしょう(よ、ね、な、に、が)
▶ 동사 연체형+でしょう(よ、ね、な、に、が)
▶ 형용사 연체형+でしょう(よ、ね、な、に、が)

173 〜でしょうか
〜ㅂ니까/습니까?, 〜ㄴ/은가요?, 〜는가요?, 〜ㄹ/을까요?

① 명사＋でしょうか ➡ 〜십니까?/이십니까?, 〜입니까?

★ 직접적인 의문문의 형태를 취하지 않는 만큼「ですか」보다「でしょうか」가 약간 정중한 느낌이 들므로 우리말에서는 존경표현을 쓰는 것이 적당할 수도 있다.

A 11月に行くのは呉課長でしょうか。 11월에 가는 건 오 과장님이십니까?
B そうです。 맞습니다.

② 형용사＋でしょうか ➡ 〜십니까/으십니까?, 〜ㅂ니까/습니까?

❶ A 今忙しいでしょうか。 지금 바쁘십니까?
　 B ちょっと忙しいですね。 조금 바쁩니다.

❷ A その部屋は広いでしょうか。 그 방은 넓습니까?
　 B 10畳ぐらいですね。 5평 정도입니다.

③ 명사＋でしょうか ➡ 〜인가요?, 〜일까요?

★ 보통 의문일 경우에는 '〜입니까?, 〜인가요?'가 적당하고 퀴즈 같은 추량 의문일 경우에는 '〜일까요?'가 적당하다.

❶ A あの方が院長でしょうか。 저분이 원장님이신가요?
　 B 違うみたいですよ。 아닌가 봐요.

❷ A ここはアメリカでしょうか、それともイギリスでしょうか。
　　 여기는 미국일까요? 아니면 영국일까요?
　 B アメリカです。 미국이요.

④ 형용사+でしょうか ➡ ~ㄴ/은가요?, ~ㄹ/을까요?

★ 보통 의문일 경우에는 '~ㅂ니까/습니까?, ~ㄴ/은가요?'가 적당하고, 퀴즈 같은 추량 의문일 경우에는 '~ㄹ/을까요?'가 적당하다.

❶ A そこは高いでしょうか。 거기는 비싼가요?
　 B そこそこ高いと思いますよ。 제법 비쌀 겁니다.

❷ A どちらが強いでしょうか。 어느 쪽이 강할까요?
　 B 右の方です。 오른쪽이요.

⑤ 동사+でしょうか ➡ ~는가요?, ~ㄹ/을까요?

★ 보통의 의문일 경우에는 '~는가요?'가 적당하고, 퀴즈와 같은 추량 의문일 경우에는 '~ㄹ/을까요?'가 적당하다.

❶ A 私たち、何時に寝るんでしょうか。 우리, 몇 시에 자는 걸까요?
　 B さぁ、遅いみたいですよ。 글쎄요. 늦는가 봐요.

❷ A どこに押すんでしょうか。 어디에 찍는가요?
　 B ここです。 여깁니다.

접속방법

▶ 명사+でしょうか
▶ 형용사 연체형+でしょうか
▶ 동사 연체형+でしょうか

174 です
~예요/이에요・~입니다, ~아요/어요・~ㅂ니다/습니다

1 명사＋です ➡ ~예요/이에요, ~입니다

❶ A 私は日本人です。 저는 일본사람입니다.
　B 韓国は初めてですか。 한국에는 처음이세요?

❷ A ここは学食です。 여기는 학생식당이에요.
　B きれいですね。 깨끗하네요.

2 형용사＋です ➡ ~아요/어요, ~ㅂ니다/습니다

A 港まで遠いですか。 항구까지 멉니까?
B いや、近いですよ。 아뇨, 가까워요.

3 형용동사＋です ➡ ~아요/어요, ~ㅂ니다/습니다

A いい青年ですね。 좋은 청년이군요.
B そうでしょう？とても素直なんですよ。
　그렇죠? 성품이 아주 반듯해요.

Tip 素直だ

성격이나 태도가 구부러지거나 비뚤어진 데가 없고 온순한 성격을 가지고 있는 사람 또는 동물, 또는 그런 특징을 가지고 있는 사물에 대해 쓰이는 표현. 사람에 대해 쓴다면 우리말에서 제일 적당한 단어는 '착하다'인 것 같다.

접속방법

- 명사+です
- 형용사 연체형+です
- 형용동사 어간+です

175 〜ですか
〜입니까?, 〜예요/이에요?

1 명사＋ですか ➡ 〜입니까?, 〜예요/이에요?

❶ A ここはどこですか。 여기는 어디입니까?
　 B 昌徳宮(チャンドックン)です。 창덕궁입니다.

❷ A これ、何(なん)の魚(さかな)ですか。 이거 무슨 생선이에요?
　 B 鯖(さば)です。 고등어예요.

2 형용사・형용동사＋ですか ➡ 〜아요/어요?, 〜ㅂ니까?/습니까?

A その川(かわ)は深(ふか)いですか。 그 강은 깊습니까?
B いや、浅(あさ)いでしょう。 아뇨, 얕을 겁니다.

접속방법

▶ 명사＋ですか
▶ 형용사 연체형＋ですか
▶ 형용동사 어간＋ですか

176 〜ですって
⇒「って」의 항목 참조(p.242)

177 〜ですもの
⇒「だもん(だもの)」의 항목 참조(p.215)

178 ～てちょうだい
~아/어 주세요, ~아/어 줄래?

1 ～てちょうだい ➡ ~아/어 주세요

★ 상대방에게 어느 정도의 친근감을 가지고 명령할 때 쓰는 표현. 따라서 상대방이 그다지 친밀도가 없을 때 혹은 친밀도를 가지고 대하기 어려운 상대에게는 쓰기 어렵다.

❶ A 早く片付けてちょうだい。 빨리 치워 주세요.
　B ママも一緒にやって。 엄마도 같이 해.

✎ 어지럽혀 놓은 방을 청소하라고 자녀를 타이르는 장면에서 쓰이는 표현.

❷ A ドア、閉めてちょうだい。 문 닫아 주세요.
　B はい。 네.

2 ～てちょうだい ➡ ~아/어 줄래?

★ 동년배나 또는 손아랫사람에게 친근감을 가지고 부탁하거나 청을 하거나 할 때 쓰이는 표현

❶ A それ、取ってちょうだい。 그거 집어 줄래?
　B いいよ。 알았어.

❷ A これ、洗ってちょうだい。 그거 씻어 줄래?
　B 何でいつも私なの? 왜 늘 나야?

접속방법

▶ 동사 て형 + てちょうだい

179 〜てない(ません)
안 ~았/었, 못 ~았/었

★「〜ていない」의 생략형 ⇒「〜ていない」의 항목 참조(p.268)

180 ~てないでしょう

안/못+았을/었을 거예요(겁니다), 안/못+았/었죠?·았/었겠죠?

★ 「~ていないでしょう」의 생략형

1 보통 동사+てないでしょう ➡ 안+았을/었을 거예요(겁니다)

❶ A 何で電話がないんだろう。 왜 전화가 없지?
　B 多分連絡してないんでしょう。 아마 연락 안 했을 거예요.

❷ A 用意したんですかね。 준비했을까요?
　B いや、買ってないでしょう。 아뇨, 안 샀을 겁니다.

2 ~てないでしょう? ➡ 안+았/었죠?·았/었겠죠?

★ 2인칭 주어 ⇒ 안+았/었죠?
　3인칭 주어 ⇒ 안+았/었겠죠?

❶ A まだご飯食べてないでしょう? 아직 밥 안 먹었죠?
　B いや、食べました。 아뇨, 먹었습니다.

❷ A まさかこれ見てないでしょうね。 설마 이거 못 봤겠죠?
　B 何をですか。 뭘 말입니까?

❸ 가능동사＋てないでしょう ➡ 못 았을/었을 거예요, 못 았/었죠? · 았/었겠죠?

❶ A 今回はうまく表現出来てないでしょう。
　　이번에는 표현 잘 못했죠? (표현이 잘 안 됐죠?)

　B そんなことないですよ。 그런 거 없어요.

✎ 「出来る」를 타동사적으로 볼 때는 '잘 못하다'가 적당하고, 자동사적으로 보면 '잘 안 되다'가 적당하다.

❷ A いろんな人が出入りしてたからあまり食べれてないでしょう。 여러 사람이 드나들어서 별로 못 먹었죠?

　B いや、でもつまみ食いしましたよ。
　　아뇨, 그래도 몇 개 집어 먹었어요.

접속방법

▶ 동사 て형＋てないでしょう

181 〜てのこと
〜고 나서의 이야기

❶ A 僕が代表と知ってのことですよ。
    내가 대표라는 걸 알고 나서의 이야기입니다.
  B まさかそこまで。 설마 거기까지.
  ✎ 봉변을 당한 사람이 자신이 모임의 대표라는 걸 알면서도 그쪽 상대방이 무례한 짓을 했음을 성토하는 장면에서 사용되는 표현

❷ A 日ごろトレーニングは欠かさないと聞いておりますが。
    평소 트레이닝을 거르지 않는다고 들었는데요.
  B 何事も健康あってのことですからね。
    무슨 일이든 건강이 있고 나서의 일이니까요.

접속방법
▶ 동사 て형+てのこと

182 ～ては 〈접속 조사〉
～다가는, ～아서는/어서는, ～면/으면

1 ～ては ➡ ～다가는

★ 어떤 움직임이 진행중에 있다가 다른 움직임으로 예상치 못하게 바뀔 때

❶ A 希ちゃんたら、起きては転び、起きては転びで…。
　　노조미도 참, 일어나다가는 넘어지고 일어나다가는 넘어지고…….
　B で、どうなったの? 그래서 어떻게 됐어?

❷ A ちょっと歩いては立ち止ってこっちの様子を見ているよ。
　　좀 걸어가다가 멈춰 서서 이쪽을 쳐다보고 있어.
　B 何でだろう。무엇 때문에 그러지?

2 ～ては ➡ ～아서는/어서는

★ 「～ては」의 「て」가 인과연결적인 의미를 나타낼 때 인과연결
⇒「て」의 항목 참조(p.249)

❶ A 彼は毎朝起きては5kmくらい走るらしいね。
　　그 사람 매일 아침 일어나서는 5킬로 정도 뛰는 모양이야.
　B すごい人ですね。대단한 사람이네요.

❷ A たまに来ては嫌なことばかり言うね。
　　가끔 와서는 듣기 싫은 소리만 하네.
　B 本当に嫌だよね。정말 싫다, 그렇지?

❸ 〜ては ➡ ~면/으면

★「〜ては」의「て」가 조건연결적인 의미를 나타낼 때

❶ A 急いでは事を仕損じるもの。 서두르면 일을 그르치는 법.

   B ありがとうございます。気を付けます。
      감사합니다. 조심하겠습니다.

❷ A それを言っては皆に非難されるよ。
      그걸 이야기하면 모두한테 비난받아.

   B 分かりました。 알겠습니다.

접속방법

▶ 동사 て형+ては

183 〜ではありません
〜이/가 아닙니다/아니에요 · 〜은/는 아닙니다/아니에요, 〜지는 않다

① 명사＋ではありません ➡ 〜이/가 아닙니다/아니에요, 〜은/는 아닙니다/아니에요

★ 「は」의 의미가 강조되는 경우에는 '〜은/는 아닙니다'를 쓰며 일반적인 명사부정의 경우에는 '〜이/가 아닙니다'를 쓴다.

❶ A 日本人ですか。일본사람입니까?
　B 日本人ではありません。일본사람이 아닙니다. (일본사람은)

❷ A これをやったのはあなたですね。이걸 한 건 당신이죠?
　B 私ではありません。저는 아닙니다.

② 형용동사＋ではありません ➡ 〜지(는) 않다

A これ、嫌いですか。이거 싫어하세요?
B いいえ、嫌いではありません。아뇨, 싫어하지는 않습니다.

접속방법

▶ 명사＋ではありません
▶ 형용동사 어간＋ではありません

184 〜てはいけない
〜면/으면 안 되다, 〜아서는/어서는 안 되다

★ 앞 문장과 뒤 문장을 조건적인 의미로 연결할 때는 '〜면/으면 안 되다'가 적당하고, 이른바 인과적인 의미로 연결할 때는 '〜아/어서는 안 되다'가 적당하다.

❶ A 人の悪口を言ってはいけません。
　　다른 사람 욕하면(욕해서는) 안돼요.

　 B 僕、悪口言ってないよ。 나, 욕 안 했어.

❷ A 遅くまでテレビ見てはいけません。
　　늦게까지 텔레비전 보면(봐서는) 안 돼.

　 B はい。もう寝ます。 예, 곧 잘게요.

❸ A 廊下では走ってはいけないと言ったはずですよ。
　　복도에서는 뛰어서는(뛰면) 안 된다고 말했을 텐데.

　 B ごめんなさい。 잘못했습니다.

❹ A こんなところで花火をしてはいけませんよ。
　　이런 데서 불꽃놀이 해서는(하면) 안 되죠.

　 B 申し訳ありません。 죄송합니다.

 비슷한 표현

「〜てはいけない」와 「〜てはならない」

★ 「〜てはいけない/〜てはならない」의 「て」는 조건연결과 인과연결의 의미를 가진다. 조건연결의 의미일 때는 '〜면/으면 안 되다'가 적당하고 인과연결의 의미일 때는 '〜아서/어서는 안 되다'가 적당하다. 왜 인과연결이 될 수 있는가 하면 앞 문장의 내용을 받아 화자가 뒤 문장에서 「いけない」「ならない」라고 판단을 하기 때문이다. 즉 앞 문장이 인(因)이 되고 그 인(因)에 대하여 화자가 「いけない」「できない」라고 판단을 내리는 것이 과(果)가 되기 때문에 인과연결이라고 볼 수 있는 것이다.

★ 「いけない」는 먼저 전제조건으로 어떤 규칙이나 룰이 있어서 그것을 어기면 그 규칙이나 룰이 정하고 있는 범위에 도달할 수 없다는 의미이고, 「ならない」는 이미 형성이 되어 있는 무엇인가를 깨서는 안 된다는 이른바 금지의 의미이다. 양쪽 다 우리말로는 '안 된다'로 옮길 수밖에 없지만 뉘앙스의 차이는 기억해 둘 필요가 있다.

① 誤解してはいけないので説明しますが。(○)
오해하면 안 되기 때문에 설명드리는데요.

② 誤解してはならないので説明しますが。(△)

✎ 얼핏 생각하면 전혀 문제없이 두 문장 다 성립할 것 같지만 ②는 성립하기기 어렵다. 어떻게 하면 오해가 발생을 하지 않을 것인가에 대해 이미 화자는 자기 나름의 룰을 가지고 있어서 오해가 발생하면 안 되는 방법을 상대방에게 제시하려고 하고 있기 때문에 「いけない」는 쓸 수 있으나 「ならない」는 쓰기 어려운 것이다.

③ この悔しさは絶対忘れてはなりません。(○)
우리의 이 분한 마음은 절대 잊어서는 안 됩니다.

④ この悔しさは絶対忘れてはいけません。(×)

✎ 여기에서 화자가 전달하고자 하는 것은 현재 모두가 가지고 있는 분함의 상태를 잘 유지하여 그것을 잊지 말자는 것이다. 어떤 룰에 도달 못하게 될 것을 우려하는 취지의 표현이 아니므로 「いけない」는 적당하지 못하고 「ならない」가 쓰이게 되는 것이다.

접속방법

▶ 동사 て형+てはいけない

185 〜ではない
〜이/가 아니다・〜은/는 아니다, 〜지는 않다

1 명사＋ではない ➡ 〜이/가 아니다, 〜은/는 아니다

★ 기본적으로 문장체에서 '〜이/가 아니다'가 적당하고 회화체에서는 '〜은/는 아니다'가 적당하다. 회화체에서 이 표현을 쓰면 '〜은/는'의 제시적 의미가 강조되어 '〜은/는 아니고 다른 〜이다'라는 의미가 되기 쉽기 때문이다. 또는 같은 회화체라도 친숙한 말투를 전혀 쓰고 싶지 않은 상대방의 경우「〜ではない」가 쓰여져 그때는 '〜이/가 아니다'의 단순한 명사부정이 되는 경우도 있다. 또한 우리말에서는 일반적인 명사부정의 경우 '〜이/가'가 생략되는 경우가 종종 있으나 일본어에서는「では」를 생략할 수 없다.

❶ A あなたでしょう。 당신이죠?
B 僕ではない。 나는 아니야.

❷ A ゴミ捨て日、今日だったでしょう。 쓰레기 버리는 날 오늘이었죠?
B 今日ではないよ。明日だよ。 오늘 아니야. 내일이야.

2 형용동사＋ではない ➡ 〜은/는 않다

❶ A あの店は親切ではないな。 그 식당은 친절하지는 않지.
B 確かに言える。 그래 맞아. (틀림없이 그렇다고 말할 수 있지)

Tip 確かに言える
상대방이 말한 내용이 자기가 생각해도 충분히 그럴 수 있다고 판단될 때 또는 자신 있게 그렇다고 말할 수 있을 때 회화에서 잘 쓰는 표현. 직역하면 '확실히 그렇다고 말할 수 있다'가 되는데 가장 가까운 우리말로 바꾸자면 '맞아 맞아'나 '그래 맞아' 정도가 제일 알맞을 것 같다.

❷ A あの人、綺麗でしょう。 저 사람 예쁘죠?
　B 違う。綺麗ではない。 아니, 예쁘진 않아.

접속방법

▶ 명사+ではない
▶ 형용동사 어간+ではない

186 ～てはならない
～면/으면 안 되다, ～아서는/어서는 안 되다

★ 앞 문장과 뒤 문장을 조건적인 의미로 연결할 때는 '～면/으면 안 되다'가 적당하고 이른바 인과적인 의미로 연결할 때는 '～아/어서는 안 되다'가 적당하다.

❶ A 先に帰ってはなりません。 먼저 가서는 안 됩니다. (가면)
　 B あの、約束があるんですけど。 저, 약속이 있는데요.

❷ A 反対してはならない雰囲気でした。
　　 반대해서는 안 되는 분위기였습니다. (반대하면)
　 B おかしい会議ですね。 이상한 회의군요.

✎ 위 문장에서「てはならない」는 쓸 수 있으나「てはいけない」는 쓸 수 없다. 왜냐하면 화자가 그 자리에서 뭔가 모를 분위기를 느껴서 왠지 모르게 그것을 깨서는 안 되겠다는 이른바 금지적 판단을 내리는 것은 가능하지만 그 자리에 어떤 룰이나 규칙이 있었는지는 화자 자신도 모르기 때문에 그 룰이나 규칙을 어겨서는 안 되겠다는 판단을 내리는 것은 불가능하기 때문이다.

　 A 他人に知られてはなりません。
　　 다른 사람에게 알려져서는(알려지면) 안 됩니다.
　 B 秘密ってことですか。 비밀이란 말씀이시죠?

 비슷한 표현

⇒ 「～てはいけない」의 항목 참조(p.303)

■ 접속방법

▶ 동사 て형+てはならない

187 ～て見える
(～く見える・～に見える) ～아/어 보이다

❶ ～て見える ➡ ～아/어 보이다

A やせて見えるんだけど、ダイエットした?
말라 보이는데 다이어트했어?

B しましたよ。 했죠.

❷ ～く見える・～に見える ➡ ～아/어 보이다

❶ A あの人、親切に見えますね。 저 사람 친절해 보이네요.

B そうですね。 그러네요.

❷ A あの指輪、高く見えるね。 저 반지 비싸 보이네.

B いくらぐらいするのかな。 얼마 정도 할까?

접속방법

▶ 동사 て형+て見える

▶ 형용사 어간+く+見える

▶ 형용동사 어간+に+見える

188 〜て見せる
〜아/어 보이다

A この子、立派に育てて見せます。 이 애 훌륭하게 키워 보이겠습니다.
B それが恩返しです。 그게 은혜 갚는 길이에요.

접속방법

▶ 동사 て형 + て見せる

189 〜てみる
〜아/어 보다

❶ A 行って見ますか。 가 보시겠어요?
　 B はい。お願いします。 예. 부탁합니다.

❷ A 調べて見ましょうか。 조사해 볼까요?
　 B いや、いいです。 아뇨. 됐습니다.

❸ A すごくいい人ですよ。 굉장히 좋은 사람이에요.
　 B じゃ、会って見ます。 그럼 만나 보겠습니다.

접속방법

▶ 동사 て형 + て見る

190 ても (いくら〜ても・といっても)
~아도/어도, ~나/으나, ~나 마나, ~ㄹ/을지라도
(아무리 ~아도/어도 · ~고 해도)

1 〜ても ➡ ~아도/어도

❶ A 今(いま)売(う)っても損(そん)はないですよ。 지금 팔아도 손해는 안 봐요.
  B うん、どうしようかな。 으음, 어떻게 할까?

❷ A メガネかけても見(み)えないの？ 안경 써도 안 보이니?
  B かけたら見(み)えるけど。 쓰면 보이지만.

❸ A お願(ねが)いしてもいい？ 부탁해도 괜찮아?
  B うん、いいよ。 응, 괜찮아.

2 〜ても ➡ ~나/으나

★ 복수로 있는 것 중에 무엇을 골라도 결과는 같다는 뜻일 경우

❶ A 今(いま)行(い)っても明日(あした)行(い)っても同(おな)じだよ。
  지금 가나 내일 가나 똑같아.
  B でも、行(い)きます。 그래도 가겠습니다.

❷ A 寝(ね)ても起(お)きてもいつも子供(こども)の心配(しんぱい)をするのが親(おや)ですよ。
  자나 깨나 늘 자식 걱정하는 게 부모예요.
  B 私(わたし)もそんな親(おや)になれるんですかね。
  저도 그런 부모가 될 수 있을까요?

3 ～ても(～なくても) ➡ ～나 마나

★ 앞 문장의 사건을 실행했다 하더라도 대세에는 아무런 영향도 없다는 뜻일 경우

❶ A 今行っても何の役にも立ちやしない。

지금 가나 마나 아무 소용없어.

B でも、行かないよりはいいでしょう。 그래도 안 가는 것보단 낫겠지.

❷ A ダイエットしてもやせないね。 다이어트하나 마나 살이 안 빠져.

B 食べるからだよ。 먹으니까 그렇지.

4 いくら～ても ➡ 아무리 ~아도/어도

❶ A いくら使ってもいいんだって。 아무리 (많이) 써도 괜찮대.

B うらやましい。 부럽다.

❷ A いくら言い聞かせても言うこと聞かないんだよな。

아무리 타일러도 말을 안 듣는단 말이야.

B 困りましたね。 곤란하게 됐네요.

5 ～ても ➡ ~ㄹ/을지라도

★ 앞 문장의 사건이 성립됐다 하더라도 뒤 문장의 내용을 하지 않으면 안 된다는 뜻일 경우

❶ A ゲームに負けても泣いたりしちゃだめだよ。

게임에 질지라도 울거나 하면 안 돼.

B 分かった。 알았어.

❷ A ご飯食べられなくても勉強は止めないって、よくもまぁ、そんなことを言って。 밥은 굶을지라도 공부는 안 그만두겠다고 그래놓고는.
　B 僕は食べなきゃだめだね。 나는 안 먹으면 안 돼.

❻ それにしても ➡ 그건 그렇다 치고
　～といっても ➡ ～고 해도

❶ それにしても昨日の地震は怖かったですね。
　그건 그렇다 치고 어제 지진은 무서웠어요.

❷ すぐにできるといっても2、3日はかかるでしょう。
　금방 된다고 해도 2, 3일은 걸리겠죠.

비슷한 표현

'～나/으나' 와 '～아도/어도'

1) 나/으나 ⇒ 복수로 있는 것 중에 어느 쪽을 골라도 결과는 다를 바가 없다는 것을 나타낼 때
2) ～아도/어도 ⇒ 복수로 있는 것을 단순히 나열할 때
　① 今聞いても後で聞いても変わらないよ。
　　지금 들으나 나중에 들으나 마찬가지야.
　② 今聞いても後で聞いても変わらないよ。
　　지금 들어도 나중에 들어도 마찬가지야.

✏️ 「今聞くこと」를 해도 「後で聞くこと」를 해도 결과는 다를 바가 없다는 뜻일 때는 ①이 되고, 단순히 「今聞くこと」와 「後で聞くこと」를 열거할 경우에는 ②가 된다.

접속방법

▶ 동사 て형+ても

▶ いくら+동사 て형+ても

191 でも 〈조사〉
~라도/이라도, ~나/이나, ~나마/이나마, 아무+나

1 명사＋でも ➡ ~라도/이라도

★ 아무것도 안 하는 것보다는 그래도 어떤 일을 실행하는 것이 최소한의 가치라도 만들어 낸다고 하는 의미를 나타낼 때

❶ A 食事でも一緒にしましょう。 식사라도 같이 합시다.
　 B ありがとうございます。 고맙습니다.

❷ A コーヒーでもいかがですか。 커피라도 어떻습니까?
　 B いいですよ。 좋아요.

2 명사＋でも ➡ ~나/이나

★ 아무것도 안 하는 것보다 그래도 어떤 일은 하지만 결과적으로 그다지 가치를 만들어내지 못할 것으로 생각될 때

❶ A 暇だな。 심심해.
　 B テレビでも見ようっと。 텔레비전이나 봐야지.

❷ A 犬でも飼おうかな。 개나 키울까?
　 B 飼えるの? 키울 수 있어?

❸ 명사＋でも ➡ ～나마/이나마

★ 마지막으로 겨우 무엇인가를 건졌다는 의미를 나타낼 때

A この本(ほん)だけでも残(のこ)ったからよしとしましょう。
이 책이나마 남았으니 잘된 거라고 칩시다.

B そうだね。그러지.

❹ 부정사＋でも 아무＋「명사」・「조사」＋나

① どこにでも 아무 데나
② 何(なん)でも 아무거나, 아무 일이나, 무엇이나
③ 誰(だれ)にでも 아무한테나, 누구한테나
④ 誰(だれ)でも 아무나, 누구나
⑤ 誰(だれ)とでも 아무하고나, 누구하고나
⑥ いつでも 아무 때나, 언제나

192 でも〈접속사〉
그래도, 그렇지만

1 양보역접의 でも ➡ 그래도

A あの人、来ませんよ。行きましょう。 그 사람 안 와요. 갑시다.
B でも、私は待ちます。 그래도 전 기다리겠습니다.

2 단순역접의 でも ➡ 그렇지만

❶ A 本当にはらはらどきどきだったよ。 정말 조마조마했다.
　B でも、自身ありました。 그렇지만 자신 있었어요.

❷ A やれやれ、何とか間に合った。 아이고, 겨우 맞췄다.
　B でも、明日はどうしますか。 그렇지만 내일은 어떻게 해요?

✎ 꼭 오늘까지 입금을 시켜야 되는 상황에서 간신히 돈을 마련하여 입금을 시키고 나서 대화를 나누는 장면에서 사용하는 표현

Tip 間に合う

★「間に合う」는 정해진 시간·기한에 늦지 않게 잘 맞추거나 또는 어떤 필요를 충족시키거나 어느 정도 갖추어진 상태에 있음을 나타낸다. 우리말로는 '안 늦다, 어느 정도 있다, 어떻게 되다' 등으로 나타내는 것이 적당하다.

① 今から行って間に合うかな。 지금부터 가면 안 늦으려나?
② 電車に間に合う? 전철에 안 늦을까?
③ 酒なら間に合っているよ。 술이라면 어느 정도 있지.
④ テーブルがなくてもこれで間に合いますよ。
　　테이블 없어도 이걸로 어떻게 돼요.

193 〜てもいい

〜아도/어도 좋다, 〜아도/어도 괜찮다, 〜아도/어도 되다

★ 〜아도/어도 좋다
⇒ 어떤 움직임·상태에 대해 화자가 좋고 나쁨을 판단하는 내용일 때

〜아도/어도 괜찮다
⇒ 어떤 움직임·상태를 화자가 심정적으로 허용하는 내용일 때

〜아도/어도 되다
⇒ 어떤 움직임·상태에 대하여 그것이 사건으로서 성립이 되는지 안 되는지를 화자가 판단하는 내용일 때

★ 「〜ても」의 내용에 대해 화자가 좋다고 판단할 경우에는 '〜아도/어도 좋다'가 적당하고, 「〜ても」의 내용이 화자가 생각할 때 심정적으로 용납할 수 있는 것일 경우에는 '〜아도/어도 괜찮다'가 적당하며, 「〜ても」의 움직임·상태가 어떤 사안의 성립에 지장을 초래하는 것이 아니라는 화자의 판단이 내려지는 경우라면 '〜아도/어도 되다'가 적당하다.

1 동사+てもいい ➡ 〜아도/어도 좋다, 〜아도/어도 괜찮다, 〜아도/어도 되다

❶ A もう何食べてもいいですよ。 이제 뭘 먹어도 좋습니다.
　 B ありがとうございます。 고맙습니다.
　 A それから、お酒飲んでもいいです。 그리고 술 드셔도 괜찮습니다.
　 B あ、嬉しい。 아, 살맛 나네.

❷ A その靴、履いてもいいですよ。 그 구두 신어도 돼요.
　 B 私には大きいですよ。 저한테는 커요.

❸ A 知らなくてもいいよ。 몰라도 돼.
　 B でも、知りたい。 그래도 알고 싶어.

❷ 형용사＋てもいい ➡ ~아도/어도 좋다, ~아도/어도 괜찮다, ~아도/어도 되다

❶ A 遠（とお）くてもいいから、いい店（みせ）教（おし）えて下（くだ）さい。
　　멀어도 괜찮으니까 좋은 집 가르쳐 주십시오.
　 B ちょっと遠（とお）いけど、ありますよ。 좀 멀지만 있습니다.

❷ A 高（たか）くてもいいですよ。 비싸도 좋아요.
　 B 分（わ）かりました。用意（ようい）しましょう。 알았습니다. 준비하지요.

접속방법

▶ 동사 て형＋てもいい
▶ 형용사 어간＋く＋てもいい

194 〜てもかまわない
〜아도/어도 괜찮다

❶ A 明日なら来てもかまいません。 내일이라면 와도 괜찮습니다
　 B じゃ、明日伺います。 그럼 내일 가겠습니다.

❷ A あ、疲れた！ 아, 피곤하다.
　 B 横になってもかまいませんよ。 누우셔도 괜찮아요.

❸ A 多くてもかまいませんよ。 많아도 괜찮아요.
　 B でも、本当に多いですよ。 그렇지만 정말 많아요.

접속방법

▶ 동사 て형 + てもかまわない

▶ 형용사 어간 + く + てもかまわない

195 〜でもって
〜로/으로

❶ A 今じゃ飛行機でもってどこにでも行ける時代だからね。
지금은 비행기로 어디든지 갈 수 있는 시대니까 말이야.
B 昔じゃ想像もつかないですよね。옛날에는 상상도 못했지요.

❷ A 今玄関に着きました。지금 현관에 도착했습니다.
B さぁ、拍手でもって歓迎しましょう。자, 박수로 환영합시다.

접속방법

▶ 명사 + でもって

196 〜でもない

〜도 아니다, 〜지도 않다

1 명사+でもない ➡ 〜도 아니다

❶ A じゃ、恋人(こいびと)ですか。 그럼 애인이에요?
　B いや、恋人(こいびと)でもないですね。 아뇨, 애인도 아니에요.

❷ A あの店(みせ)でもないな。 저 집도 아닌데.
　B じゃ、どこなの？ 그럼 어디야?

2 형용동사+でもない ➡ 〜지도 않다

❶ A じゃ、素直(すなお)ですかね。 그럼 성품이 반듯한가요?
　B いいえ、素直(すなお)でもないですね。 아뇨, 반듯하지도 않아요.

❷ A その人(ひと)、どうですか。 그 사람 어때요?
　B 別(べつ)に好(す)きでもないし、嫌(きら)いでもないですよ。
　　뭐 좋아하지도 않고 싫어하지도 않아요.

접속방법

▶ 명사+でもない
▶ 형용동사 어간+でもない

197 〜でもないのに
〜도 아닌데, 〜지도 않는데

① 명사＋でもないのに ➡ 〜도 아닌데

A 休みでもないのに人多いね。 노는 날도 아닌데 사람 많네.
B 今日休みだよ。 오늘 노는 날이야.

② 형용동사＋でもないのに ➡ 〜지도 않는데

A 好きでもないのにまた会うの？ 좋아하지도 않는데 또 만나?
B だって、しつこいんだもの。 귀찮게 구는 걸 어떻게 해.

접속방법

▶ 명사＋でもないのに
▶ 형용동사 어간＋でもないのに

198 〜てもらう

〜てもらいます ⇒ 〜아/어 주세요
〜てもらえますか ⇒ 〜아/어 줄래요?
〜てもらえません(でしょう)か ⇒ 〜아/어 줄 수 없겠습니까?
〜てもらおう ⇒ 〜라고/으라고 하자(3인칭), 〜게(2인칭)
〜てもらいたい ⇒ 〜았/었으면 좋겠다
〜てもらって下さい ⇒ 〜아/어 달라고 하십시오

★「〜てもらう」와 같은 의미기능을 가진 우리말 표현은 없다. 일부 '이어받다, 물려받다'처럼 '〜아/어 받다'를 사용하는 말이 없는 것은 아니지만 일본어의 「〜てもらう」와는 만들어낼 수 있는 표현의 생산성에 있어서 근본적으로 다르다. 「〜てもらう」에 있어서 「て」의 주체는 화자가 아닌 다른 사람이나 존재이며 그 주체가 일으키는 동작을 「もらう」하는 것이 화자이다. 따라서 이 표현은 모든 동사에 적용시켜 쓸 수 있는 것이 특징인데 우리말에서는 이러한 표현을 모든 동사에 적용시키는 것이 불가능하므로 '〜아/어 받다'가 아닌 '〜아/어 주다'로 바꿔 표현할 수밖에 없다. 단 「한자어 명사+받다」의 경우에는 「〜てもらう」와 아주 흡사한 문법구조를 가지고 있기 때문에 「한자어 명사+받다」를 「てもらう」로 표현할 수도 있다. '전달받다(渡してもらう), 소개받다(紹介してもらう), 양도받다(譲ってもらう), 칭찬받다(誉めてもらう), 인도받다(引き渡してもらう)' 등의 예가 그렇다.

① 〜てもらいます ⇒ 〜아/어 주세요

❶ A 高橋さんには3階を担当してもらいます。
다카하시 씨는 3층을 담당해 주세요.
B 頑張ります。열심히 하겠습니다.

❷ A 6時までに帰って来てもらいます。6시까지는 돌아와 주세요.
B 遅れたらどうしますか。늦어지게 되면 어떻게 하죠?

❷ ～てもらえますか ➡ ～아/어 줄래요?

❶ A ここに入れてもらえますか。 여기에 넣어 줄래요?
   B 小さくないですかね。 작지 않겠어요?

❷ A 今日ちょっと残ってもらえますか。 오늘 좀 남아 줄래요?
   B ごめんなさい。用事があって。 미안합니다. 볼일이 있어서.

❸ ～てもらえません(でしょう)か ➡ ～아/어 줄 수 없겠습니까?

❶ A 7日まで待ってもらえませんでしょうか。
     7일까지 기다려 줄 수 없겠습니까?
❷ B 7日までですよ。 7일까지입니다.

❹ ～てもらおう ➡ ～라고/으라고 하자(3인칭), ～게(2인칭)

❶ A 彼には是非出席してもらおう。 그 친구한테 꼭 출석하라고 하자.
   B そうしよう。 그러자.

❷ A 中村さんにも出てもらおうよ。 나카무라 씨한테도 나오라고 하자.
   B それがいい。 그게 좋겠다.

❸ A 悪いが、明日から休んでもらおう。 미안하지만 내일부터 쉬게.
   B なぜですか。 왜입니까?

❺ ～てもらいたい ➡ ～았/었으면 좋겠다

❶ A ちょっと電話してもらいたいんだけど。
　　　전화 좀 해 줬으면 좋겠는데.

　B どこにですか。어디에요?

❷ A 先に行ってもらいたい。먼저 가 주었으면 좋겠어.
　B 分かりました。알았어요.

❻ ～てもらって下さい ～아/어 달라고 하십시오

A 彼に出てもらって下さい。그 친구한테 나와 달라고 하십시오.
B 彼に言うのか。그 친구한테 이야기하는 거야?

접속방법

▶ 동사て형 + てもらう

199 〜てやる
〜아/어 주다

❶ A 教えてやった? 가르쳐 줬어?
　B はい。書いてやりました。 예. 써 줬어요.

❷ A カバンも持ってやったの? 가방도 들어 줬어?
　B はい。もちろんです。 예. 물론이에요.

비슷한 표현
⇒ 「〜てあげる」의 항목 참조(p.255)

접속방법
▶ 동사 て형 + てやる

200 ～てよ
～아라/어라, ～아/어 줘라, ～아/어

★ 「접속조사て＋종조사よ」로 구성된 표현으로 동년배 또는 손아랫사람에 대하여 친근하게 명령표현을 쓰고 싶을 때 사용하는 표현

❶ A ハンバーガーぐらいおごってよ。 햄버거 정도 한턱내라.
　 B 分かった、分かったよ。 알았다 알았어.

❷ A 新しい時計、買ってあげてよ。 새 시계 사 줘라.
　 B 金ない。 돈 없어.

❸ A ね、ちょっと話、聞いてよ。 저기, 이야기 좀 들어 봐.
　 B どうしたの? また。 왜 그래? 또.

접속방법

▶ 동사て형+てよ

201 〜てるのよ (〜てるんだよ)
〜는 거야

★ 「〜てるのに」는 여자가 주로 많이 쓰고 「〜てるんだよ」는 남성이 주로 많이 쓴다.

❶ A やめて下さいよ。 그만두세요.
　B あなたのために言ってるのよ。 널 위해서 이야기하는 거야.

 Tip あなた/あんた/君/お前/自分/そっち/お宅

① 친한 사이

あなた 당신, 너(여자)　あんた 너　君 너, 자네(정중)　お前 너
自分 자기　そっち 그쪽　お宅 댁

② 서로 모르는 사이

あなた 댁, 그쪽, 선생님(남자)　あんた 당신　君 자네　お前 너
自分 자기　そっち 그쪽　お宅 댁

❷ A どこ見てるんだよ。 어디 보는 거야?
　B 何も見てないよ。 아무것도 안 봐.

❸ A もうちょっと待って。 좀더 기다려.
　B 何してるのよ。全く。 뭐 하는 거야. 도대체.

접속방법

▶ 동사 て형 + てるのよ(てるんだよ)

202 ～てんの
～는 거야

❶ A そんなところで何してんの? 그런 데서 뭐 하는 거야?
　B お酒飲んでんの。 술 마시는 거야.

❷ A 何言ってんの? 무슨 말하는 거야?
　B 何が? 뭐가?

접속방법

▶ 동사 て형+てんの

203 と〈격조사・접속조사〉
~하고・~와/과・~랑/이랑, ~라고/이라고, ~면/으면

1 격조사의 と ➡ ~하고, ~와/과, ~랑/이랑

★ 회화체에서 쓰이는 「と」는 '~하고, ~랑/이랑'이 적당하고, 문장체에서 쓰이는 「と」는 기본적으로 '~와/과'가 적당하다.

❶ A 何買ったの？ 뭐 샀어?
　B みかんとリンゴを買いました。
　　귤하고 사과를(귤이랑 사과랑) 샀어요.

❷ A 今度の出張はどこに？ 이번 출장은 어디에?
　B 名古屋と大阪へ行きます。
　　나고야와 오사카에(나고야랑 오사카랑) 갑니다.

❸ A パパと一緒に行こう。
　　아빠와(아빠랑) 같이 가자.
　B ママがいい。 엄마가 좋아.

2 ~という ➡ ~라고/이라고 하다

A あれは何と言いますか。 저건 뭐라고 해요?
B よく分かりません。 잘 모르겠습니다.

❸ 접속조사의 と ➡ ~면/으면

❶ A あの人が来ないとできません。 그 사람이 안 오면 못합니다.
　B じゃ、待ちましょう。 그럼 기다립시다.

❷ A キャンセルしてもいいんですよ。 취소해도 됩니다.
　B その場合だとお金はどうなるのですか。
　　그 경우에는(그런 경우라면) 돈은 어떻게 됩니까?

❹ 접속조사의 と ➡ ~자

★ 앞 문장이 거의 끝나갈 무렵에 뒤 문장의 새로운 움직임이나 상태로 바뀌어 나감을 나타내는 표현으로 기본적으로 문장체에서만 사용된다.

その人は外に出ると走り出した。
그 사람은 밖에 나오자 뛰기 시작했다.

접속방법

▶ 명사+と
▶ 각 종지형+と

204 ～という
～라고/이라고 하는, ～ㄴ/는다고 하는, ～는

❶ 명사+という ➡ ～라고/이라고 하는

❶ A この日本という国はどうなっているんだ。
이 일본이라고 하는 나라는 도대체 어떻게 된 거야.

B 本当にそうですね。心配ですね。 정말 그렇게 말입니다. 걱정입니다.

❷ A 何千何万という人が集まったって話だよ。
몇천몇만이라고 하는 사람이 모였다는 이야기야.

B そりゃそれくらい有名ですからね。 그야 그 정도로 유명하니까요.

❷ 각종 종지형+という ➡ ～는, ～ㄴ/는다고 하는

❶ A 先に帰るという話だったでしょう。 먼저 간다는 이야기였잖아.

B いや、ちょっとまだ用があって。 아니, 아직 조금 일이 있어서.

❷ A そこなら大丈夫だという噂です。 거기라면 괜찮다는 소문입니다.

B 確かめて見て下さい。 확인해 보세요.

❸ A 導入部分が甘いという結論でした。
도입부분이 미진하다는 결론이었습니다.

B 予想外だな。 예상외구먼.

❸ いざという時(とき)は ➡ 만약에
人(ひと)という人(ひと)はみんな ➡ 사람이란 사람은 죄(온통)
今度(こんど)という今度(こんど)は ➡ 이번에야말로

접속방법

▶ 명사 + という
▶ 각종 종지형 + という

205 〜ということ
〜는 이야기(입니다)

❶ 명사+だということ ➡ 〜라는/이라는 이야기

A あの弾(ひ)き方(かた)は凄(すご)いですね。 너무 잘 치네요.
B 本物(ほんもの)のプロだということ。 진짜 프로라는 이야기지.

❷ 동사・형용사・형용동사+ということ ➡ 〜다는 이야기

❶ A 全(まった)く誠意(せいい)がなかったということですよ。
  전혀 성의가 없었다는 이야기지요.
  B 申(もう)し訳(わけ)ありません。 죄송합니다.

❷ A 何(なに)も考(かんが)えていなかったということだろう。
  아무 생각도 없었다는 이야기지.
  B いいえ、ちゃんと考(かんが)えていました。 아니에요, 열심히 생각했어요.

❸ A 来週(らいしゅう)行(い)くということでしょう。 다음 주에 간다는 이야기겠죠.
  B そうですかね。 그럴까요?

접속방법

▶ 명사+だということ
▶ 각종 종지형+ということ

206 ～といってね
～라고/이라고 해서 말이야

❶ A これ、エルメスといってね、高いものだよ。
　　이거 에르메스라고 해서 말이야 비싼 거야.

　 B 知っているよ。それぐらいは。 알고 있어. 그 정도는.

❷ A テコンドーといってね、韓国の空手だって。
　　태권도라고 해서 말이야 한국의 가라테래.

　 B 空手と同じなのかな。 가라테하고 같으려나?

접속방법
▸ 명사 + といってね

207 ～といっても
~고 해도

❶ ～といっても ➡ ~고 해도

A 5月(がつ)といってもまるで夏(なつ)みたいだね。 5월이라고 해도 꼭 여름 같네.
B 本当(ほんとう)に暑(あつ)いですね。 정말 덥네요.

❷ 말머리의 といっても ➡ 그렇다고 해도

A 大丈夫(だいじょうぶ)だよ。練習(れんしゅう)しておけば。 괜찮아. 연습해 두면.
B といってもね、司会(しかい)なんかやったことないんだし。
그렇다고 해도 말이야, 사회같은 거 해 본 적도 없고.

── 접속방법 ──

▶ 명사+といっても

208 どうせ～から
어차피 ～니까/으니까

❶ A どうせ寄るからもらってくるよ。어차피 들르니까 받아 오지 뭐.
　B じゃ、頼むね。그럼 부탁할게.

❷ A どうせ後で会うんだから伝えておきます。
　　어차피 나중에 만나니까 전해 놓겠습니다.
　B じゃ、ついでにこれも渡しといてくださいね。
　　그럼 겸사겸사 해서 이것도 전해 주세요.

209 とおり
~는 대로, ~ㄴ/은 대로

1 동사 현재 연체형+とおり ➡ ~는 대로

A 俺の言うとおりにしろ。 내가 시키는 대로 해.
B 助けて下さい。 살려 주세요.

2 동사 て형+た とおり ➡ ~ㄴ/은 대로

❶ A 昨日も言ったとおり今日からが勝負です。
   어제도 말한 대로 오늘부터가 승부입니다.
  B 頑張りましょう。 열심히 합시다.

❷ A 思ったとおりのことをやっていいんですよ。
   생각한 대로 그 일을 해도 좋습니다.
  B 最善を尽くします。 최선을 다하겠습니다.

접속방법

▶ 동사 현재 연체형+とおり
▶ 동사 て형+た+とおり

210 とか

명사+라든지/이라든지, 명사+인가 하는,
형용사+다든지 · 동사+ㄴ/는다든지

① 명사+とか ➡ ~라든지/이라든지

❶ A 毎日洗濯とか掃除とかに追われ、休む暇がないわ。
   매일 빨래라든지 청소라든지에 쫓겨서 쉴 틈이 없어.

   B 旦那さんは手伝ってくれないの? 남편이 안 도와 줘?

❷ A これにキムチとか豆腐とかを入れるわけ。
   여기에 김치라든지 두부라든지를 넣는 거야.

   B 美味しそう。맛있겠다.

② 명사+とかいう ➡ ~인가 하는

A ネンミョンとかいうもの、何? 냉면인가 하는 거 뭐야?

B 冷麺のことですよ。레이멘 말하는 거예요.

③ 활용어 종지형+とか ➡ 「형용사 어간」+다든지, 「동사 어간」+ㄴ/는다든지

❶ A 電話するとかメールするとか、すればいいじゃない。
   전화한다든지 메일을 보낸다든지 하면 좋잖아.

   B そんな状況じゃありませんでした。그럴 상황이 아니었습니다.

❷ A 美味しいとか美味しくないとか、そんな問題じゃない。
　　　맛이 있다든지 없다든지 그런 문제가 아니야.
　B じゃ、何ですか。그럼 뭡니까?

접속방법

▶ 명사+とか
▶ 각종 종지형+とか

211 ところ

명사+のところ ⇒ ~은/는, ~로서는/으로서는
동사 현재 연체형+ところ ⇒ ~는 참, ~는 것
동사 현재 연체형+ているところ ⇒ ~고 있던 참, ~는 것
동사 オ단 어미+う/ようとするところ ⇒ ~려는/으려는 참,
　　　　　　　　　　　　　　　　　　~려는/으려는 것
동사 オ단 어미+う/ようとしているところ ⇒ ~려던/으려던 참,
　　　　　　　　　　　　　　　　　　　　~려는/으려는 것
동사 て형+たところ ⇒ 막 ~았/었, ~는데
동사 て형+たところだった ⇒ 막 ~았/었을 때였다
동사 オ단 어미+う/ようとしていたところ ⇒ ~려고/으려고 하던 참,
　　　　　　　　　　　　　　　　　　　　~려고/으려고 하는 것
동사 현재 연체형+ところだった ⇒ ~ㄹ/을 뻔했다

① 명사+のところ ⇒ ~은/는, ~로서는/으로서는

★ 「ところ」앞에 오는 내용을 화자가 단순히 제시의 의미로 나타내고 싶을 때는 '~은/는'이 적당하고, 놓여진 상황 등을 화자가 돌이켜 보면서 상대방에게 내용을 전달할 경우에는 '~로서는/으로서는'이 적당하다.

❶ A 今日のところはこの辺で終わりにしましょう。
　　오늘은 이쯤에서 끝내기로 하죠.
　 B お疲れ様でした。 수고하셨습니다.

❷ A 最近どうですか。 요새 어때요?
　 B 今のところ、調子いいですよ。 지금으로서는 컨디션 좋아요.

341

❷ 동사 현재 연체형＋ところ ➡ ~는 참
**　동사 현재 연체형＋ところ＋조사 ➡ ~는 것**

❶ A 今出かけるところですけど。지금 나가는 참인데요.

　B ちょうどよかった。마침 잘됐다.

❷ A 私を見たって? 날 봤다고?

　B そう、映画館に入るところを見た。응, 극장에 들어가는 걸 봤어.

❸ 동사 현재 연체형＋ているところ ➡ ~고 있던 참
**　동사 현재 연체형＋ているところ＋조사 ➡ ~는 것**

❶ A 何しているの? 뭐 해?

　B テレビ見ているところ。텔레비전 보고 있던 참이야.

❷ A 先週の土曜日、ミョンドンを歩いているところを見たよ。
　　지난 주 토요일에 명동 걸어가는 걸 봤다.

　B 人違いでしょう。사람 잘못 봤겠죠.

❹ 동사 オ단 어미＋う/ようとするところ ➡ ~려는/으려는 참
**　동사 オ단 어미＋う/ようとするところ＋조사 ➡ ~려는/으려는 것**

❶ A みんなで写真取ろうとするところです。
　　모두 같이 사진 찍으려는 참이에요.

　B 俺も取ろう。나도 찍어야지.

❷ A 写真取ろうとするところを邪魔されました。
　　사진 찍으려고 하는 걸 방해했어요.
　B 意地悪だね。 심술궂구먼.

✎ 누군가가 자신들이 사진 찍으려는 것을 방해했다는 의미

❺ 동사 オ단 어미+う/ようとしているところ ➡ ~려던/으려던 참
　 동사 オ단 어미+う/ようとしているところ+조사
　　　　　　　　　　　　　　　➡ ~려는/으려는 것

❶ A お昼、食べました？ 점심 먹었어요?
　B 今食べようとしているところ。 지금 먹으려던 참이야.

❷ A 逃げようとしているところを捕まえましたよ。
　　도망가려는 걸 잡았어요.
　B よくやってくれた。 잘했다.

❻ 동사 て형+たところ ➡ 막 ~았/었
　 동사 て형+たところ ➡ ~는데

❶ A どこ？ 어디?
　B 今着いたところ。 지금 막 도착했어.

❷ A どんな感じだった？ 어떤 분위기였어?
　B ちょっと見たところ、良さそうでしたね。
　　잠깐 봤는데 괜찮을 것 같았어요.

343

❼ 동사 て형+たところだった ➡ 막 ~았을/었을 때

A コンサートも終わったところでしたね。
콘서트도 막 끝났을 때였어요.

B 大変な人込みだったでしょう。 사람 무지하게 많았죠?

❽ 동사 어간+う/ようとしていたところ ➡ ~려고/으려고 하던 참
　동사 어간+う/ようとしていたところ+조사
➡ ~려고/으려고 하는 것

❶ A まだいたのか。よかった。 아직 있었어? 잘됐다.

B もう帰ろうとしていたところでしたよ。 이제 가려고 하던 참이었어요.

❷ A 会議を始めようとしていたところを止めさせました。
회의를 시작하려고 하는 걸 그만두게 했습니다.

B ご苦労様でした。 수고하셨습니다.

❾ 동사 현재 연체형+ところだった ➡ ~ㄹ/을 뻔 했다

A 運転、気をつけなさい。 운전 똑바로 해요.

B 車に轢かれるところだったね。 차에 치일 뻔 했네.

✎ 하마터면 차에 치일 뻔한 두 사람이 운전수에게 한마디 하면서 대화를 나누는 장면에서 쓰이는 표현

❿ ~どころじゃない ➡ ~ㄹ/을 정신이 없다

A ご飯は？ 밥은?

B それどころじゃないよ。 그럴 정신이 없어.

접속방법

- ▶ 명사+のところ
- ▶ 동사 현재 연체형+ところ
- ▶ 동사 현재 연체형+ところ+조사
- ▶ 동사 현재 연체형+ているところ
- ▶ 동사 현재 연체형+ているところ+조사
- ▶ 동사 オ단 어미+う/ようとするところ
- ▶ 동사 オ단 어미+う/ようとするところ+조사
- ▶ 동사 オ단 어미+う/ようとしているところ
- ▶ 동사 オ단 어미+う/ようとしているところ+조사
- ▶ 동사 て형+た+ところ
- ▶ 동사 オ단 어미+う/ようとしていたところ
- ▶ 동사 オ단 어미+う/ようとしていたところ+조사
- ▶ 동사 현재 연체형+ところだった

212 〜どころ
〜ㄹ/을 만한 곳

❶ A まさに腕(うで)の見(み)せ所(どころ)ですね。 그야말로 진수를 보여 줄 만한 곳이군요.
　 B 期待(きたい)しております。 기대하고 있습니다.

❷ A ここが見(み)どころですね。 여기가 제일 볼만한 곳이죠.
　 B 楽(たの)しみですね。 기대가 되네요.

접속방법

▶ 동사 연용형 + どころ

213 ～どころか
～기는커녕

❶ A 寒いどころかむしろ暑い方でしたよ。
　　춥기는커녕 오히려 더운 편이었어요.
　B 嘘でしょう！ 거짓말이지.

❷ A あの人、働くどころか働く人を邪魔していますよ。
　　저 사람 일하기는커녕 일하는 사람 방해하고 있어요.
　B 呼んできて。불러 와.

접속방법

▶ 동사・형용사 연체형+どころか

214 〜としたことが
이게 무슨 짓이야!

★ 뜻하지 않게 실수, 실패를 하여 이럴 수가 있냐라는 기분을 느낄 때 쓰는 표현

❶ A 俺(おれ)としたことが…。내가 이게 무슨 짓이야.
　B どうしたんですか。왜 그러세요?

❷ A 何(なに)かあったんですか。무슨 일 있었어요?
　B 私(わたし)としたことが、ついあがってしまって…。
　　제가 이게 무슨 짓입니까. 사람들 앞에서 긴장을 해 가지고.

접속방법
▶ 명사+としたことが

215 として
~로서/으로서

1 명사+として ➡ ~로서/으로서

A 本当に素晴らしいですね。 정말 대단하시네요.
B 親として当たり前ですよ。 부모로서 당연하지요.

2 それはそれとして ➡ 그건 그렇다 치고

A まあ、それはそれとして、では次の議題に移りましょう。
뭐, 그건 그렇다 치고 그럼 다음 의제로 넘어갑시다.
B 一つだけいいですか。 한 가지만 괜찮겠습니까?

✎ 다음 의제로 넘어가려는 진행자에게 한 가지만 더 짚고 넘어가도 되겠느냐고 제안하는 장면에서 쓰이는 표현

3 として+부정 ➡ 단 ~도

A 一人として合格したものがいない。 단 한 사람도 합격한 사람이 없어.
B 本当ですか。 정말이에요?

4 一日として ➡ 단 하루도
一つとして ➡ 단 한 개도

접속방법

▶ 명사+として

▶ 명사+として+부정표현

216 途中で・途中に
길에, 도중에

★ 「途中で」와 「途中に」를 나누어 쓰는 기준은 「で」와 「に」에 있다. 기본적으로 도중에 무엇인가가 존재한다는 뜻으로 쓰고 싶을 때는 「途中に」가 적당하고, 도중에 무엇인가 움직임이 있었다는 뜻으로 쓰고 싶을 때는 「途中で」가 적당하다.

★ 「途中で」는 기본적으로 '~는 길에'와 '~는 도중에' 양쪽 다 쓸 수 있는 것 같고, 「途中に」는 '~는 도중에'가 더 적당하다.

❶ A 会社行く途中にコンビニがあるでしょう。
　　　회사 가는 도중에 편의점 있죠?

　B あるよ。있지.

❷ A ここに来る途中であの人に会ったよ。
　　　여기 오는 길에(도중에) 그 사람 만났어.

　B あの人って、誰? 그 사람이라니 누구?

❸ A 家に帰る途中で気がついたらしい。
　　　집으로 돌아가는 길에(도중에) 안 모양이야.

　B それでどうなったの? 그래서 어떻게 됐어?

접속방법

▶ 동사 연체형＋途中で、途中に

217 ～とは(も)いえない
~고는 (말)할 수 없다(못하다), ~고도 (말)할 수 없다(못하다)

❶ A 出来ましたか。 다 됐습니까?
　B 出来たとは言えないですね。 다 됐다고는 할 수 없네요.

❷ A 行くんですか。 가는 겁니까?
　B 行くとも言えないよな。 간다고도 말 못하겠군.

❸ A ここから近いですか。 여기에서 가까워요?
　B 近いとは言えないですね。 가깝다고는 할 수 없죠.

❹ A 美人ですか。 미인입니까?
　B 美人とは言えません。 미인이라고는 못합니다.

접속방법

▶ 각종 종지형+とはいえない、ともいえない

218 ～とは(も)限らない
～고만은 못하다, ～고만 할 수 없다

❶ A 12月とは限らない。 12월이라고만은 못해.
　B そうなったら大変だよ。 그렇게 되면 큰일이야.
　✎ 12월에 끝난다고도 장담을 못한다고 하는 상대방에 대해 그 기일에 맞추지 못하면 큰일난다고 하는 장면에서 쓰이는 표현

❷ A 彼が出すとも限りませんよ。 그 사람이 낸다고만도 못해요.
　B 出すと言っていましたよ。 낸다고 했어요.

❸ A 必ずしも忙しいとは限りません。 꼭 바쁘다고만은 못해요.
　B いつが比較的暇ですか。 언제가 비교적 한가합니까?

❹ A そこが静かだとも限らないよ。 거기가 조용하다고만도 못해.
　B どうしようかな。 어떻게 할까?

접속방법

▶ 각종 종지형＋とは限らない、とも限らない

219 な 〈종조사〉

~지 마, ~아/어, ~네, ~군(구만), ~지, ~말이야

❶ 동사 종지형+な ➡ ~지 마

★ 반말 금지 명령을 나타내는 표현

❶ A お前は知らないよな。 너는 모르지?
　 B 人をばかにするな。 사람을 바보 취급하지 마.

❷ A 押すなよ。 밀지 마.
　 B 押してないよ。 안 밀었어.

❷ 동사 연용형+な ➡ ~아/어

★ 우리말에는 이 표현에 해당하는 말이 없기 때문에 부드러운 명령의 의미를 가지고 있는 '~아/어'로 나타내는 것이 적당하다.

❶ A 奈央ちゃん、こっちへ来な。 나오, 이리 와.
　 B はい。 네.

❷ A お腹すいた！ 아이고, 배고파.
　 B 早く食べな。 얼른 먹어

❸ 각 활용어의 종지형＋な ➡ ～네

★ 화자가 지금 느끼거나 생각하거나 하는 것을 감탄 · 영탄조로 말할 때 사용하는 표현

❶ A 温泉、また行きたいな。 온천 또 가고 싶네.
　 B 本当によかったよね。 정말 좋았지?

❷ A 映画のタイトルは何でしたか。 영화 제목이 뭐였어요?
　 B そうだな。思い出せないな。 글쎄, 기억이 안 나네.

❸ A あの店でもないな。 저 집도 아니네.
　 B じゃ、どこなの? 그럼 어디야?

❹ 활용어의 종지형＋な ➡ ～군(구먼)

★ 상대방의 이야기를 듣거나 또는 주변상황을 보거나 하므로서 비로소 어떤 사실을 알거나 깨닫거나 하는 것을 감탄 · 영탄조로 나타낼 때 사용하는 표현

❶ A 国によって基準が違います。 나라에 따라 기준이 다릅니다.
　 B それはややこしいな。 그거 복잡하구먼.

❷ A 失敗したな。 실패했구나!
　 B 申し訳ありません。 죄송합니다.

❸ A 分析結果によってはやり直しだな。
　　 분석결과에 따라서는 다시 해야 하겠구먼.
　 B まさか。 설마.

5 활용어의 종지형+な ➡ ~지

★ 화자가 자신의 판단에 대하여 그것이 틀리는 것이 아님을 상대방에게 동의를 구하거나 또는 다짐을 받거나 하는 경우에 사용하는 표현

❶ A お前じゃ勝つわけないな。 너로는(너가지고는) 이길 턱이 없지.
   B どうしてよ？ 어째서?

❷ A あの人も行くんだよな。 그 사람도 가는 거지?
   B 行くと言っていたよ。 간댔어.

❸ A 本当にこれが最後だな？ 정말 이게 마지막이지?
   B そうですよ。 그래요.

6 간투조사의 な ➡ ~말이야

★ 화자가 말 중간마다 끼워 넣어 어조를 고를 때 사용하는 표현

A 彼はな、今回は来ないと言うんだよ。
   그 사람 말이야 이번에는 안 온다는 거야.

B あ、そうですか。 아, 그렇습니까?

접속방법

▶ 동사 종지형+な
▶ 동사 연용형+な
▶ 각 활용어의 종지형+な

220 ない

안+동사·형용사·있다, 동사·형용사·있다+~지 않다

1 동사 부정형＋ない ➡ 안+「동사」, 「동사」+지 않다

★ 부정의 범위가 동사에 한정되는 경우 ⇒ 안+「동사」
부정의 범위가 문장 전체에 미치는 경우 ⇒ 「동사」+지 않다

❶ A どうするつもり？ 어떻게 할 거야?
  B 俺は行かないよ。 나는 안 가.

❷ A メガネ、かけないんですか。 안경 안 쓰세요?
  B コンタクトしてますから。 콘택트렌즈 끼니까요.

❸ A 後悔しないの？ 후회 안 해?
  B しません。 안 합니다.

📎 한자어+しない ⇒ 「한자어 명사」+안 하다

2 형용사·형용동사＋ない ➡ 안+「형용사」, 「형용사」+지 않다

★ 부정의 범위가 형용사에 한정되는 경우 ⇒ 안+「형용사」
부정의 범위가 문장 전체에 미치는 경우 ⇒ 「형용사」+지 않다

❶ A その服、高くない？ 그 옷 안 비싸? (그 옷 비싸지 않아?)
  B ちょっと。 조금.

❷ A キムチ、辛いでしょう。 김치 맵지?
  B そんなに辛くないよ。 그렇게 안 매워. (맵지 않아)

❸ ～くはない ➡ ～지는 않다　～くもない ➡ ～지도 않다
　 ～ではない ➡ ～지는 않다　～でもない ➡ ～지도 않다

❶ A 安(やす)い？ 싸?
　 B 思(おも)ったほど安(やす)くもないね。 생각한 것만큼 싸지도 않아.

❷ A お母(かあ)さん、元気(げんき)？ 어머니 건강해?
　 B 元気(げんき)ではないけど悪(わる)くもないよ。 건강하지는 않지만 나쁘지도 않아.

❹ (～있다)류의 단어＋ない ➡ ～없다

❶ A 昨日(きのう)の映画(えいが)、どうだった？ 어제 영화 어땠어?
　 B あまり面白(おもしろ)くないよ。 별로 재미없었어.

❷ A この芋(いも)、美味(おい)しくないね。 이 감자, 맛없네.
　 B 私(わたし)のは美味(おい)しいんだけど。 내 건 맛있는데.

❺ ～できない・가능 동사＋ない ➡ 못＋「동사」, 「동사 어간」＋못하다

★ 부정의 범위가 동사에 한정되는 경우 ⇒ 못＋「동사」
　부정의 범위가 문장 전체에 미치는 경우 ⇒ 「동사」＋지 못하다

❶ A お金(かね)がないので買(か)えない。 돈이 없어서 못 사.
　 B 貸(か)そうか。 빌려 줄까?

❷ A 行(い)くと言(い)って。 간다고 해.
　 B 約束(やくそく)はできない。 약속은 못해.

❸ A ここではタバコを吸(す)うことができません。
　　 여기에서는 담배를 피우지 못합니다.
　 B ごめんなさい。 죄송합니다.

❻ 부정사＋(に)も＋ない ➡ 아무 ~도 없다
부정사＋でも＋ない ➡ 아무 ~도 아니다

❶ A 誰(だれ)かいた? 누가 있었어?
　 B いいえ、誰(だれ)もいませんでした。아뇨, 아무도 없었어요.

❷ A 太郎(たろう)、どこにもいないよ。다로, 아무 데도 없어.
　 B どこに行(い)ったんだろう。어디 갔지?

❸ A 何(なに)かありました? 무슨 일 있었어요?
　 B 何(なに)もありませんよ。아무 일도 없어요.

❹ A 何(なに)か隠(かく)してんの? 뭐 숨기니?
　 B 何(なん)でもありません。아무것도 아니에요.

❼ 부정사＋も/にも/とも＋しない
　 ➡ 아무 ~도 안 ~, 아무 ~도 ~지 않다
부정사＋も/にも/とも＋できない ➡ 아무 ~도 못 ~

❶ A どうして何(なに)も言(い)わないんですか。왜 아무 말도 안 해요?
　 B 別(べつ)に言(い)うことありません。특별히 말할 게 없어요.

❷ A それ、お姉(ねえ)ちゃんにあげるの? 그거 언니한테 줄 거니?
　 B 誰(だれ)にもあげないよ。아무한테도 안 줄 거야.

❸ A 言(い)わなきゃ分(わ)からないでしょう! 말 안 하면 모르잖아.
　 B 誰(だれ)ともお話(はな)したくないの。아무하고도 말하고 싶지 않아.

❹ A 言(い)ってよ。말해.
　 B これは誰(だれ)にも言(い)えません。이건 아무한테도 말 못해요.

❽ 全然+ない/しない/できない ➡ 하나도 없다/안 하다/못하다

❶ A 食べたいものが全然(一つも)なかったね。 먹고 싶은 게 하나도 없었어.
   B それは残念。 그거 안됐다.

❷ A 今日は何で全然勉強しないの？ 오늘은 왜 공부 하나도 안 해?
   B 今日は勉強しない日です。 오늘은 공부 안 하는 날이에요.

❸ A 英語出来ますか。 영어 할 수 있어요?
   B 全然出来ません。 전혀 못합니다.

✎ 이 예문에 있어서의 '영어'처럼 그 내용을 하나하나 분리해서 생각할 수 있는 내용의 것이 아닌 경우「全然」은 '전혀'로 해석하는 것이 알맞다.

❾ 一+단위수사+も~ない/しない/できない
➡ 한+「단위수사」+도 없다/안 하다/못하다

❶ A そこに男の子、いる？ 거기 남자애 있어?
   B 一人もいません。 한 명(사람)도 없어요.

❷ A タバコ、吸ったことある？ 담배 피운 적 있어?
   B 一回もありません。 한 번도 없어요.

❸ A 写真、いっぱい取った？ 사진 많이 찍었어?
   B 一枚も取ってないよ。 한 장도 안 찍었어.

❹ A 誰かに会った？ 누구 만났어?
   B 一人も会えませんでしたよ。 한 사람도 못 만났어요.

비슷한 표현

'안~'와 '~지 않다'

◆ 안~ ⋯ 부정의 범위가 술어(동사・형용사)에 한정될 때
◆ ~지 않다 ⋯ 부정의 범위가 주어에서 술어까지 문장 전체에 미칠 때

① A 어제 어디 갔었어? 昨日どこに行ってたの?
　 B 아무 데도 안 갔어. (○) どこにも行ってないよ。
　　　아무 데도 가지 않았어. (×)

✎ 「ない」는 「行っている」를 부정하고 있는 것이지 「どこにも行っている」 전체를 부정하는 것은 아니다. 부정의 범위가 동사만에 한정되므로 '가지 않았어'보다는 '안 갔어'가 더 적당하다.

② A 누가 전화할 거야? 誰が電話する?
　 B 나는 안 해. (○) 俺はしないよ。
　　　나는 하지 않아. (×)

✎ 「ない」는 「電話する」만을 부정하면 되기 때문에 「私が電話する」라고 하는 사건 전체를 부정할 필요는 없다. 따라서 '안 해'만 성립된다.

③ A 안경 안 쓰세요? (○) メガネ、かけないんですか。
　　　안경 쓰지 않으세요? (×)
　 B 네, 보통 때는 안 써요. はい、普段はかけません。

✎ 안경을 안 쓰는 이유를 묻는 문장이기 때문에 부정의 범위가 동사에 한정되는 '안 쓰세요?'를 쓰는 것이 적당하다.

④ A 안 가면 안 돼? (○) 行かないとだめ?
　　　가지 않으면 안 돼? (×)
　 B 괜찮아. 안 가도 돼. 大丈夫。行かなくてもいいよ。

✎ 「行くこと」를 하지 않으면 어떻게 되는가를 묻는 내용의 문장이기 때문에 부정의 범위는 동사에 한정되며 부정의 의미가 사건 전체에 미치는 '가지 않으면'은 쓰기 어렵다.

⑤ A 대신 가 달랬다며? 代わりに行ってほしいと言ったんだって?
　B 그런 부탁 안 했어. (O)　そんな頼み事してないよ。
　　그런 부탁하지 않았어. (△)

🔖 「していない」라고 말을 하고 싶을 때는 '안 했어'가 적당하고, 「お願いをしていない」라고 말을 하고 싶을 때는 '부탁하지 않았어'가 적당하다.

⑥ A 수술해야 된대. 手術しなきゃいけないらしいよ。
　B 난 수술 안 할래. (O)　私は手術しない。
　　난 수술하지 않을래. (×)

🔖 「手術すること」을 거부하는 내용이기 때문에 '안 할래'가 적당하다.

⑦ A 도중에 갈아타니? 途中で乗り換えるの?
　B 아니, 안 갈아타고 갈 수 있어. (O)　いや、乗り換えないで行けるよ。
　　아니, 갈아타지 않고 갈 수 있어. (O)　いや、乗り換えないで行けるよ。

🔖 갈아타는 것만을 부정하고 싶을 때는 '안 갈아타고'가 적당하고, 전철을 갈아타는 일 전체를 부정하고 싶을 때는 '갈아타지 않고'가 적당하다.

⑧ A 어떻게 할래요? どうしますか。
　B 여기서 그만두고 싶지 않아요. (O)　ここで止めたくないです。
　　여기서 안 그만두고 싶어요. (×)

🔖 「ない」는 「止めたい」를 부정하는 것이기 때문에 '그만두고 싶+지 않다'가 적당하다. '안 그만두고 싶어요'를 쓸 수 없는 것은 '안'의 부정범위가 본동사인 '그만두고'를 넘어서 '싶어요'까지 미치는 것은 아니기 때문이다.

⑨ A 심사, 어땠어요? 審査、どうでしたか。
　B 안 까다로웠어요. (O)　厳しくなかったです。
　　까다롭지 않았어요. (O)　厳しくなかったです。

🔖 이 사건의 경우 「厳しい」만을 부정할 수도 있고 「審査が厳しい」라고 하는 사건 전체를 부정할 수도 있기 때문에 양쪽 다 성립한다.

⑩ A 안 비싸면 살게요. (○) 高(たか)くなければ買(か)います。

　　　비싸지 않으면 살게요. (○) 高(たか)くなければ買(か)います。

　　B 알겠습니다. 싸게 해 드리죠. 分(わ)かりました。安(やす)くしてあげましょう。

✏️ 이 사건의 경우에도 「高い」만을 부정할 수도 있고, 「(何物かが)高い」라고 하는 사건 전체를 부정할 수도 있다. 따라서 양쪽 다 성립한다.

⑪ A 국, 안 짜요? (○) スープ、しょっぱくないですか。

　　　국, 짜지 않아요? (○) スープ、しょっぱくないですか。

　　B 네, 괜찮아요. はい、大丈夫(だいじょうぶ)です。

✏️ 「しょっぱい」만을 부정하는 경우에는 '안 짜요?'가 적당하고, 「スープがしょっぱい」라고 하는 사건 전체를 부정하는 경우에는 '짜지 않아요?'가 적당하다.

접속방법

▶ 5단 동사 ア단 어미+ない

▶ 1단 동사 어간+ない

▶ する ⇒ し+ない

▶ 来(く)る ⇒ 来(こ)+ない

▶ 형용사 어간+く(は, も)+ない

▶ 형용동사 어간+で(は, も)+ない

▶ 명사+で(は, も)+ない

221 ～ないで(下さい)
～지 마(세요)

❶ A お母さん、10時までは起こさないでね。
　　엄마, 10시까지는 깨우지 마.

　 B 分かったわ。 알았다.

❷ A 明日どうする？ 내일 어떻게 할래?

　 B 明日は来ないで。 내일은 오지 마.

❸ A 金さん、今日はとりわけ美人だね。
　　김 양, 오늘은 유별나게 미인이네.

　 B 人をからかわないで下さい。 사람 놀리지 마세요.

접속방법

▶ 5단 동사 ア단 어미+ないで下さい

▶ 1단 동사 어간+ないで下さい

▶ する ⇒ し+ないで下さい

▶ 来る ⇒ 来+ないで下さい

222 〜ないうちに
〜기 전에

★ 「동사 부정형+ないうちに」는 「동사+기 전에(〜지 않을 동안에/〜지 않는 사이에)」로 바꾸어 표현한다.

❶ A 日が暮れないうちに終わらせましょう。
　　 날이 저물기 전에(저물지 않는 사이에) 끝냅시다.
　B はい。 예.

❷ A 皆が帰らないうちに会社に戻ろう。
　　 모두 집에 가기 전에(안 돌아갈 동안에) 회사에 돌아가자.
　B 急ぎましょう。 서두릅시다.

❸ A 雨降らないうちに洗濯しちゃおう。
　　 비 오기 전에 (안 오는 사이에) 빨래해야지.
　B 降ったらどうする? 오면 어떻게 해?

접속방법
▶ 5단 동사 ア단 어미+ないうちに
▶ 1단 동사 어간+ないうちに
▶ する ⇒ し+ないうちに
▶ 来る ⇒ 来+ないうちに

223 ～ないでよ
～지 말아요

❶ A 全(まった)く呆(あき)れたわ。 정말 기가 막혀서.
　B そんなことで怒(おこ)らないでよ。 그런 일로 화내지 말아요.

❷ A これ、お前(まえ)の財布(さいふ)だよね。 이거 네 지갑이지?
　B 勝手(かって)に人(ひと)のものに触(さわ)らないでよ。
　　함부로 남의 것에 손대지 말아요.

❸ A 何(なん)なの? その頭(あたま)。 뭐야? 그 머리.
　B そんな目(め)で見(み)ないでよ。 그런 눈으로 보지 말아요.

접속방법

▶ 5단 동사 ア단 어미+ないでよ
▶ 1단 동사 어간+ないでよ
▶ する ⇒ し+ないでよ
▶ 来(く)る ⇒ 来(こ)+ないでよ

224 ながら
~면서/으면서

1 동사 연용형 + ながら → ~면서/으면서

❶ A 食べながら話しましょうか。 먹으면서 이야기할까요?

B そうしましょう。 그렇게 합시다.

❷ A 運転しながら英語のCDを聞いています。
운전하면서 영어 CD 듣고 있어요.

B 上達しましたか。 실력 늘었어요?

2 동사 연용형 · 형용사 연체형 · 형용동사 어간 + ながら
→ ~면서도/으면서(도)

★ 앞 문장의 결과로 나타날 것으로 예상되는 내용과 상반되는 움직임 · 상태가 뒤 문장에서 나타나는 경우에 쓰이는 표현

❶ A 毎回振られながらまた合コンやるの?
매번 차이면서 또 미팅하니?

B やらなきゃ。 해야지.

Tip 合コン

우리나라에서는 기혼자가 미팅을 하는 경우는 기본적으로 있을 수 없지만 「合コン」은 특별히 엄격하게 제한을 하지는 않는다. 미혼자끼리의 만남의 장이 주이기는 하지만 미혼, 기혼을 떠나서 그냥 남녀간에 그룹으로 만나서 식사를 같이 하면서 대화를 즐기는 모임으로 가지는 경우도 있다.

❷ A 知っていながら黙っていたんですか。
알고 있으면서 입 다물고 있었어요?

B 言えるような雰囲気じゃないでしょう。
말할 수 있는 분위기가 아니잖아요.

❸ 명사・부사+ながら ➡ ~면서/이면서

❶ A 凄いやつが入ってきたんだって?
대단한 녀석이 들어왔다면서?

B そうなんですよ。新入生ながら3年生顔負けです。
그렇답니다. 신입생이면서 3학년 저리 가라예요.

❷ A また怒られたんですって? 또 혼나셨다고요?

B いつもながらのことですよ。 맨날 있는 일이잖아요.

접속방법

▶ 동사 연용형+ながら
▶ 동사 연용형・형용사 연체형・형용동사 어간+ながら
▶ 명사・부사+ながら

225 (絶対)〜(し)なきゃ
〜아야겠다/어야겠다

❶ A 明日絶対早く起きなきゃ。 내일 빨리 일어나야겠다.

　B じゃ、早く寝れば。 그럼 일찍 자지 그래.

❷ A もうそろそろ忘れなきゃ。 이제 그만 잊어야겠다.

　B そうだよ。 그래.

❸ A もうちょっと彼に優しくしなきゃ。 좀 더 걔한테 잘 해줘야겠어.

　B そうだよ。そう来なきゃ。 그래 맞아. 당연히 그렇게 나와야지.

✎ 「そう来なきゃ」는 이쪽의 발언내용에 대해 상대방 또는 제 3자가 응당 그에 걸맞는 반응을 보일 때 쓰이는 표현이기 때문에 '당연히 그렇게 나와야지'가 적당한 번역이 된다.

Tip 優しい

기품이 있으면서 우아한 느낌을 주는 「優しい」는 '상냥하다'(대상은 기본적으로 여성)가 적당하고 유순한 느낌과 동시에 정이 담뿍 느껴지는 「優しい」는 '다정하다, 다정스럽다'가 적당하다. 또, 다른 사람에 대한 따뜻한 마음씨가 느껴지는 「優しい」는 '잘해주다'가 적당하며, 유순한 마음을 가지고 있어서 다른 사람에게 강하게 못 나가는 기질을 가지고 있는 것을 나타내는 「優しい」는 '마음이 약하다'가 적당하다.

접속방법

▶ 5단 동사 ア단 어미 + なきゃ

▶ 1단 동사 어간 + なきゃ

▶ する ⇒ し + なきゃ

▶ 来る ⇒ 来 + なきゃ

226 〜なきゃいいのに
안 〜면/으면 좋을 텐데

❶ A また喧嘩しました。 또 싸웠어요.
　B だから、会わなきゃいいのに。 그러니까 안 만나면 좋을 텐데.

❷ A テスト、頑張ります。 시험 잘 볼게요.
　B 難しくなきゃいいのに。 안 어려우면 좋을 텐데.

❸ A 行ってきます。 다녀오겠습니다.
　B 混んでなきゃいいのにね。 안 막히면 좋을 텐데.

접속방법

- ▶ 5단 동사 ア단 어미+なきゃいいのに
- ▶ 1단 동사 어간+なきゃいいのに
- ▶ する ⇒ し+なきゃいいのに
- ▶ 来る ⇒ 来+なきゃいいのに
- ▶ 형용사 어간+く+なきゃいいのに
- ▶ 형용동사 어간+で+なきゃいいのに

～なきゃいけない(です)ね
～아야지(요)/어야지(요), ～아야지(요)?/어야지(요)?

① A 来月までには帰って来なきゃいけませんよね。
다음 달까지는 돌아와야지요?

　B そうですね。그렇지요?

② A もう行かなきゃいけないよね。 이제 가야지?

　B うん。 응.

③ A 約束したら信じなきゃいけないね。
약속했으면 믿어야지.

　B そうします。그렇게 하겠습니다.

접속방법

▶ 5단 동사 ア단 어미＋なきゃいけない
▶ 1단 동사 어간＋なきゃいけない
▶ する ⇒ し＋なきゃいけない
▶ 来る ⇒ 来＋なきゃいけない

228 〜なくてもいい
안 〜아도/어도 좋다(되다), 〜지 않아도 좋다(되다)

❶ A 明日伺います。 내일 찾아뵙겠습니다.
　B 無理しなくてもいいですよ。 무리 안 해도 좋아요.

❷ A ちょっと見せて下さい。 좀 보여 주세요.
　B 見なくてもいいよ。 안 봐도 돼.

❸ A じゃ、大根買ってきますね。 그럼 무 사 올게요.
　B 大きくなくてもいいよ。 안 커도 돼.

❹ A 便利じゃなくてもいい。 편리하지 않아도 돼.
　B でも、便利な方がいいでしょう。
　　그래도 편리한 쪽이 좋죠.

접속방법

▶ 5단 동사 ア단 어미+なくてもいい
▶ 1단 동사 어간+なくてもいい
▶ する ⇒ し+なくてもいい
▶ 来る ⇒ 来(こ)+なくてもいい
▶ 형용사 어간+く+なくてもいい
▶ 형용동사 어간+で+なくてもいい

229 〜なくなるなんて
안 〜게 되다니, 〜지 않게 되다니

❶ A うちの製品が売れなくなるなんて信じられない。
　　우리 제품이 안 팔리게 되다니 믿을 수가 없어.
　B 理由は何ですかね。 이유가 뭘까요?

❷ A これを食べなくなるなんて想像もしなかったね。
　　이걸 안 먹게 되다니 상상도 못했네.
　B 好みって変わるんですね。 기호라는 게 바뀌는가 봐요.

접속방법

- ▶ 5단 동사 ア단 어미+なくなるなんて
- ▶ 1단 동사 어간+なくなるなんて
- ▶ する ⇒ し+なくなるなんて
- ▶ 来る ⇒ 来+なくなるなんて

230 〜なくは(も)ない

안 〜는 건 아니다, 안 〜는 것도 아니다

❶ A キムチは好きですか。 김치 좋아하세요?

B 食べなくはないけど、好きではないね。
안 먹는 건 아니지만 좋아하지는 않아.

❷ A これ、使うの、見たことないですね。
이거 쓰시는 거 본 적이 없네요.

B いや、使わなくはないよ。 아니야, 안 쓰는 건 아니야.

❸ A 英字新聞、読めますか。 영어신문 읽을 줄 아세요?

B 全く読めなくもないけど。 전혀 못 읽는 것도 아니지만.

접속방법

- ▶ 5단 동사 ア단 어미+なくは(も)ない
- ▶ 1단 동사 어간+なくは(も)ない
- ▶ する ⇒ し+なくは(も)ない
- ▶ 来る ⇒ 来+なくは(も)ない

231 〜なければ

안 〜면/으면, 〜지 않으면

❶ A 本にしなければ意味ないよ。
　　책으로 만들지 않으면 의미가 없지.

　 B そこまでしなくてもいいんじゃない。
　　거기까지 안 해도 괜찮지 않나?

❷ A お客様が直接やらなければ無効になります。
　　손님께서 직접 하시지 않으면 무효가 됩니다.

　 B はい、分かりました。 예, 알았습니다.

접속방법

- ▶ 5단 동사 ア단 어미+なければ
- ▶ 1단 동사 어간+なければ
- ▶ する ⇒ し+なければ
- ▶ 来る ⇒ 来+なければ
- ▶ 형용사 어간+く+なければ
- ▶ 형용동사 어간+で+なければ

232 ～なければいけない
～지 않으면 안 되다, ～아야/어야 하다

★ 그렇게 하지 않으면 바람직한 결과가 얻어질 수 없다고 강조하고 싶을 때
  ⇒ ～지 않으면 안 되다
  행동의 당위성을 강조하고 싶을 때 ⇒ ～아야/어야 하다

❶ A 6時には起きなければいけません。 6시에는 일어나야 합니다.
   B そんなに早く？ 그렇게 일찍?

❷ A 人を増やさなければいけませんね。
     사람을 늘리지 않으면 안 되겠네요.
   B 何人ぐらいですか。 몇 명 정도입니까?

비슷한 표현

「～てはいけない」「～てはならない」「～なければならない」의 항목 참조(p.303)

접속방법

▶ 5단 동사 ア단 어미+なければいけない
▶ 1단 동사 어간+なければいけない
▶ する ⇒ し+なければいけない
▶ 来る ⇒ 来+なければいけない
▶ 형용사 어간+く+なければいけない
▶ 형용동사 어간+で+なければいけない

233 〜なければならない
〜아요/어요

★ 그렇게 하지 않으면 바람직한 결과가 얻어질 수 없다고 강조할 때 ⇒ 〜지 않으면 안 되다
행위의 당위성을 강조할 때 ⇒ 〜아야/어야 되다

❶ A すぐに入院しなければなりません。
　　즉시 입원하지 않으면 안 됩니다.
　B そんなに悪いんですか。그렇게 나쁩니까?

❷ A 明日までに渡さなければなりません。
　　내일까지 넘겨줘야 됩니다.
　B 大丈夫でしょう。괜찮겠죠.

❸ A 明日お見合いをしなければならないんだ。내일 선 봐야 돼.
　B すればいいじゃん。보면 되잖아.

「〜なければならない」「〜なければいけない」「〜すべきだ」

◆ 〜なければならない ~지 않으면 안 되다, ~아야/어야 되다
◆ 〜なければいけない ~지 않으면 안 되다, ~아야/어야 하다
◆ 〜すべきだ ~아야/어야 하다

★ 그렇게 하지 않으면 바람직한 결과가 얻어질 수 없다는 것을 나타내고 싶을 때는 '~지 않으면 안 되다'가 적당하고, 그렇게 함으로써 어떤 사건이 순리적으로 성립한다고 하는 것을 나타내고 싶을 때는 '~아야/어야 되다'가 적당하며, 그렇게 하는 것이 도리라는 것을 표현하고 싶을 때는 '~아야/어야 하다'가 적당하다.

① 10年以内に返さなければなりません。
10년 이내에 갚지 않으면 안 됩니다. (갚아야 됩니다)

② 10年以内に返さなければいけません。
10년 이내에 갚지 않으면 안 됩니다. (갚아야 합니다)

③ 10年以内に返すべきです。 10년 이내에 갚아야 합니다.

접속방법

▶ 5단 동사 ア단 어미+なければならない
▶ 1단 동사 어간+なければならない
▶ する ⇒ し+なければならない
▶ 来る ⇒ 来+なければならない
▶ 형용사 어간+く+なければならない
▶ 형용동사 어간+で+なければならない

234 なさい
~아라/어라, ~아요/어요

❶ 동사 연용형 + なさい ➡ ~아라/어라

❶ A ちょっと待って。 조금 기다려.
　 B 早く来なさいよ。 빨리 와라.

❷ A そこに座りなさい。 거기 앉아라.
　 B はい。 네.

❸ A 今電話しなさい。 지금 전화해라.
　 B 何と言うの? 뭐라고 해?

❷ お + 동사 연용형 + なさい ➡ ~아요/어요

A お入りなさい。 들어와요.
B ありがとうございます。 감사합니다.

 비슷한 표현

일본어의 명령표현

- ◆ 동사 명령형 ~아라/어라, ~아/어
- ◆ 동사 연용형+なさい ~아라/어라, ~아/어
- ◆ お+동사 연용형+なさい ~아요/어요, ~게
- ◆ 동사 て형+て下(くだ)さい ~세요/으세요, ~십시오/으십시오
- ◆ お+동사 연용형+下(くだ)さい ~십시오/으십시오

「동사 명령형」과 「동사 연용형+なさい」에 의한 명령표현까지가 우리말의 반말명령에 가깝다고 볼 수 있다. 「お+동사 연용형+なさい」는 인사말에 쓰이는 표현이 많으며 실생활에서 일반동사의 명령표현으로 쓰여지는 경우는 그다지 많지 않다. '~하게' 명령에 가까우므로 우리말로는 '~아요/어요'가 적당하다. 「동사 て형 어미+て下さい」는 존경명령표현이므로 우리말로는 '~세요/으세요, ~십시오/으십시오'가 적당하다. 「お+동사 연용형+下さい」는 최상급의 존경명령표현이나 일상생활에서는 그다지 자주 쓰이지 않는다.

※「お+동사 연용형+なさい」「お+동사 연용형+下さい」「~て下さい」의 항목 참조(p.32, 36, 274)

접속방법

▶ 동사 연용형+なさい

235 など 〈부조사〉
~같은 거, ~등

1 명사+など ➡ ~같은 거, ~같은 경우

★ 「など」 앞의 명사가 물건이나 어떤 일일 경우에는 '~같은 거'가 적당하고, 사람·사건일 경우에는 '~같은 경우'가 적당하다. 사람을 낮추어 비하해서 사용할 경우에는 '~같은 거'가 된다.

❶ A 運動などやりますか。 운동 같은 거 하세요?
　 B あまりやりませんね。 별로 안 합니다.

❷ A その会社はどうですか。 그 회사는 어떻습니까?
　 B あの会社などよくやっている方だと思いますよ。
　　 그 회사 같은 경우 잘하는 편이라고 생각합니다.

2 문장+などする ➡ ~고 하다

❶ A 最近、どうですか。 요새 어떠세요?
　 B そうですね。映画を見るなどして過ごしていますね。
　　 글쎄요. 영화 보고 하면서 지내지요 뭐.

❷ A 誰が急ぎなどするもんですか。 누가 서두르고 그런데?
　 B そうおっしゃらずに。 그러시지 말고.

❸ 열거의 など ➡ ~등

A 雨(あめ)や風(かぜ)などの被害(ひがい)が出(で)ているようですよ。
비하고 바람 등의 피해가 나고 있는가 봐요.

B 大変(たいへん)だね。 큰일이네.

접속방법

▶ 명사 + など
▶ 문장 + など

236 〜なの・〜なの?
〜야/이야・〜야/이야?

❶ A あなたの弟なの? 네 동생이야?
　B 違うよ。 아니야.

❷ A 明日、私の誕生日なの。 내일 내 생일이야.
　B そうなの? 그래?

❸ A その人、誰なの? 그 사람 누구야?
　B 友達。 친구.

접속방법

▶ 명사＋なの・なの？

▶ 부사＋なの・なの？

237 なら ~라면/이라면, ~ㄴ/는다면 · ~다면, ~았/었다면, ~았/었더라면, ~려거든/으려거든

1 명사+なら ➡ ~라면/이라면

❶ A お時間、ありますか。 시간 있으세요?
　B 5時なら空いているよ。 5시라면 비어 있어.

❷ A 12月なら大丈夫。 12월이라면 괜찮아.
　B じゃ、お願いします。 그럼 부탁 드리겠습니다.

2 동사·형용사 연체형+なら ➡ ~ㄴ/는다면, ~다면

❶ A 君が行くなら僕も行くよ。 자네가 간다면 나도 가지.
　B 決まったら連絡します。 결정되면 연락하겠습니다.

❷ A 忙しくないなら手伝って下さい。 바쁘지 않다면 도와주세요.
　B いいですよ。 그러지요.

3 ~たなら ➡ 「동사·형용사·있다/없다」+았다면/었다면
「명사」+였다면/이었다면

❶ A もし幸せだったならそんなことは言わないよ。
만약에 행복했다면 그런 말은 안 하지.
　B そうですよね。 그렇죠?

383

❷ A 必要じゃなかったなら返したでしょう。
  필요 없었다면 돌려줬겠지요.

  B それはそうですね。 그건 그렇군요.

❹ 〜ていた＋なら ➡ 「동사・형용사・있다/없다」+았/었더라면

❶ A 知らないでやったのかな。 모르고 했을까?
  B 知っていたならそんなことはしないよ。
  알았더라면 그런 짓은 안 하지.

❷ A 早く起きていたなら見れたと思うよ。
  일찍 일어났더라면 볼 수 있었을 거야.

  B そうか。 그래?

❺ たいなら・う/ようなら ➡ 〜려거든/으려거든

❶ A 遊びたいなら(遊ぼうなら)宿題ちゃんとやってね。
  놀려거든 숙제 꼭 해.

  B 後でやっちゃだめ? 나중에 하면 안 돼?

❷ A 食べたいなら手、洗って。 먹으려거든 손 씻어.
  B はい。 예.

접속방법

▶ 명사+なら

▶ 동사・형용사 연체형+なら

▶ 각종 연체형+なら

238 なり 〈접속조사〉

~자마자

❶ A あの子、布団に入るなり、寝ちゃったね。
   쟤, 이불에 들어가자마자 자네.
   B 疲れたのでしょう。 피곤했겠지.

❷ A 家に帰るなり、急に泣き出してさ。
   집에 돌아오자마자 갑자기 울기 시작하는데 말이야.
   B 何があったんだろう。 무슨 일이 있었을까?

접속방법

▶ 동사 종지형 + なり

239 なり〈부조사〉・なりと・なりとも ～든, ～든지, ～나마/이나마

① 명사(に)+なり ➡ ～한테든, ～에든, ～든/이든

★ 생물명사+になり ～한테든
　비생물명사+になり ～에든
　명사+なり ～든/이든

❶ A 何かあったら私なり家内なりにご相談下さい。
　　무슨 일이 있으면 저한테든 집사람한테든 상의하세요.

　 B ご親切、ありがとうございます。친절 감사합니다.

❷ A 彼が来たらコーヒーなりお茶なり出して下さいね。
　　그 사람이 오면 커피든 차든 끓여 주세요.

　 B 何時に来るんですか。몇 시에 옵니까?

② 동사 연체형+なり ➡ ～든(든지)

❶ A どうしましょうか。어떻게 하죠?
　 B 私が行くなりお前が来るなりとにかく会おう。
　　내가 가든(지) 네가 오든(지) 어찌 됐든 만나자.

❷ A 焼くなり煮るなりして食べよう。굽든지 조리든지 해서 먹자.
　 B どうしたの？ 釣ったの？ 웬 거야? 잡았어?

③ なりと ➡ ~든

A あなたがここの責任者ですか。 당신이 여기 책임자입니까?

B はい。何なりとお申し付け下さい。 예. 무엇이든 말씀하십시오.

④ なりとも ➡ ~나마/이나마

A 少しなりとも力になれればいいなと思っております。

조금이나마 힘이 됐으면 좋겠다 싶습니다.

B このご恩は忘れません。 이 은혜는 잊지 않겠습니다.

⑤ 大なり小なり ➡ 많든 적든

A 大なり小なり人には欠点というのがあるんだよ。

많든 적든 사람한테는 결점이라는게 있는 거야.

B ご忠告ありがとうございます。肝に銘じます。

충고해 주셔서 감사합니다. 명심하겠습니다.

접속방법

▶ 명사+なり

▶ 동사 연체형+なり

▶ 何+なりと

240 명사＋になる・형용사＋くなる 형용동사＋になる
～이/가 되다, ～아/어지다・～게 되다

❶ 명사＋になる ➡ ～이/가 되다

A 何になりたいの？ 뭐가 되고 싶어?
B 宇宙飛行士。 우주비행사.

❷ 형용사＋くなる ➡ ～아/어지다, ～게 되다

❶ A だいぶ寒くなりましたね。 꽤 추워졌네요.
B そうですね。 그렇네요.

❷ A 今年に入って忙しくなりました。 올해 들어 바쁘게 됐어요.
B ありがたいことですよ。 고마운 일이지요.

❸ 형용동사＋になる ➡ ～아/어지다, ～게 되다

❶ A ちょっと正直になりなさいよ。 좀 정직해져라.
B ウソじゃないってば。 거짓말 아니라니까.

❷ A 今は健康になりましたよ。 지금은 건강하게 됐어요.
B それはよかった。 그거 다행이다.

 비슷한 표현

'~아/어지다'와 '~게 되다'

◆ ~아/어지다 ┅▶ 자연스럽게 저절로 그와 같이 되는「なる」
◆ ~게 되다 ┅▶ 주변의 상황·환경에 의해 그와 같이 되는「なる」

日本から唐辛子が入ってきてキムチが辛くなった。
일본에서 고추가 들어와서 김치가 맵게 되었다. (○)
일본에서 고추가 들어와서 김치가 매워졌다. (○)

✎「日本から唐辛子が入ってきた」상황이 김치를 맵게 만든 것이라고 표현하고 싶은 경우에는 '맵게 되었다'가 적당하고, 고추가 들어와서 국내에 널리 전파된 결과 자연스럽게 모두가 매운 김치를 만들게 된 것이라고 표현하고 싶을 경우에는 '매워졌다'가 적당하다.

접속방법

▶ 명사+に+なる
▶ 형용사 어간+く+なる
▶ 형용동사 어간+に+なる

241 なんか
~같은 데, ~같은 것, ~같은 사람

★ 「なんか」의 내용이 장소인 경우에는 '~같은 데'가 적당하고, 사람인 경우에는 '~같은 사람'이 적당하며, 기타 물건이나 일일 경우에는 '~같은 것(거)'이 적당하다.

★ 상대방을 비하하여 표현하는 경우 「같은 놈(やつ)」「같은 거(者)」라고 쓸 수 있다.

❶ A 何(なん)で料亭(りょうてい)なんかに行(い)ったの? 왜 요정 같은 데 갔어?
　 B 接待(せったい)で行(い)ったんだよ。 접대하러 간 거야.

❷ A 暑(あつ)くて仕事(しごと)なんかできないよ。 더워서 일 같은 거 못하겠다.
　 B アイスクリームでも食(た)べよう。 아이스크림이라도 먹자.

❸ A お前(まえ)なんかに分(わ)かるわけないよな。 너 같은 게 알 턱이 없지.
　 B 何(なん)だと? 뭐라고?

접속방법

▶ 명사 + 何か

242 なんぞ
~같은 정도, ~따위

★ 상대방이나 제3자를 멸시하는 것 같은 기분을 강하게 표현하는 경우에는 '~따위'가 적당하고, 그렇게까지 심하지는 않은 경우에는 '~같은 정도'가 적당하다.

❶ A お前なんぞに負けてたまるか。 너 따위한테 질 것 같아?
　B こっちの台詞だよ。 내가 하고 싶은 말이다.

❷ A うちの息子なんぞまだまだです。
　　 우리 아들 녀석 같은 정도면 아직도 멀었어요.
　B そんなことないですよ。 그렇지 않아요.

접속방법

▶ 명사＋なんぞ

243 ～なんて
～같은 거, ～같은 사람, ～다니, ～라니/이라니

❶ 명사+なんて ➡ ～같은 거, ～같은 사람

★ 「なんて」앞의 명사가 물건이나 일일 경우에는 '～같은 거'가 적당하고, 사람일 경우에는 '～같은 사람'이 적당하다.

❶ A あんた何(なん)て大嫌(だいきら)い！ 당신 같은 인간 너무 싫어.
  B はぁ? 急(きゅう)にどうしたの? 응~? 갑자기 왜 그래?

❷ A 別(べつ)に出世(しゅっせ)なんて望(のぞ)んでいません。 출세 같은 거 별로 안 바래요.
  B ウソだろう? 거짓말!

❷ 명사+なんて ➡ ～라니/이라니

A 申(もう)し込(こ)みが2人(ふたり)だけなんて信(しん)じられない。
  신청한게 두 사람뿐이라니 못 믿겠어.
B もうちょっと待(ま)ってみましょうか。 조금 더 기다려 볼까요?

❸ 각종 종지형+なんて ➡ ～다니

❶ A 女(おんな)を殴(なぐ)るなんて最低(さいてい)！ 여자를 때리다니 정말 저질이야.
  B 本当(ほんとう)! 정말.

❷ A 俺、行きたくない。 나, 가고 싶지 않아.

B 行きたくないなんて、お金払ったんだよ。

가고 싶지 않다니 돈 다 냈단 말이야.

「なんか」와 「なんて」

◆ 「なんか」…「なんか」 앞에 오는 사람, 물건, 일 등에 대해 화자가 별 가치를 느끼지 못하고 있음을 나타낼 때

◆ 「なんて」…「なんて」 앞에 오는 사람, 물건, 일 등을 화자가 하나의 부정적인 예로서 들고 싶을 때

① 暑くて仕事なんてできないよ。(×)
② 暑くて仕事なんかできないよ。(○)
　더워서 일 같은 거 못하겠다.

✎ 이 경우의 「仕事」는 화자에게 있어서 전혀 가치를 느끼지 못하는 대상이므로 ②만이 성립한다.

③ 俺は出世なんて望んでいません。(○) 난 출세 같은 거 안 바래요.
④ 俺は出世なんか望んでいません。(○) 난 출세 같은 거 안 바래요.

✎ 화자가 출세에 대해 별 가치를 느끼지 못하고 있음을 나타낼 때는 ④를, 예를 들어 출세 같은 것은 안 바란다라는 뜻을 나타낼 때는 ③을 쓴다.

접속방법

▶ 명사+なんて

▶ 각종 종지형+なんて

244 〜なんてことは
〜든지 하는 일은

❶ A まさか来ないなんてことはないでしょうね。
설마 안 온다든지 하는 일은 없겠지요?
B それはないと思います。 그럴 일은 없을 겁니다.

❷ A 寝ているなんてことはないですよね。
잔다든지 하는 일은 없지요?
B まだそんな時間じゃないし。 아직 그럴 시간도 아니고.

접속방법
▶ 명사+なんてことは
▶ 각종 종지형+なんてことは

245 〜なんですけ(れ)ど(も) / 〜なんですが ~인데요

❶ A どちらさまですか。누구십니까?
　B 上原孝子の母親なんですけれども。
　　우에하라 다카코의 엄마인데요.

❷ A 11時から開店なんですが。11시부터 개점인데요.
　B あ、すみません。아, 미안합니다.

접속방법
▶ 명사+なんてすけど
▶ 명사+なんですが

246 に

~에〈장소·시간·목적지〉, ~에게〈생물명사 : 문장체〉
~한테〈생물명사 : 회화체〉, ~께〈존경대상의 인간 명사〉
~보고〈기대·희망의 대상〉, ~더러〈無기대·無희망대상〉
~러/으러〈목적〉, ~에다(가)〈추가〉

① 장소·시간·목적지 등의 비생물명사 + に ➡ ~에

❶ 家族はソウルにいます。 가족은 서울에 있어요.

❷ 仕事は9時に始まります。 업무는 9시에 시작합니다.

❸ いつ故郷に帰るんですか。 언제 고향에 가요?

② 생물명사 + に ➡ ~한테(에게)

❶ 友達にメールを送ります。 친구한테 메일 보내요.

❷ お前にもあげる。 너한테도 줄게.

❸ 妹にそうしたらだめだよ。 동생한테 그러면 안 돼.

✎ 일본어에는 '~에게'와 '~한테'와 같은 구별이 없으므로 양쪽 다「に」로 나타낸다.

③ 来年、来月、今朝、午前、午後、夕方 등의 시간 명사의 경우 일본어에서는 に를 붙이지 않는다.

❶ 昨日の夕方どこにいっていたんですか。 어제 저녁에 어디 갔었어요?

❷ 来月来ると思います。 다음 달에 올 거예요.

❸ じゃ、午後会いましょう。 그럼 오후에 만나요.

④ 출처가 될 수 있는 명사+に ➡ ~한테(에게)

主人にもらったものなの。 우리 남편한테 받은 거야.

⑤ 존경의 대상이 되는 사람 명사+に ➡ ~께

❶ これ、先生にあげなさいね。 이거 선생님께 드려라.

❷ あなたのお母さんに言ったの？ 너희 어머니께 말씀드렸니?

⑥ 기대·희망의 대상이 되는 사람 명사+に ➡ ~보고

❶ 私の家内に美人ですって。 제 집사람 보고 미인이래요.

❷ 私に天才ですって。 저보고 천재래요.

❸ 私たち夫婦に理想的なカップルですって。

저희 부부 보고 이상적인 커플이래요.

⑦ 기대나 희망을 걸지 않는 사람 명사+に ➡ ~더러

❶ 私に不細工ですって。 저더러 못 생겼대요.

❷ 私たちに邪魔するなだって。 우리더러 방해하지 말래.

❸ 弟にご飯を食べる資格がないと言ったんですって。

제 동생더러 밥 먹을 자격 없다고 그랬대요.

⑧ 목적의 대상이 되는 명사+に ➡ ~러/으러

❶ 父は釣りに出かけました。 아버지는 낚시하러 가셨어요.

❷ ここに一人で遊びに来たのか。 여기에 혼자서 놀러 왔니?

❸ トッポッキ食べに行こう。 우리 떡볶이 먹으러 가자.

9 추가의 대상이 되는 명사+に ➡ ~에다(가)

❶ カルビ食べた後、冷麺に豚足まで食べたよ。
갈비 먹은 다음에 냉면에다가 족발까지 먹었지.

❷ あの子、英語に日本語、それにスペイン語まで上手らしいよ。
걔, 영어에 일어, 거기에다 스페인어까지 잘한대.

10 수동문의 행동주체를 나타내는 명사+に ➡ ~에게/한테

❶ 犬に噛まれた。 개에게 물렸다.

❷ 友達に裏切られた。 친구한테 배신당했다.

보통문의「に」와 전달문의「に」

1) 보통문의 생물명사+「に」…▶ ~한테
 これ、お前にやるよ。 이거 너한테 줄게.

2) 전달문에 있어서 기대의 대상이 되는 사람 명사+「に」…▶ ~보고
 うちのお父さんに格好いいって。 우리 아버지 보고 멋있대.

3) 전달문에 있어서 전혀 기대의 대상이 되지 않는 사람 명사+「に」
  …▶ ~더러
 うちの息子にアホだって。 우리 아들더러 멍청이래.

★ 보통문장에서 쓰여지는「사람 명사+に」는 '~한테'가 적당하고, 전달문에서 쓰여지는「사람 명사+に」는 '~보고/더러'가 적당하다.

247 (〜もあろう)に・(思う)に
하필이면, 생각하건대・추측하건대

1 〜もあろうに ➡ 하필이면

A こともあろうに、飲酒運転とはどういうことだ。
하필이면 음주운전이라니 어떻게 된 거야?

B 申し訳ありません。죄송합니다.

2 思うに ➡ 생각하건대
察するに ➡ 추측하건대

248 〜に当たって(当たり)

〜에 임하여(임해서), 〜는 데 있어서

★ '어떤 일을 눈앞에 두고'라는 의미를 나타내고 싶을 때 쓰이는 표현

〜に当(あ)たって(当たり) 「명사」+에 임하여(임해서)
　　　　　　　　　　　「동사 어간」+는데 있어서

〜に当(あ)たっての・〜に当(あ)たる 〜에 임하는

❶ A 大会(たいかい)の開会式(かいかいしき)に当(あ)たりましてご挨拶(あいさつ)のお言葉(ことば)をお願(ねが)いします。 대회 개회식에 임하여 인사 말씀을 부탁 드립니다.
　B 分(わ)かりました。 알았습니다.

❷ A この施設(しせつ)を開放(かいほう)するに当(あ)たりましてくれぐれもお客様(きゃくさま)の安全(あんぜん)には充分(じゅうぶん)注意(ちゅうい)するように宜(よろ)しくお願(ねが)いします。
　　이 시설을 개방하는 데 있어서 손님들의 안전에는 충분히 주의를 기울이도록 부탁합니다.
　B はい。分(わ)かりました。 네, 알겠습니다.

비슷한 표현

⇒ 「に際(さい)して」의 항목 참조(p.410)

접속방법

▶ 명사 + に当たって
▶ 동사 연체형 + に当たって

249 〜におかれましては
~께서

★ 움직임・상태의 주체＋におかれましては ⇒ 주체＋께서

A ご両親様（りょうしんさま）におかれましてはさぞお喜（よろこ）びのことと思（おも）います。
부모님께서 참 기쁘시겠습니다.

B ありがとうございます。고맙습니다.

접속방법

▶ 명사＋におかれましては

250 ～において
～에서, ～에 있어서

1 동작・작용의 장소＋において ➡ ～에서
～においての・～における ➡ ～에서의

❶ A ミーティングは205号室において行います。
   미팅은 205호실에서 하겠습니다.
   B 了解です。알겠습니다.

❷ A 原因は分かったんですか。원인은 알았습니까?
   B 製造過程において混入したものと思われます。
   제조과정에서 혼입된 것으로 보입니다.

2 동작・작용의 장소＋において ➡ ～에 있어서
～においての・～における ➡ ～에 있어서의

A 朝鮮通信使か。조선통신사라!
B 江戸時代においてはすごく珍しかったと思うよ。
에도시대에 있어서는 굉장히 보기 드문 일이었을거야.

Tip 「～라/이라」 ⇒ 「か」

감탄・영탄을 나타내는 종조사 「か」는 '～라/이라'로 나타낸다.

❷ 어떤 사실 ＋ において ➡ ~에 있어서
~においての・~における ➡ ~에 있어서의

A 小泉さんは勉強においてもスポーツにおいても常にトップでしたね。
고이즈미 씨는 공부에 있어서도 스포츠에 있어서도 늘 최고였어요.

B さすがですね。 과연 그 사람답군요.

Tip さすが

「さすが」는 우리말에서는 '정말, 과연'이 의미적으로 제일 가까우나 '과연'은 문장체적인 성격이 강해서 쓸 수 있는 상황이 한정되기 때문에 「과연＋명사＋~구나/군요」 이외에는 그다지 쓰여지지 않으며 「さすがだ」의 여러 활용형은 '정말'을 포함한 문장으로 나타낸다.

① A さすがに今日は暑いですね。 정말 오늘 덥군요.
　 B そうですね。 그러네요.

② A さすが田中さんの息子、足が速いですね。
　　 정말로 다나카 씨 아들, 빨리 뛰네요.
　 B 本当ですね。 정말

③ A 一発で合格しました。 단번에 합격했습니다.
　 B さすがだな。 과연 너답구나.

접속방법

▶ 명사 ＋ において

251 ～に限って (～に限り)

～에 한해서(한하여), 꼭 그런(그럴)+명사,
～이/가(한테) ～ㄹ/을 리가 없다, ～따라

1 ～に限って ➡ ～에 한해서(한하여)
～に限っての・～に限る ➡ ～에 한한

★ 비교적 한정되는 범위가 넓을 경우

❶ A 小学生以下に限って入場無料らしい。
　　초등학생 이하에 한해서 무료라나 봐.
　B 行こう。行こう。 가자. 가자.

❷ A 女性に限り、1000円だって。 여자에 한해서 천 엔이래.
　B 女装しようかな。 여장할까?

2 명사+に限って ➡ 꼭 그런(그럴)+명사

★ 상대방이 말하는 어느 특정범위에 한정시켜 말할 경우

❶ A 俺がいない間に焼肉食ったんだって?
　　내가 없는 사이에 고기 먹었다며?
　B そういう時に限ってお前はいないんだよな。
　　꼭 그럴 때 넌 없단 말이야.

❷ A 最近非常識な人、多いよね。 요새 비상식적인 사람 많아. 그치?
　B そういう人に限って妙に権利意識だけが強いんだよね。
　　꼭 그런 사람이 묘한 권리의식만 세다고.

❸ 명사＋に限って ➡ ~그 사람+이/가(한테) ~ㄹ/을 리가 없다

★ 특정인에 한정시켜 말할 경우

A 彼に限ってそんなことはしないな。
그 사람이 그런 일을 할 리가 없지.

B そんなに信用できる人なんですか。
그렇게 신용할 수 있는 사람이에요?

❹ 명사＋に限って ➡ ~따라

★ 화자가 말하는 어떤 특정대상에 한정시켜 나타내는 경우

A 警備の人は? 경비는?
B その日に限って誰もいなかったんだよ。 그날따라 아무도 없었어.

252 〜にかけて
〜에 걸쳐서, 〜을/를 걸고

★ 주로 어떤 기간이나 시간을 제시하고 그 기간·시간 동안을 나타내는 의미로 많이 쓰인다. 신조나 신념을 나타내는 명사 뒤에 올 경우에는 그 명사가 나타내는 '신조나 신념의 범위 안에서'라는 의미가 된다.

❶ 〜にかけて ➡ 〜에 걸쳐(서)
〜にかけての ➡ 〜에 걸쳐서의

❶ A 今日から明日の夜にかけて大雨が降るらしいですよ。
   오늘부터 내일 밤에 걸쳐서 큰비가 내린대요.
   B 大変だ。 큰일이다.

❷ A 先週から今週にかけてずっと寝込んでいました。
   지난주부터 이번 주에 걸쳐 쭉 누워 있었어요.
   B 入院したんですか。 입원하셨었어요?

❷ 자신의 신조·신념을 나타내는 명사＋にかけて ➡ 〜을/를 걸고

❶ A 侍魂にかけて最後まで戦います。
   사무라이 정신을 걸고 마지막까지 싸우겠습니다.
   B 期待しています。 기대하겠습니다.

❷ A 師匠の名にかけて負けるわけにはいかないよ。
　　스승님의 이름을 걸고 질 수는 없지.
　B 頑張れ！ 파이팅!

 비슷한 표현

「にかけて」와「にわたって」

◆ にかけて … 주어진 기간 또는 시간범위 안의 어느 한때에 어떤 일이 발생함을 가리킬 때 쓰여지는 표현이다.
◆ にわたって … 주어진 기간 또는 시간의 범위 안에서 줄곧 어떤 일이 발생함을 나타내는 표현이다.

① 今日の昼ごろから午後にかけて雨が予想されます。(○)
　오늘 정오 때부터 오후에 걸쳐서 비가 예상됩니다.
② 今日の昼ごろから午後に渡って雨が予想されます。(×)
　✎ 비가 올 것으로 예상되는 것은 정오에서 오후까지의 어느 한때에 한정된 이야기이므로 「にわたって」는 쓰이기 어렵다.

③ 100年にかけて守ってきた伝統を守れないというのか。(×)
④ 100年に渡って守ってきた伝統を守れないというのか。(○)
　100년에 걸쳐 지켜 온 전통을 못 지키겠다는 거야?
　✎ 100년에 걸쳐 쌓아 온 전통은 어느 한때만 만들어지는 것이 아니라 계속해서 만들어지는 것이기 때문에 「にかけて」는 쓰이기 어렵다.

접속방법

▶ 명사 + にかけて

253 ～に関して
～에 관하여(관해서)

～に関して ➡ ～에 관하여(관해서)
～に関しての・～関する ➡ ～에 관한

❶ A その件に関しては調査中です。
그 건에 관해서는 조사중입니다.
　B 調査結果はいつ発表するんですか。
조사결과는 언제 발표합니까?

❷ A 朝鮮時代に関して何か知っている?
조선시대에 관하여 뭐 아는 거 있어?
　B 歴史のことは分からないな。역사에 관한 건 몰라.

접속방법

▶ 명사 + に関して

254 〜に決まってるでしょう
당연히 〜지

❶ A その噂、知っていた? 그 소문 알고 있었어?
　B 知らないに決まってるでしょう！ 당연히 모르지.

❷ A そんなに嬉しいの? 그렇게 기뻐?
　B 嬉しいに決まってるでしょう！ 당연히 기쁘죠.

접속방법

▶ 명사+に決まってるでしょう
▶ 각종 종지형+に決まってるでしょう

255 〜に際して

〜에 즈음하여(즈음해서), 〜(기)에 앞서

〜に際(さい)して ➡ 「명사」+ 에 즈음하여(즈음해서)

「명사」+ 에 앞서, 「동사 어간」+ 기에 앞서

〜に際(さい)しての・〜に際(さい)する ➡ 〜에 즈음한

★ 문장체나 딱딱한 말투일 때는 '〜에 즈음하여'가 적당하고, 회화체에서는 '〜(기)에 앞서'가 적당하다.

❶ A 総選挙(そうせんきょ)に際(さい)して新(あたら)しい公約(こうやく)でも出(だ)すのでしょうか。

　　　총선거에 즈음해서 새로운 공약이라도 내십니까?

　B 前回(ぜんかい)と変(か)わりません。 지난번과 다를 바 없습니다.

❷ A さぁ、行(い)きましょう。 자, 갑시다.

　B ちょっと待(ま)って下(くだ)さい。出発(しゅっぱつ)に際(さい)して一言注意(ひとことちゅうい)しておきます。

　　　잠깐만 기다리세요. 출발(하기)에 앞서 한 가지만 주의해 두겠습니다.

「〜に当たって」와「〜に際して」

- に当たって 〜에 임하여(임해서), 〜는데 있어서
- に際して 〜에 즈음하여, 〜에 앞서, 〜기에 앞서

① 入学式に当たって歓迎の言葉を述べたいと思います。
  입학식에 임하여 환영의 말씀을 드리고자 합니다.
② 入学式に際して歓迎の言葉を述べたいと思います。
  입학식에 앞서 환영의 말씀을 드리고자 합니다.
③ そのテーマを研究するに当たって何か問題点はあったでしょうか。
  그 테마를 연구하는데 있어서 뭔가 문제점이 있었습니까?
④ そのテーマを研究するに際して何か問題点はあったでしょうか。
  그 테마를 연구하기에 앞서 뭔가 문제점이 있었습니까?

접속방법

▶ 명사+に際して

256 〜にさせる(〜くさせる)
〜게 만들다

❶ A あの映画は人を悲しくさせるよね。
그 영화는 사람을 슬프게 만들어, 그렇지?

B そうだよね。そう 맞아.

❷ A どこまで人を惨めにさせるつもり?
어디까지 사람을 비참하게 만들 거야?

B そんなつもりじゃなかったんですけど。
그럴 생각이 아니었는데요.

접속방법
▶ 형용사 어간＋く＋させる
▶ 형용동사 어간＋に＋させる

257 〜に従って
〜을/를 따라(서)

〜に従(したが)って ➡ 〜을/를 따라(서)
〜に従(したが)っての・〜に従(したが)う ➡ 〜에 따른/따르는

❶ A 指示(しじ)に従(したが)ってやって下(くだ)さい。 지시에 따라 해 주십시오.
　 B 分(わ)かりました。 알겠습니다.

❷ A ルールと規則(きそく)に従(したが)うものだけが生(い)き残(のこ)る。
　　 룰과 규칙에 따르는 자만이 살아남는다.
　 B 何(なん)かサバイバルゲームみたい。 꼭 서바이벌 게임 같아.

비슷한 표현
⇒ 「にならって」의 항목 참조(p.422)

접속방법
▶ 명사＋に従って

258 〜にしては・〜にしても
〜치고는, 〜으로 치더라도・〜다 치더라도

1 〜にしては ➡ 〜치고는

A 暖かいな。 따뜻하구먼.

B そうだね。冬にしては暖かいね。 그렇네. 겨울치고는 따뜻하네.

2 〜にしても ➡ 〜으로 치더라도, 〜다 치더라도

❶ A 性格にしても実力にしても申し分ないな。
성격으로 치더라도 실력으로 치더라도 손색이 없구먼.

B 本当にいい人ですね。 정말 좋은 사람이네요.

❷ A 適当にやっておこう。 적당히 해 두자.

B 辞めるにしてもしっかりしておかなきゃ。
그만둔다 치더라도 제대로 해 놓아야지.

접속방법

▶ 명사+にしては・にしても
▶ 동사 연체형+にしては・にしても

259 〜にしろ・〜にせよ
〜이/가 됐든, 〜든

1 명사+にしろ・にせよ ➡ 〜이/가 됐든

❶ A 音楽にしろスポーツにしろ本人にやる気がなければ難しいよ。
　　음악이 됐든 스포츠가 됐든 본인이 하려는 마음이 없으면 어려워.

　B 何だってそうですよね。뭐든지 그렇죠.

❷ A 出席にしろ欠席にしろ連絡してあげなきゃ。
　　출석이 됐든 결석이 됐든 연락해 줘야지.

　B はい、分かりました。예, 알겠습니다.

2 각종 종지형+にしろ・にせよ ➡ 〜든

❶ A 買うにしろ買わないにしろ一度見ようよ。
　　사든 안 사든 한 번 보자.

　B そうだね。그러지.

❷ A 誰に頼まれたにしろ出来ないことは出来ないよ。
　　누구한테 부탁을 받았든 안 되는 건 안 돼.

　B そんなことをおっしゃらずに。그런 말씀하시지 말고.

접속방법
▶ 명사+にしろ・にせよ
▶ 각종 종지형+にしろ・にせよ

415

260 ～にする(～くする)
～게 하다

❶ A ここ、綺麗にしましょう。 여기 깨끗하게 합시다.
　B はい。 예.

❷ A 体を暖かくして下さい。 몸을 따뜻하게 하세요.
　B 分かりました。 알겠습니다.

접속방법
▶ 형용사 어간 + く + する
▶ 형용동사 어간 + に + する

261 ～に沿って
～을/를(에) 따라(서)

> ～に沿って ➡ ～을/를 따라(서)
> ～に沿っての・～に沿った ➡ ～에 따른

❶ A ここは道路に沿って桜が植えてあるんですよ。
여기는 도로를 따라서 벚꽃을 심어 놓았어요.

B 綺麗ですね。아름답네요.

❷ A 川の流れに沿って家が並んでいます。
강줄기를 따라 집이 늘어서 있지요.

B いい景色ですね。경치 멋있군요.

❸ A 政府の方針に沿った決定でした。
정부의 방침에 따른 결정이었습니다.

B それでいいでしょう。그것으로 됐어요.

비슷한 표현
⇒「にならって」의 항목 참조(p.422)

접속방법
▶ 명사 + に沿って

262 〜に対して
〜에 대하여(대해서)

〜に対^{たい}して ➡ 〜에 대하여(대해서)
〜に対^{たい}しての・〜に対^{たい}する ➡ 〜에 대한

❶ A 木村部長^{きむらぶちょう}、あいつ！ 기무라 부장. 저 놈.
　 B おい、お前^{まえ}、部長^{ぶちょう}に対^{たい}して失礼^{しつれい}だろう。
　　야, 너! 부장님에 대해서 실례지. 그럼.

❷ A 別^{べつ}にどうでもいいよ。 어떻게 되든 상관없어.
　 B あの事件^{じけん}に対^{たい}して何^{なん}の興味^{きょうみ}も関心^{かんしん}もないの?
　　그 사건에 대해서 아무런 흥미도 관심도 없어?

비슷한 표현

⇒「について」의 항목 참조(p.419)

접속방법

▶ 명사+に対して

263 ～について
～에 대하여(대해서), ～에, ～라서/이라서

1 ～について ➡ ～에 대하여(대해서)
   ～についての ➡ ～에 대한

❶ A 私について何を知っている？ 나에 대해서 뭘 알아?
   B 知っているよ。色々。 알고 있지. 이것저것.

❷ A そのことについては私が話します。
     그 일에 대해서는 제가 말하죠.
   B じゃ、お願いします。 그럼 부탁합니다.

2 숫자 명사 + につき ➡ ～에

A 1本につき100円です。 한 개에 100엔입니다.
B 高いな。 비싸구먼.

3 이유를 나타내는 につき ➡ ～라서/이라서

A 本日定休日につき休みです。 오늘은 노는 날이라서 휴업입니다.
B しまった。 아이고.

Tip

[아이고] ⇒ 「しまった」「やった」「やれやれ」「びっくりした」
「あらあら」

깜빡 실수를 했을 때는 「しまった」가 적당하고, 무엇인가를 잃어버리거나 잊어버렸을 때는 「しまった」가 적당하며, 기쁜 기분을 나타낼 때는 「やった」가 적당하다. 아플 때는 「やれやれ」가 적당하며 몸이 비명을 지를 때 쓰는 '아이고'는 「やれやれ」가 적당하고, 깜짝 놀랐을 때는 「びっくりした」, 어이가 없을 때는 「あらあら」가 적당하다. 장례식에서 쓰여지는 '아이고'는 일본어에는 없다.

 **비슷한 표현**

「～に対して」와 「～について」

◆ に対(たい)して ～에 대하여(대해서)

◆ について ～에 대하여(대해서)

★ 우리말에서는 양쪽 다 '～에 대하여(대해서)'로 나타낸다.

접속방법

▶ 명사 + について

264 ～にとって
～에게 있어서, ～한테

> ～にとって ➡ ～에게 있어서, ～한테
>
> ～にとっての ➡ ～에게 있어서의

★ 문장체나 딱딱한 말투의 경우는 '～에게 있어서'가 적당하고, 회화체일 때는 '～한테'가 적당하다.

❶ A あなたにとって幸せとは何ですか。
　　당신에게 있어서 행복이란 뭡니까?
　B そうですね。글쎄요.

❷ A 日本にとって損でしょう。일본한테 손해지요.
　B そうですよね。그렇겠죠?

❸ A できるかな? 할 수 있을까?
　B 彼にとってはそれくらい簡単ですよ。
　　걔한테는 그런 거 정도 간단해요.

접속방법

▶ 명사 + にとって

265 〜にならって
〜을/를 따라(서), 〜한테 배워서

❶ 〜に倣って ➡ 〜을/를 따라(서)

❶ A キリストにならって過ごす毎日です。
   예수님을 따라사는 매일입니다.
  B うらやましいな。 부럽네.

❷ A どうやってできるようになったの?
   어떻게 해서 할 수 있게 됐어?
  B 先輩にならってやっただけです。 선배 따라 한 것뿐이에요.

❷ 〜に習って ➡ 〜한테 배워서

A 刺繍がお上手ですね。 자수를 잘하시네요.
B 母に習ってできるようになったんです。
  엄마한테 배워서 할 수 있게 된 거예요.

'〜에 따라(서)'와 '〜을/를 따라(서)'

- '〜에 따라' 앞에 원인·수단·방법·재료·의지 등의 의미를 가진 명사가 올 때 ⋯ によって
- '〜에(을/를) 따라' 앞에 따르게 할 수 있을 만한 자격을 가진 명사가 올 때 ⋯ に従って
- '〜을/를 따라(서)' 앞에 모델이 될 수 있을 만한 명사가 올 때 ⋯ に従って
- '〜을/를(에) 따라' 앞에 따라갈 수 있을 만한 내용을 가지고 있는 명사가 올 때 ⋯ に沿って

 비슷한 표현

「〜に倣って」「〜に従って」「〜に沿って」

1) に倣って ~을/를 따라(서)
   - 先生に倣ってやって下さい。 선생님을 따라서 하세요.
   - お母さんに倣って私たちも早起きしようね。
     엄마 따라서 우리도 일찍 일어나자 알았지?

2) に従って ~에(을/를) 따라(서)
   - 先生の指示に従ってやって下さい。 선생님의 지시에 따라 하세요.
   - ルールに従うことを約束します。 룰에 따를 것을 약속합니다.

3) に沿って ~을/를(에) 따라
   - この線に沿って切って下さい。 이 선을 따라 자르세요.
   - 道に沿ってコスモスが植えられていたよ。
     길을 따라 코스모스가 심어져 있었어.

접속방법

▶ 명사+にならって

266 (동사) には
~려면/으려면, ~기에는

1 동사+には ➡ 「동사 어간」+려면/으려면

★ 앞 문장이 목적이나 의도의 뜻을 나타낼 때

❶ A そこに行くにはどうすればいいでしょうか。
　　거기에 가려면 어떻게 하는 게 좋은가요?

　B 何で来られますか。뭘로 오실 거죠?

❷ A 始発に乗るには4時に起きなきゃ。
　　첫차를 타려면 4시에 일어나야겠다.

　B 起きれるの? 일어날 수 있어?

2 동사+には ➡ 「동사 어간」+기에는

★ 앞 문장이 달성하거나 도달하고 싶은 어떤 일을 나타낼 때

❶ A 今辞めるにはちょっと問題が多いよ。
　　지금 그만두기에는 좀 문제가 많아.

　B 知るか。상관없어.

❷ A 英語を習うにはまだ早いと思うよ。 영어를 배우기에는 아직 일러.

　B 早いほどいいと言うじゃない。빠를수록 좋다잖아.

접속방법

▶ 동사 연체형+には

267 〜には〜が(けど)
〜기는 〜지만

❶ A 頼むよ。부탁해.
　 B 行くには行くけど、あまり期待するなよ。
　　 가기는 가지만 별로 기대하지 마.

❷ A ほしいにはほしいが、直接言えないじゃない。
　　 가지고 싶기는 하지만 직접 말 못하잖아.
　 B 私が言ってあげようか。내가 말해 줄까?

접속방법

▶ 동사 연체형＋には〜が
▶ 형용사 연체형＋には〜が

268 〜にゃ
안 〜면/으면, 〜지 않으면

- ★ 〜にゃ ⇒ 「부정조동사 ぬ＋접속조사 ば」의 다른 표현
- ★ 회화체에서 전혀 격식을 차리지 않는 말투로 표현할 때 사용되며 그다지 많이 쓰이는 표현은 아니다.

A 早くいか**にゃ**遅れるぞ。 빨리 안 가면 늦어.
B 分かりましたよ。お爺ちゃん。 알았어요. 할아버지.

접속방법

- ▶ 5단 동사 ア단 어미＋にゃ
- ▶ 1단 동사 어간＋にゃ
- ▶ する ⇒ せ＋にゃ
- ▶ 来る ⇒ 来＋にゃ

269 ~によって
~에 의하여(의해서), ~에 따라

★ ~によって ~에 의하여(의해서), ~에 따라
  ~によれば ~에 의하면, ~에 따르면
  ~によると ~에 의하면, ~에 따르면
  ~による ~에 의한, ~에 따르는

1 수동문의 동작주체＋によって ➡ ~에 의하여(의해서)

A 結局、どうなったの？ 결국 어떻게 됐어?
B 駆けつけた警察によって逮捕されたみたい。
  달려간 경찰에 의해서 체포됐나 봐.

2 앞 문장＋によって＋뒤 문장 ➡ ~에 의해서(의하여)

★ 앞 문장의 내용이 뒤 문장의 사건을 도출해 내는 하나만의 원인・수단・방법・재료・의존대상임을 표현할 때

❶ A 今事故により、電車が遅れているんですよ。
   지금 사고에 의해서(때문에) 전철이 늦어지고 있거든요.
  B いつ復旧するんですか。언제 복구됩니까?

❷ A 1年前くらい前までもなかったですよね。1년 전까지도 없었지요?
  B 技術開発によって可能になったんです。
   기술개발에 의해 가능케 됐습니다.

❸ 앞 문장+によって+뒤 문장 ➡ ~에 따라

★ 앞 문장의 내용이 뒤 문장의 사건을 도출해 내는 복수의 원인·수단·방법·재료·의존대상 중 어느 하나임을 표현할 때

❶ A 分析結果によってはやり直しだな。
　　분석결과에 따라서는 다시 해야겠구먼.

　B まさか。설마.

❷ A 国によって色々基準が違います。 나라에 따라 기준이 다릅니다.

　B ややこしいな。복잡하구먼.

❹ ~によれば・~によると・~による ➡ ~에 따르면, ~에 따른

❶ A 現地報道によれば全員無事だということです。
　　현지보도에 따르면 전원 무사하다는 이야기입니다.

　B よかった。잘됐다.

❷ A 故障による被害が大きかったですね。 고장에 따른 피해가 컸습니다.
　B 今後の課題ですね。 앞으로의 과제군요.

비슷한 표현

'~에 의하다'와 '~에 따르다'

- ◆ ~によって　~에 의하여(의해서), ~에 따라
- ◆ ~によれば　~에 의하면, ~에 따르면
- ◆ ~によると　~에 의하면, ~에 따르면
- ◆ ~による　~에 의한, ~에 따르는

★ 앞 문장의 내용이 뒤 문장의 사건을 도출해 내는 하나만의 원인·수단·방법·재료·의존대상임을 표현할 때는 '~에 의하여'의 계열을 쓰는 것이 적당하고, 복수의 원인·수단·방법·재료·의존대상 중 어느 하나임을 표현할 때는 '~에 따라'의 계열을 쓰는 것이 적당하다.

270 ～にわたって
～에 걸쳐(서)

1 ～にわたって ➡ ～에 걸쳐(서)
～にわたっての・～にわたる ➡ ～에 걸쳐서의, ～에 걸친

❶ A いつのことですか。언제 일입니까?
　B 今年の5月から7月にわたっての出来事でした。
　　올해 5월부터 7월에 걸쳐서의 일이었습니다.

❷ A 月曜日から土曜日にわたって開かれます。
　　월요일부터 토요일에 걸쳐 열립니다.
　B 見に行こう。보러 가자.

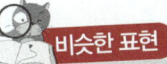 비슷한 표현

⇒「～にかけて」의 항목 참조(p.406)

접속방법
▶ 명사+にわたって

271 ね〈종조사・간투조사〉

~네(요), ~지?/죠?・~지/죠, ~구나/군요

1 종조사의 ね ➡ ~네/네요

★ 감탄・영탄의 기분을 표현할 때

① A まるで夏みたいだね。 꼭 여름 같네.
B 本当に暑いですね。 정말 덥네요.

② A いい景色ですね。 멋있는 경치네요.
B そうですね。 그렇네요.

③ A これ、美味しいね。 이거 맛있네.
B ありがとう。 고마워.

2 종조사의 ね ➡ ~지?/죠?, ~지/죠

★ 상대방의 동의・대답을 은근히 원할 때

① A あの映画、悲しいよね。 그 영화 슬프지?
B そうだね。 그래.

② A 今日、遅かったようだね。 오늘 늦은 모양이지?
B はい。 예.

③ A ここが見どころですね。 여기가 제일 볼 만한 곳이죠.
B 楽しみですね。 기대가 되네요.

❸ 종조사의 ね ➡ ~구나/군요

★ 화자 자신의 기분이나 생각, 의견 등을 상대방에게 전달할 때

❶ A 言いたいことがあるみたいだね。
　　이야기하고 싶은 게 있는가 보구나.

　B いいえ、ありません。아뇨, 없어요.

❷ A これはまずいですね。이거 곤란하게 됐군요.

　B どうしたんですか。왜요?

❸ A お別れだね。헤어지는구나.

　B また会うでしょう。또 만나겠죠.

❹ 간투조사의 ね ➡ ~있잖아(요) ⇒ 어절의 끝을 늘려서 이야기한다.

★ 우리말에서는 말 중간마다 어조나 어세를 조절해 주는 간투조사를 일본어만큼 자주 쓰지 않는다. 따라서 일본어라면 충분히 쓰일 수 있는 상황이라도 우리말에서는 간투조사를 사용하지 않기 때문에 이야기 중간마다 끊어서 이야기할 곳을 약간 늘려서 이야기하여 상대방의 주목을 끌거나 이야기하고 싶은 내용을 조절한다.

★ 간투조사의 「ね」에 가장 가까운 우리말 표현은 '~있잖아'이고, 간투조사 「さ」에 가장 가까운 우리말 표현은 '~말이야'이다.

❶ A 結婚するの? 결혼하는 거야?

　B 私がね、賛成したの。내가 있잖아, 찬성했어.

❷ A どこ行ったの? 어디 갔어?

　B 車に乗ってね、3時間くらいドライブしてきたの。
　　차 타고 있잖아, 3시간 정도 드라이브하고 왔어.

❸ A あのね、今週の土曜日がね、私の誕生日なの。
　　저~, 이번 주 토요일이~, 내 생일이야.
　B 知っているよ。알고 있어.

⇒「さ」의 항목 참조(p.101)

접속방법

▶ 각종 종지형+ね
▶ 각 어절+ね

272 〜ねば

안〜면/으면, 〜지 않으면

★ 「なければ」의 예스러운 말투로 회화체에서 자주 쓰이는 표현은 아니다.

A そこまで言うのだから行かねばなるまい。
저렇게까지 이야기하니 안 가면 안 되겠구먼.

B じゃ、私もご一緒します。 그럼 저도 같이 가겠습니다.

접속방법

- ▶ 5단 동사 ア단 어미+ねば
- ▶ 1단 동사 어간+ねば
- ▶ する ⇒ せ+ねば
- ▶ 来る ⇒ 来(こ)+ねば

273 ～ねばならない
～지 않으면 안 되다, ～아야/어야 하다

★ 「なければならない」의 예스러운 말투로 회화체에서 자주 쓰이는 표현은 아닙니다.

A 何とかせねばならないと思って立ち上がったわけです。
어떻게든 하지 않으면 안 되겠다고 생각하고 일어선 겁니다.

B ですからあなたを支持しているじゃありませんか。
그러니까 당신을 지지하고 있지 않습니까?

접속방법

- ▶ 5단 동사 ア단 어미+ねばならない
- ▶ 1단 동사 어간+ねばならない
- ▶ する ⇒ せ+ねばならない
- ▶ 来る ⇒ 来(こ)+ねばならない

274 の 〈격조사〉
~의, ~이/가, ~네

1 명사 + の + 명사 ➡ ~의

★「명사+の+명사」구조에 있어서 ①「どこの」「なんの」「誰の」가 불분명한 경우 ② 앞 명사와 뒷 명사 가운데 어느 쪽 명사에 나타내고자 하는 사실의 포인트가 있는가가 확실치 않은 경우 ③「どこの」「何の」「誰の」는 분명하게 밝혀져 있지만 그것을 확실하게 명기하고 싶을 경우 ④ 뒷 명사를 강조하고 싶을 경우 등에는 우리말에서는 '~의'가 반드시 나타나지만 기타의 경우「명사+の+명사」구조에 있어서 '~의'가 안 나타나는 경우가 많다. 그러나 일본어에서는 같은 구조의 경우 반드시「の」를 넣어서 표현해야 한다. 거꾸로 위에서 밝힌 4가지 경우를 제외하면 우리말에서는 '~의'를 생략하고「명사+명사」만으로 표현하는 것이 자연스럽다.

❶ A わが社のノーハウです。 우리 회사의 비결입니다.
　B 凄いですね。 대단하십니다.

> **Tip 凄い**
>
> 「凄い」가 좋은 이미지로 쓰일 때는 '대단하다' 또는 '굉장하다'가 적당하고, 좋지 않은 이미지로 쓰일 때는 '오싹할 정도이다'가 적당한 것 같다.

❷ A 韓国の冬は寒いですよ。 한국의 겨울은 춥습니다.
　B そうみたいですね。 그런가 봐요?

❷ 上、下、横、前、後、右、左、中 앞의 の
➡ '〜의'를 생략하고 표현

A 財布の中にいくらありますか。 지갑 안에 얼마 있어요?

B いくらもありません。 얼마 없어요.

❸ 연체형에서 주체를 나타내는 の ➡ 〜이/가

① A 仕事のない日は公園に行きます。 일이 없는 날은 공원에 갑니다.
   B ご自宅の近くにいい公園でもあるんですか。

   자택 근처에 좋은 공원이라도 있습니까?

② A この前の件、失敗しました。 요전번 건, 실패했습니다.
   B 私の言うことを聞けばよかったのに。

   내가 말하는 걸 들었더라면 좋았을 텐데.

❹ ①「どこの」「何の」「誰の」가 불분명한 경우 ②+앞 명사와 뒷 명사 가운데 어느 쪽 명사에 나타내고자 하는 사실의 포인트가 두어져 있는가가 명확한 경우 ➡ '〜의'를 생략

① A 家の住所を教えて下さい。 집 주소를 가르쳐 주세요.
   B 神奈川県横浜市。 가나가와 현 요코하마 시.

② A 映画のタイトルは何でしたか。 영화 제목이 뭐였어요?
   B そうね。思い出せないな。 글쎄, 기억이 안 나네.

⑤ 인명＋の＋소속물(사람·물건) ➡ ～네

❶ A 渡辺さんちの息子、甲子園に出るらしいよ。
　　와타나베 씨네 아들 고시엔에 나간대.
　B 応援しなきゃ。 응원해야겠네.

Tip　～さんち

★「さんのうち」를 간략하게 줄인 말

1) 단독주택을 가리키는 경우로 남편의 직업과 직위를 알 때는 「이름＋직위명＋네」으로 표현

　예 院長の金さんち 김 원장네,　弁護士の趙さんち 조 변호사네,
　　現代部長の宜さんち 현대 선 부장네,
　　タクシー業の申さんち 신 기사네

2) 단독주택을 가리키는 경우로 남편의 이름과 직업은 알아도 직책명을 잘 모르는 경우는 「직장명＋다니는＋풀네임 씨 ＋네」로 표현

　예 市役所に勤めるキムホヨンさんち 시청 다니는 김호영 씨네,
　　LGに勤めるナムギヨンさんち LG 다니는 남기영 씨네

3) 단독주택을 가리키는 경우로 남편의 이름이나 직업 등을 모르는 경우 그 가족 중에서 자신과 관계가 있는 사람의 이름으로 표현. 대개「아이 이름＋네 집」

　예 スミンちゃんち 수민이네, ミンジちゃんち 민지네

4) 맨션을 가리키는 경우에는 호실로 표현

　예 105号室の三星取締役の崔さんち 105호 삼성 최 이사네,
　　618号室のミョンジン君ち 618호 명진이네

❷ A おじさんの会社、どこなの？ 아저씨네 회사, 어디야?

　B ソウルだよ。 서울이야.

❸ A お前(お前んち)のお姉ちゃん、OLやってるんだっけ。
　　너희 누나 사무실에 근무한다고 그랬던가?

　B そう。 응.

접속방법

▶ 명사＋の＋명사

275 の 〈부조사〉
~는 둥 ~는 둥

1 활용어 종지형＋の ➡ ~는 둥 ~는 둥

❶ A 部屋が狭いの汚いのと言って結局決まらなかった。
　　방이 좁다는 둥 더럽다는 둥 해서 결국 못 정했어.

　 B で、その人、そのまま帰っちゃったの?
　　그래서 그 사람 그냥 가 버렸어?

❷ A 頭が痛いの気持ちが悪いのと嫌なことばかり言っているよ。
　　머리가 아프다는 둥 기분이 나쁘다는 둥 듣기 싫은 소리만 하고 있어.

　 B じゃ、休ませて。그럼 쉬게 해.

2 ~の~ないの ➡ ~는 둥 안(못) ~는 둥

❶ A 辞めるの辞めないのって騒いでいたね。
　　그만둔다는 둥 못 그만둔다는 둥 소란을 피우더군.

　 B 結局どうなったの? 결국 어떻게 됐어?

❷ A 高いの高くないのと言ってもめているみたい。
　　비싸다는 둥 안 비싸다는 둥 옥신각신하나 봐.

　 B もめるようなことじゃないと思うんだけど。
　　옥신각신할 만한 일이 아닌 것 같은데.

❸ 〜のなんの ➡ 하여간 엄청+「동사・형용사」

❶ A 寒いのなんの氷点下10度だよ。 하여간 엄청 추워. 영하 10도야.
  B 外に出たらどうなるんだろう。 밖에 나가면 어떻게 될까?

❷ A 汚いのなんのあんなの見たことないよ。
    하여간 엄청 지저분해. 그런 거 본 적이 없어.
  B そんなに酷かったの? 그렇게 지독했어?

접속방법

▶ 각종 종지형+の

276 の 〈종조사〉

~아/어·~야/이야, ~아/어?·~야/이야?, ~면/으면 안 돼

1 단정의 뜻을 나타내는 の ➡ 「동사 어간」+아/어, 「명사」+야/이야

❶ A 私、明日帰る の。 나 내일 가.
B 寂しいね。 허전하네.

❷ A あの店、凄く美味しい の。 그 집 굉장히 맛있어.
B 今度一緒に行こう。 다음에 같이 가자.

2 질문의 뜻을 나타내는 の ➡ 「동사/형용사 어간」+아?/어?, 「명사」+야?/이야?

❶ A 知りたい の？ 궁금해?
B そりゃ、知りたいよ。 그야 궁금하지.

❷ A 誰な の？ 누구야?
B いとこ。 사촌.

❸ A その人、頑固な の？ 그 사람 고집 세?
B うん、そうな の。 응. 그래.

3 명령의 뜻을 나타내는 の

➡ 일반적으로는 「동사 어간+아/어」로 표현하지만, 상대방에게 명령하거나 또는 설교하는 것 같은 기분을 강하게 표현하고 싶을 때는 '~아야지/어야지'가 적당하다.

❶ A 痛いよ。 아이고, 아파.
B だめ、じっとしている の。 안 돼. 가만있어.

❷ A そういう時にはありがとうと言うの。

　　그럴 때는 고맙습니다라고 해. (해야지)

　B はい。네.

❹ 명령의 뜻을 나타내는 ないの
➡「동사 어간+면/으면 안 돼」. 명령의 의미가 더 강해지는 경우에는 '～지 마'가 적당하다.

❶ A そんなことをしちゃいけないの。그런 짓 하면 안 돼.
　B 分かった。알았어.

❷ A 散らかしたりしないの。어지르거나 그러면 안 돼.
　B うん。응.

접속방법

▶ 각종 종지형+の
▶ ア단 어미+ないの

277 〜のか

〜는지, 〜ㄴ/은지

1 동사＋のか ➡ 「동사・있다/없다」+는지

❶ A いつ着くのか教えて下さい。 언제 도착하는지 가르쳐 주세요.
　 B 午後9時くらいです。 오후 9시경입니다.

❷ A 風邪を引いたのか調子がよくないね。
　　 감기 걸렸는지 컨디션이 좋지 않네.
　 B 気をつけなきゃ。 조심해야지.

2 명사・형용사＋のか ➡ 「명사・형용사」+ㄴ/은지

❶ A あのレストランは有名なのかいつもいっぱいだね。
　　 저 레스토랑은 유명한지 언제나 사람이 많네.
　 B 凄く有名らしいよ。 무지하게 유명하대.

❷ A 退屈なのかあくびばかりしているよ。 심심한지 하품만 하네.
　 B 遊んであげれば? 놀아주지 그래?

❸ A 休みなのか家にいるね。 휴가인지 집에 있네.
　 B 夏休みだって。 여름휴가래.

접속방법

▶ 명사＋のか
▶ 동사・형용사 연체형＋のか

278 〜のことです(ことですが)

〜말하는 거예요(겁니다), 〜말인데요(말입니다만)

명사+のことです ➡ 〜(을/를) 말하는 거예요(겁니다)
명사+のことですが(ことですけど) ➡ 〜말인데요(말입니다만)

❶ A 韓国語でネンミョンとかいうもの、それ、何?
　　한국어로 냉면인가 하는 거, 그거 뭐야?
　B 冷麺のことですよ。'레이멘' 말하는 거예요.

❷ A JSAって、何ですか。JSA라는 게 뭐예요?
　B 板門店の共同警備区域のことです。
　　판문점의 공동경비구역을 말하는 겁니다.

❸ A あのー、報告書のことですけど。저, 보고서 말인데요.
　B はい、何ですか。예, 뭡니까?

접속방법

▶ 명사+のことです(が)

279 〜のだ(のです)

〜야/이야, 〜거야/거예요/겁니다

1 명사＋なのだ(です) ➡ 「명사」＋다/이다, 〜이에요/입니다

A せっかくのチャンス**なのだ**。みんな頑張ろうじゃないか。
좀처럼 없는 찬스야. 모두 열심히 하자구.

B 社長の言うとおり**だ**。頑張ろう。 사장님 말씀대로다. 열심히 하자.

2 동사·형용사 연체형＋のだ(です)

➡ 〜는 거야/거예요/겁니다, 〜ㄴ/은 거야/거예요/겁니다

A 諦めないでやり直してみる**のです**。
포기하지 말고 다시 한 번 해 보는 겁니다.

B 分かりました。やってみます。 알겠습니다. 해 보겠습니다.

접속방법

▶ 명사＋のだ(のです)
▶ 동사·형용사 연체형＋のだ(のです)

280 〜のために
〜을/를 위해서, 〜때문에

❶ A 私(わたし)のためですか、それともあなたのためですか。
    나를 위해서입니까? 아니면 당신을 위해서입니까?

  B もちろんあなたのためですよ。 물론 당신을 위해서입니다.

❷ A 子供(こども)たちのために作(つく)りました。 애들을 위해서 만들었습니다.
  B 喜(よろこ)ぶと思(おも)いますよ。 좋아할 거예요.

접속방법

▶ 명사+のために

281 〜のだろう(のでしょう)
〜거겠지(요)

❶ A 彼、どうしたんでしょうかね。그 사람 어떻게 된 걸까요?
B 急用でもできたのだろう。급한 일이라도 생긴 거겠지.

❷ A きっとどこかで落としたのでしょう。
분명 어디엔가 떨어뜨린 거겠지요.
B そんなはずがないですけどね。그럴 리가 없는데요.

❸ A 後でまた会うのでしょう。나중에 또 만나는 거겠죠.
B なるほど。듣고 보니 그렇네요.

접속방법
▶ 각종 연체형 + のだろう(のでしょう)

282 のて
~라서/이라서, ~아서/어서 · ~기 때문에, ~느라고, ~길래

❶ 명사＋なので ➡ ~라서/이라서, ~기 때문에

★ 자연스러운 흐름이라는 것을 표현하고 싶을 때는 '~라서/이라서'가 적당하고, 이유·근거를 강조하여 표현하고 싶을 때는 '~기 때문에'가 적당하다.

❶ A 入ろう。 들어가자.
B まだ学生なのでだめです。
 아직 학생이라서(학생이기 때문에) 안 돼요.

❷ A 子供なので分別がないんですよ。 애라서 철이 없어요.
B 子供ですって? 애라뇨?

❷ 동사·형용사 종지형＋ので ➡ ~아서/어서, ~기 때문에

★ 자연스러운 흐름이라는 것을 표현하고 싶을 때는 '~아서/어서'가 적당하고, 이유·근거를 강조하여 표현하고 싶을 때는 '~기 때문에'가 적당하다.

❶ A 主人が待っているので先に失礼します。
 남편이 기다리기 때문에 먼저 실례하겠습니다.
B お疲れ様。 수고하셨습니다.

❷ A おー、暖かい! 어, 따뜻하다.
B 寒いのでストーブ、つけちゃいました。 추워서 난로 켰어요.

❸ ～たので ➡ ～었/았기 때문에

★ '～아서/어서'의 과거형이 없기 때문에「たので」는 '～었/았기 때문에'로 표현한다.

❶ A 昨日何かあったの? 어제 무슨 일 있었어?
　 B 留守だったので知りません。 집에 없었기 때문에 몰라요.

❷ A お昼でもいかがですか。 점심이라도 어떠세요?
　 B さっき食べたので大丈夫です。 아까 먹었기 때문에 괜찮습니다.

❸ A そんな必要があったんですか。 그럴 필요가 있었습니까?
　 B もちろんですよ。行くと約束したので行ったんです。
　　 물론이지요. 간다고 약속했기 때문에 간 겁니다.

❹ ～たので ➡ ～아서/어서

★ 앞 문장과 뒤 문장의 움직임·상태가 연동되어 있어서 뒤 문장이 과거형이 되어 있는 경우에는「～たので」를 '～아서/어서'로 표현할 수도 있다. 이 경우 '～아서/어서+요'로 일단 끊고 이야기를 계속하는 경우도 종종 있다. 물론 이유·근거를 명확히 제시하여 표현하고 싶은 경우에는 '～었/았기 때문에'를 사용한다.

❶ A 安かったので買いました。 싸서 샀어요.
　 B またか。 또?

❷ A 断ったんですって? 거절하셨다면서요?
　 B はい。とても嫌だったので。 예. 너무 싫어서요.

❸ A 村松さんに会ったんですか。 무라마츠 씨 만났습니까?
　 B はい、ちょうどそこにいらしたので。 예, 마침 거기 계셔서요.

❺ 동사+ので ➡ 「동사·있다 어간」+느라고

★ 앞 문장의 목적을 실행한 결과로서 뒤 문장의 사실이 생겨났음을 나타내고 싶을 때

❶ A 病院通いしているのでお金がかかる。
　　매일 병원 다니느라고 돈 들어.
　B お金もだけど、本当に大変ね。 돈도 돈이지만 정말 큰일이다.

❷ A 残業したので遅くなったよ。 잔업하느라고 늦었어.
　B 疲れたでしょう。 피곤하지요.

❻ 명사+ので ➡ ~길래
　 동사·형용사+ので ➡ ~길래

★ 앞 문장의 상황이 원인이 되어 그 상황이 만들어낸 결과로서 뒤 문장의 내용이 성립하고 있음을 나타낼 때

　A 皆走っているので私も走ったよ。 모두 뛰길래 나도 뛰었지.
　B 理由も知らずに？ 이유도 모르고?

「~から」「~ので」「~て」

1) から ~니까/으니까(의도적 인과관계)
2) ので ~기 때문에(귀납적 인과관계)
3) ので ~아서/어서(계기적 인과관계)
4) ので ~느라고(목적의 인과관계)
5) ので ~길래(상황의 인과관계)
6) て ~아서/어서(인과연결)

★ 뒤 문장에 화자의 주관적인 감정(명령·권유)을 담은 내용이 올 때는 화자의 의도적인 인과관계를 나타내는 「から」가 주로 쓰이기 때문에 '~니까/으니까'가 적당하고, 이른바 귀납적인

귀결로서 화자가 앞 문장에 이유나 근거를 제시하는 경우에는 「ので」가 쓰이기 때문에 '〜기 때문에'가 적당하다. 앞 문장과 뒤 문장이 자연스러운 흐름으로 하나로 연결될 때는 계기적 인과관계를 나타내는 「ので」가 쓰이기 때문에 '〜아서/어서'가 적당하고, 앞 문장의 목적을 실행한 결과로서 뒤 문장이 성립함을 나타낼 때는 목적의 인과관계를 나타내는 「ので」가 쓰이기 때문에 우리말로는 '〜느라고'가 적당하다. 주변의 상황 등에 의해 일어난 결과로써 뒷문장의 내용이 성립함을 나타낼 때는 상황의 인과관계를 나타내는 「ので」가 쓰이므로 우리말로는 '〜길래'가 적당하다.

- 犬が怖いので入れません。 개가 무서워서 못 들어가요.
  - 개가 무서워서 못 들어가는 것은 자연스러운 흐름으로 보여지기 때문에 계기적 인과관계를 나타내는 '무서워서'가 가장 적절하다고 볼 수 있다.

- 今混んでるから後で行こう。 지금 차 막히니까 나중에 가자.
  - 화자는 나중에 가자고 상대방을 설득하고 있으므로 어느 쪽인가 하면 화자의 주관적인 감정을 나타내고 있다고 볼 수 있다. 그러므로 의도적 인과관계를 나타내는 '막히니까'가 가장 적당하다고 볼 수 있다.

- 途中でトイレに行ったのでどうなったのか分かりません。 중간에 화장실에 갔기 때문에 어떻게 됐는지 몰라요.
  - 어떻게 됐는지 잘 모르는 것은 도중에 화장실에 갔기 때문에 의한 귀납적인 결과라고 볼 수 있다. 그렇기 때문에 '갔기 때문에'가 가장 적절하다고 볼 수 있다. 화자가 화장실에 간 것은 어떻게 될지 모르는 사태를 유발시키기 위해서가 아니기 때문에 '갔으니까'는 쓸 수 없다.

접속방법

▶ 명사＋な＋ので
▶ 동사・형용사 종지형＋ので
▶ 동사 て형＋た＋ので

283 のに
〜ㄴ데/인데, 〜는데・〜ㄴ/은데, 〜ㄹ/을 텐데, 〜았/었는데

❶ 명사+なのに ➡ 「명사」+ㄴ데/인데

❶ A 凄い量、買うね。무지하게 많이 사네.
　B 一人なのに、ね。혼잔데, 그렇지?

❷ A 長男なのに大丈夫? 장남인데 괜찮아?
　B 別居するから。따로 살 거니까.

❷ 동사・형용사 연체형+のに ➡ 〜는데, 〜ㄴ/은데

❶ A 遊びにおいでよ。놀러 와.
　B そこに行くのにどのぐらいかかる? 거기 가는데 얼마나 걸려?

❷ A 勉強しているのに成績が上がらない。
　　공부하는데 성적이 안 올라.
　B やり方を変えれば? 방법을 바꿔 보지?

❸ A 2番目の選手が金メダルだよ。두 번째 선수가 금메달이야.
　B 内容もよくないのに? 내용도 안 좋은데?

❸ 〜ば〜のに ➡ 「동사 어간」+ㄹ/을 텐데

❶ A 私、来たよ。나 왔어.
　B 連絡してくれれば私が行くのに。연락하면 내가 갈 텐데.

❷ A お金がないと言えば払うのに。 돈이 없다고 하면 내가 낼 텐데.
　B いいよ、カードで払ったから。 괜찮아. 카드로 냈으니까.

4 〜たのに ➡ 「동사・형용사」+았는데/었는데, 「명사」+였는데/이었는데

❶ A 電話したのに来ないですね。 전화했는데 안 오네요.
　B もう1回して。 다시 한 번 해.

❷ A ちょっと薄かったのにそれでも美味しかったみたい。
　　좀 싱거웠는데 그래도 맛있었나 봐.
　B 薄いのがよかったんじゃない? 싱거운 게 좋았나 보지?

접속방법

▶ 명사+な+のに
▶ 동사・형용사 연체형+のに
▶ 동사 て형+た+のに
▶ 〜ば+동사 연체형+のに

284 のみ 〈부조사〉
~만, ~ㄹ/을 뿐

① 명사＋のみ ➡ ~만

A 10日間水のみで生き延びたらしいよ。 10일간 물만으로 연명했대.
B でも、生きていてよかった。 그렇지만 살았으니 잘됐지.

② 동사 연체형＋のみ ➡ ~ㄹ/을 뿐

A 抱負を聞かせて下さい。 포부를 들려주세요.
B 前進あるのみです。 전진이 있을 뿐입니다.

③ のみならず ➡ ~뿐(만) 아니라

A われわれのみならず彼らも参加します。
　우리뿐(만) 아니라 그 사람들도 참가합니다.
B いつ決まったんですか。 언제 결정됐습니까?

접속방법

▶ 명사＋のみ
▶ 동사 연체형＋のみ

285 は
~은/는 〈제시·제안〉

1 は ➡ ~은/는

❶ A 紅茶は? 홍차는?
   B あまり好きじゃありません。 별로 안 좋아해요.

❷ A 明日時間ありますか。 내일 시간 있어요?
   B 時間はたくさんあります。 시간은 많아요.

2 いつ、どこ、何 등의 부정의문문의 は ➡ ~이/가

★ 일반적으로 위와 같은 간단한 형태의 부정의문문에 쓰여지는 は 는 이/가 로 표현하는 것이 좋다. 단 '주소, 이름, 생일' 등을 내걸어 특별히 강조하여 표현할 경우에는 '~는'을 써서 '주소는, 이름은, 생일은'으로 나타낸다.

❶ A ご住所はどこですか。 주소는 어딥니까?
   B 横浜です。 요코하마입니다.

❷ A お名前は何ですか。 이름은 뭐예요?
   B 安里です。 아리입니다.

❸ A 誕生日はいつなの? 생일은 언제야?
   B 11月です。 11월입니다.

❸ 존경의 대상이 되는 사람 명사+は ➡ ~께서는

❶ A 先生はいつこの学校に来られたのですか。
　　선생님께서는 언제 이 학교에 오셨어요?

　B 10年前かな。 10년 전인가.

❷ A お父さんはどこにお勤めですか。 아버님께서는 어디 근무하세요?
　B 建設会社です。 건설회사입니다.

❹ 당위적인 의미를 나타내는 は ➡ ~야/이야

A お願いしますよ。 부탁합니다.
B 私はやってあげたいですよ。しかし…。
　저야 해 드리고 싶지요. 그런데…….

접속방법

▶ 명사+は

286 ば

~면/으면, ~지 그래?, ~만 ~면/으면, ~도 하고 ~도 하다

1 동사・형용사・형용동사+ば ➡ ~면/으면

❶ A 3時まで行けば間に合うから。 3시까지 가면 되니까.
　B 3時ですね? 3시죠?

❷ A どこに出せばいいんですか。 어디에 내면 돼요?
　B 事務室に出して下さい。 사무실에 내세요.

❸ A 高いものを買えば安心とか言うでしょう?
　　비싼 걸 사면 안심이라고 말하잖아요?
　B だからといって高ければいいってものでもないし。
　　그렇다고 해서 비싸면 괜찮다는 법도 없고.

2 명사+さえ+동사・형용사・형용동사+ば ➡ ~만 ~면/으면

❶ A そのミスさえなければ優勝だったね。
　　그 실수만 없었으면 우승했을 건데.
　B 本当ですね。惜しいですね。 정말이에요. 안타깝네요.

❷ A あなたさえよければ結婚してもいいわよ。
　　너만 괜찮다면 결혼해도 좋아.
　B 私は大歓迎ですよ。 나야 대환영이지.

❸ 동사+ば? ➡ ~지 (그래)?

★ 문장의 끝을 「ば」로 맺을 때 '~면/으면 어떻겠어(요)?'의 의미를 나타내게 되며 「ば」를 올리면서 말해야 한다.

❶ A 退屈なのかあくびばかりしてるね。 심심한지 하품만 하네.
    B 話し相手でもしてあげれば？ 이야기 상대라도 해 주지 그래?

❷ A 直接会って手渡しすれば？ 직접 만나서 건네주지 그래?
    B あ、それがいいわ。 아, 그게 좋겠다.

❹ 명사+ば+명사+もする(ある·いる) ➡ ~도 하고 ~도 하다

❶ A 千佳は英語も話せればドイツ語も話せるみたいだよ。
    치카는 영어도 할 줄 알고 독일어도 할 줄 아는가 봐.
    B きっと頭いいんだろうな。 틀림없이 머리 좋을 거야.

❷ A もう気力もなければ意欲もない。 이제 기력도 없고 의욕도 없다.
    B どうしたんですか。 왜 그러세요?

비슷한 표현

⇒ 「たら」의 항목 참조(p.217)

접속방법

▶ 5단 동사의 エ단 어미+ば
▶ 1단 동사의 어간+れ+ば
▶ する ⇒ す+れ+ば
▶ 来る ⇒ 来+れ+ば
▶ 형용사 어간+けれ+ば
▶ 형용동사 어간+なら(であれ)+ば
▶ 명사+であれ+ば

287 〜ばいい(です)
〜면/으면 돼(요)

❶ A 5時までに行けばいいって。5시까지 가면 된대.
　 B 分かった。알았어.

❷ A お前だけ知っていればいいよ。너만 알고 있으면 돼.
　 B あ、そうですか。아, 그렇습니까?

❸ A どんな家をお探しですか。어떤 집을 찾으십니까?
　 B うるさくなければいいですね。시끄럽지 않으면 됩니다.

접속방법

▸ 5단 동사의 エ단 어미+ばいい
▸ 1단 동사의 어간+れ+ばいい
▸ する ⇒ す+れ+ばいい
▸ 来る ⇒ 来+れ+ばいい
▸ 형용사 어간+なら+ばいい
▸ 형용동사 어간+なら+ばいい
▸ 명사+であれ+ばいい

288 〜ばいいのに
〜면/으면 좋을(될) 텐데

★ 그렇게 하는 편이 좋다고 판단하는 화자의 생각을 나타낼 때는 '좋을 텐데'가 적당하고, 그렇게 하는 것이 어떤 사실의 성립에 무난하다고 화자가 판단할 때는 '될 텐데'가 적당하다.

❶ A これを着ればいいのに。 이걸 입으면 좋을 텐데.
　 B ほっといて。 내버려 둬.

❷ A 人を呼べばいいのに。 사람을 부르면 될 텐데.
　 B いいよ。自分で治すから。 됐어. 내가 고칠 거니까.

❸ A もっと大勢ならばいいのに。 더 많이 있었으면 좋았을 텐데.
　 B うちらだけじゃ不満なわけ？ 우리만으로는 불만이라는 거야?

접속방법

▶ 5단 동사의 エ단 어미+ばいいのに
▶ 1단 동사의 어간+れ+ばいいのに
▶ する ⇒ す+れ+ばいいのに
▶ 来る ⇒ 来+れ+ばいいのに
▶ 형용사 어간+けれ+ばいいのに
▶ 형용동사 어간+なら+ばいいのに
▶ 명사+であれ+ばいいのに

289 ばかり

~만(전념·근사치), ~기만 해서(움직임·상태의 전념)
~정도(수치의 근사치), ~ㄴ/은 때문에(이유의 근사치)
~ㄹ/을 것 같다(모습의 근사치)
막 ~ㄴ/은 참·~기만 하면 되다(움직임의 근사치)

1 명사＋ばかり ➡ ~만

❶ A 最近こればかり飲んでますね。 요새는 이것만 마셔요.
   B たまにはこれも飲んでみれば？ 가끔은 이것도 마셔 보지 그래?

❷ A 私は昔からエルメスばかり使っているのよ。
     나는 옛날부터 에르메스만 써요.
   B はぁ、すごい。 에! 대단하구먼.

2 동사＋てばかり ➡ ~기만 해서

❶ A どうですか。あの人は？ 어때요? 그 사람은?
   B あの人はいつも怒ってばかりで嫌です。
     그 사람 늘 화만 내고 해서 싫어요.

❷ A そんなに遊んでばかりでいいの？ 그렇게 놀기만 해서 되겠어?
   B 遊んでばかりだなんて。 놀기만 한다니요?

3 명사＋ばかり ➡ ~정도

★ 제시된 숫자와 거의 다를 바 없는 수치임을 나타낼 때

   A 一週間ばかり待って下さい。 일주일 정도 기다려 주세요.
   B 一週間だぞ。 일주일이야.

4 ～たばかりに ➡ ～ㄴ/은 때문에

❶ A 私がいなかったばかりにこんなことが起きてしまいまして本当に申し訳ありません。

제가 자리를 비운 때문에 이런 일이 일어나 정말 죄송합니다.

B 今後気をつけて下さい。

앞으로 조심하십시오.

❷ A 状況を説明して下さい。 상황을 설명해 주세요.

B 私がちょっと油断したばかりにそんな事故が。

제가 잠깐 방심한 때문에 그런 사고가.

5 ～んばかり ➡ ～ㄹ/을 것 같다

★「동사 미연형＋んばかり」 표현은 극히 한정된 동사에 밖에 쓰이지 않으며 「言わんばかり((말)할 것 같다)」「割れんばかり(깨질 것 같다)」「泣かんばかり(울 것 같다)」「溢れんばかり(넘칠 것 같다)」「こぼれんばかり(넘칠 것 같다)」 등이 주요 예이다. 이 이외의 동사에 쓰여지는 예는 거의 없는 것으로 보인다.

❶ A まるで初めてですよと言わんばかりの顔しているね。

꼭 처음 본다고 할 것 같은 얼굴하고 있구먼.

B えっ、本当ですか。初めてじゃないですか。

예? 정말이요? 처음 아니에요?

❷ A リバイバル聖会を通して溢れんばかりの恵みを頂きましたよ。

부흥성회를 통해서 넘치는(넘칠 것 같은) 은혜를 받았습니다.

B 俺も行きたかったな。 나도 가고 싶었는데.

6 동사＋ばかり ➡ ~기만 하면 되다

★ 주로 문말표현으로 많이 쓴다.

A そちらはどうなっていますか。그쪽 어떻게 됐어요?
B 準備(じゅんび)も終(お)わって出発(しゅっぱつ)するばかりです。
   준비도 끝나고 출발하기만 하면 됩니다.

7 동사＋たばかり ➡ 막 ~ㄴ/은 참, 막 ~았/었다

A まだですか。아직 안 됐습니까?
B 今(いま)仕上(しあ)がったばかりです。지금 막 다 했습니다. (다 된 참입니다)

접속방법

▶ 명사＋ばかり
▶ 동사 て형＋てばかり
▶ 동사 て형＋たばかりに
▶ 동사 연체형＋ばかり
▶ 동사 て형＋たばかり

290 〜はずがない・〜はずだ

〜ㄹ/을 리가 없다, 〜ㄹ/을 것이다

1 각종 연체형+はずがない ➡ 〜ㄹ/을 리가 없다

❶ A 来ないようですよ。 안 오는 모양입니다.

　B そんなはずがありません。 그럴 리가 없습니다.

❷ A 落ちたみたい。 떨어졌나 봐.

　B あの子が落ちるはずがないのに。 그 애가 떨어질 리가 없는데.

2 각종 연체형+はずだ ➡ 〜ㄹ/을 것이다

★ 「はず」는 「화자가 마음 속에서 그렇게 될 것으로 생각하고 그리고 추측하는 어떤 모습」을 나타내는 의미기능을 가지고 있기 때문에 비슷한 단어가 없는 우리말로는 단순한 예정을 나타내는 '〜ㄹ/을 것이다'로 표현한다.

❶ A もうそろそろ見えるはずだよ。 이제 곧 보일 거다.

　B あ、見えた。 아, 보인다.

❷ A この前行った店で買う。 지난번에 갔던 가게에서 살래.

　B その店は高いはずだよ。 그 가게는 비쌀 거야.

❸ A 今日社長に会うはずなんだけど、言いたいことでもあるの?
　　오늘 사장하고 만날 건데 말하고 싶은 거라도 있어?

　B 給料の話、必ずして下さい。 월급 이야기 꼭 해 주십시오.

❸ こんなはずじゃない ➡ 이러려는 게 아니었다, 이게 아니다
そんなはずじゃない ➡ 그러려는 게 아니었다, 그게 아니다

★ 전달하고자 하는 내용이 화자 자신의 행위와 직접 관련이 있는 경우에는 '이러려는 게 아니다, 그러려는 게 아니다'가 적당하고, 주변 상황의 움직임에 대한 화자의 판단을 나타내는 경우에는 '이게 아니다, 그게 아니다'가 적당하다.

A こんなはずじゃありませんでした。 이러려는 게 아니었습니다.
B じゃ、どんなはずだったの? 그럼 어떻게 하려고 했는데?

 비슷한 표현

「〜はず」「〜予定」「〜つもり」

◆ 「はず」는 화자가 그렇게 될 것으로 생각하고 머릿속에 그리고 추측하는 어떤 모습의 뜻을 나타낸다.
◆ 「予定(よてい)」는 화자 자신의 것이든 또는 제3자의 것이든 예정 그 자체를 나타낸다.
◆ 「つもり」는 화자 자신 또는 제3자가 장래 이렇게 하려고 한다 또는 이렇게 하겠다고 하는 뜻을 밝히는 이른바 의도적 예정의 뜻을 지닌다.

① いつ帰(かえ)るはずですか。(×)
② いつ帰(かえ)る予定(よてい)ですか。(○) 언제 돌아갈 예정이에요?
③ いつ帰(かえ)るつもりですか。(○) 언제 돌아갈 예정이에요?

🔍 위 질문으로 미루어 돌아갈 예정으로 있는 것은 질문의 상대방이다. 「はず」를 사용하게 되면 위 질문에 대답할 행위주체인 상대방이 자신의 행동을 마치 다른 사람의 이야기를 하는 것처럼 추측 표현화해야 하기 때문에 ①은 쓸 수 없다. ②는 단순한 예정을 묻는 표현이고 ③은 상대방의 의도를 묻는 표현이다.

④ 月末までには着くはずです。(○) 월말까지는 도착할 겁니다.
⑤ 月末までには着く予定です。(○) 월말까지는 도착할 예정입니다.
⑥ 月末までには着くつもりです。(×)

✎ ④는 무엇인가가 도착할 것이라는 화자의 추측판단표현이고 ⑤는 화자의 단순한 예정판단이다. 위 예들의 주어는 물건이기 때문에 물건이 의지 또는 의도를 가질 수는 없어서 ⑥은 성립되지 않는다.

⑦ 今頃休んでいるはずです。(○) 지금쯤 쉬고 있을 겁니다.
⑧ 今頃休んでいる予定です。(×)
⑨ 今頃休んでいるつもりです。(×)

✎ 쉬고 있는 것은 화자와 상대방이 알고 있는 제3자인데 예문이 나타내고자 하는 내용이 제3자에 대한 화자의 추측판단이므로 ⑦만이 성립된다. 설사 제3자의 예정을 화자가 알고 있더라도 쉬고 있는지 아닌지에 대한 부분까지 화자가 예정할 수는 없고 그 부분에 대해서는 추측판단을 하는 것이 옳기 때문에 ⑧은 성립될 수 없고 ⑨는 제3자의 의도적 예정을 화자가 좌지우지할 수 있는 것이 아니기 때문에 성립되지 않는다.

⑩ (私は)来年卒業するはずです。(×)
⑪ (私は)来年卒業する予定です。(○)
⑫ (私は)来年卒業するつもりです。(○)

✎ ⑩은 화자 자신의 일을 스스로 추측판단으로 나타내고 있기 때문에 성립하지 않는다. ⑪은 4학년이기 때문에 당연히 졸업을 하게 될 것이라는 단순예정의 뜻이고 ⑫는 유급을 했거나 또는 단위가 조금 모자라거나 할지도 모르지만 반드시 졸업을 하겠다고 하는 화자의 의도적 예정의 뜻을 나타내는 예이다.

⇒ 「つもり」의 항목 참조(p.247)

접속방법

▶ 각종 연체형+はずだ

▶ 각종 연체형+はずがない

291 ～ば～ほど
～면/으면 ～ㄹ/을수록

① 동사＋れば＋ほど ➡ ～면/으면 ～ㄹ/을수록

❶ A 見れば見るほど美人ですね。 보면 볼수록 미인이네요.
　 B 本当にそうだね。 정말 그렇네.

❷ A あの野郎、考えれば考えるほど腹立つな。
　　 그 놈, 생각하면 생각할수록 화가 나네.
　 B 本当にけしからんやつですね。 정말 괘씸한 녀석이군요.

② 형용사＋ければ＋ほど ➡ ～면/으면 ～ㄹ/을수록

A ことが難しければ難しいほど力を合わせなきゃ。
　 일이 어려우면 어려울수록 힘을 합쳐야지요.

B ごもっともです。 지당하신 말씀이십니다.

③ 명사＋ほど ➡ ～일수록

❶ A 成功している人ほど謙虚な人が多いんですよ。
　　 성공한 사람일수록 겸손한 사람이 많아요.
　 B 肝に銘じます。 명심하겠습니다.

❷ A 親しい間柄ほど返って人間関係が難しいもの。
　　가까운 사이일수록 오히려 인간관계가 어려운 법.
　B 気をつけます。조심하겠습니다.

4 〜ければ의 생략 ⇒ '〜면/으면'을 생략하고 '〜ㄹ/을수록'만으로 표현한다.

　A 高いほどよく売れるらしい。비쌀수록 잘 팔린대.
　B 人間の心理でしょう。사람의 심리겠지요.

⇒ 「ほど」의 항목 참조(p.471)

접속방법

- 5단 동사의 エ단 어미+ば+연체형+ほど
- 1단 동사의 어간+れ+ば+연체형+ほど
- する ⇒ す+れ+ば+연체형+ほど
- 来る ⇒ 来+れ+ば+연체형+ほど
- 형용사 어간+けれ+ば+연체형+ほど
- 명사+であれ+ば+であれほど

292 へ 〈격조사〉

~로/으로〈방향·방위〉, ~에

★ 방향·방위를 나타내는 경우에는 '~로/으로'가 적당하고, 목적지 그 자체를 나타내는 경우에는 '~에'가 적당하다.

❶ A あの人たち、どこへ行くんですかね。
   저 사람들 어디로 가는 거죠?
   B コンサートがあるみたいですよ。 콘서트가 있나 봐요.

❷ A ここへ何時に集まりますか。 여기로 몇 시에 모입니까?
   B 7時頃ですね。 7시경이에요.

❸ A デパートへは何しに行ったんですか。
   백화점에는 뭐 하러 갔어요?
   B スーツを買いに行きました。 양복 사러 갔어요.

─── 접속방법 ───

▶ 명사+へ

293 〜べきだ
〜아야/어야 하다

❶ A 皆にもっと早く言うべきだった。
모두한테 더 빨리 말했어야 했어.

B 分かってくれますよ。大丈夫です。 알아줄 거예요. 괜찮아요.

❷ A いいよ。決めよう。 됐어. 정하자.

B もっと相談して決めるべきだよ。 더 의논하고 결정해야 해.

비슷한 표현

⇒ 「〜なければならない」 의 항목 참조(p.376)

접속방법

▶ 5단 동사 종지형＋べきだ
▶ 1단 동사 종지형＋べきだ
▶ する ⇒ す＋べきだ
▶ 来る ⇒ 来る＋べきだ

294 ほど

~정도·~만큼, ~ㄹ/을 정도·~는 만큼, ~면/으면 ~ㄹ/을수록

1 명사＋ほど ➡ ~정도, ~만큼

★ 「수량 명사」＋ほど ⇒ 대략적인 숫자를 표현 ⇒ ~정도
  어떤 사건을 나타내는 명사＋ほど ⇒ 비교기준 ⇒ ~만큼

❶ A 2時間ほど待っていたみたいよ。
  2시간 정도 기다렸나 봐.

  B あらら。아이고.

❷ A でも、帰ります。그래도 가겠습니다.
  B これほど言っても分からないのか。이만큼 이야기해도 몰라?

❸ A せめて去年ほどの実績はほしいな。
  하다못해 작년만큼의 실적은 나와 주었으면 좋겠는데.

  B 大丈夫なんじゃないでしょうかね。괜찮지 않겠어요?

2 각종 연체형＋ほど ➡ ~ㄹ/을 정도, ~는 만큼

★ 「ほど」앞에 오는 내용이 어떤 정도를 나타내는 경우에는 '~ㄹ/을 정도'가 적당하고, 어떤 기준을 제시하는 내용일 경우에는 '~ㄹ/을 만큼'이 적당하다.

❶ A 痛くて水ものどを通らないほどです。
  아파서 물도 목을 안 넘어갈 정도예요.

  B 大変ですね。큰일이군요.

❷ A 子供に先立たれるほど悲しいことはないよね。
  자식이 먼저 죽는 것만큼 슬픈 일은 없을 거야.

  B うちのおばあちゃん見てもそうだよ。우리 할머니를 봐도 그래.

471

❸ ～ば～ほど ➡ ～면/으면 ～ㄹ/을수록

A 早ければ早いほどこの子にはいいです。
　　빠르면 빠를수록 애한테는 좋습니다.

B そうですか。小さすぎではありませんか。
　　그렇습니까? 너무 어리지는 않을까요?

'～면/으면 ～만큼'과 '～면/으면 ～ㄹ/을수록'

◆ ～면/으면 ～만큼　～ば～だけ
◆ ～면/으면 ～ㄹ/을수록　～ば～ほど

① 見れば見るほど美人だ。 보면 볼수록 미인이다. (O)
② 見れば見るだけ美人だ。 보면 볼수록 미인이다. (X)

✎ 미인이라고 판단을 하는 기준은 어디에서 어디까지라고 정할 수 있는 것이 아니며 한계를 만들어 놓을 수 있는 사안이 아니기 때문에 화자가 생각하는 어떤 일정기준에 마침 알맞게 도달해 있음을 나타내는 ②는 성립하지 않는다.

③ 早ければ早いほどいいです。 빠르면 빠를수록 좋습니다. (O)
④ 早ければ早いだけいいです。 빠르면 빠른 만큼 좋습니다. (O)

✎ '빠르다'는 상황에 대해 화자는 그 상태가 마침 알맞게 어떤 일정기준에 도달해 있다고 판단할 수도 있고 또는 지금의 '빠르다'는 상태보다 더 앞으로 나아갈 가능성이 있다고 판단할 수도 있다. ④는 전자의 경우이고 ③이 후자의 경우이다.

접속방법

▶ 명사＋ほど
▶ 각종 연체형＋ほど
▶ 동사·형용사 ば형＋ば＋각 연체형＋ほど
▶ 형용동사 であれ＋ば＋연체형＋ほど

295 まい

안 ~려고/으려고 하다, 안 ~겠지, ~도 아니고

1 1인칭 주어+동사 종지형+まい ➡ 안 ~려고/으려고 하다

- A 頼むから来てちょうだいよ。 부탁이니까 와 줘 좀.
- B 二度と行くまいと思ったのに。 두 번 다시 안 가려고 했는데.

2 2·3인칭 주어+동사 종지형+まい ➡ 안 ~겠지

- A うちの会社がライバル社と統合されるかもしれないってよ。
  우리 회사가 경쟁회사하고 통합될지도 모른대.
- B まさかそんなことはあるまい。 설마 그런 일은 없겠지.

3 명사+じゃあるまいし ➡ ~도 아니고

- A やってあげようか。 해 줄까?
- B 子供じゃあるまいし、自分でやりますよ。
  애도 아니고 내가 할 거예요.

4 명사+じゃある+まい ➡ ~은/는 아니겠지

- A 消防車ですよ。 소방차예요.
- B まさかうちの会社じゃあるまい。 설마 우리 회사는 아니겠지.

접속방법

▶ 동사 종지형+まい   ▶ 명사+じゃある+まい(し)

296 〜前に
〜기 전에

❶ A ご飯を食べる前にちゃんと祈るんだよ。
　　밥 먹기 전에 꼭 기도해야 돼.

　B はい。 예.

❷ A 店閉まる前に早く行こう。 가게 문 닫기 전에 빨리 가자.
　B 行きましょう。 갑시다.

비슷한 표현

「前」와 「先」

◆ 「前」는 화자가 어떤 내용을 표현하고자 하는 시점이나 장소에서 볼 때 연속성을 가지지 않는 시간이나 공간 또는 사물을 표현하고 싶을 때 사용된다. 우리말로는 '앞, 전' 등으로 나타낸다.

◆ 「先」는 화자가 어떤 내용을 표현하고자 하는 시점이나 장소에서 볼 때 연속성을 가지고 있는 시간이나 공간 또는 사물을 표현하고 싶을 때 사용된다. 우리말로 「先」는 '끝, 다음, 장래, 전' 등이 되고, 「先に」는 '먼저, 아까' 등으로 표현한다.

① 指の前 (×)
② 指の先 (○) 손가락 끝

✎ 손가락의 끝 부분을 가리킬 때는 ①은 쓸 수 없다. 손가락과 손가락 앞이라고 하는 공간이 별도로 존재하는 의미를 나타내기 때문이다. 따라서 손가락 끝을 나타낼 때는 ②만 성립한다.

③ 行列の前 (○) 행렬 앞
④ 行列の先 (○) 행렬의 끝

✎ ③은 어떤 행렬이 있을 때 그 행렬과는 별도로 행렬의 앞에 존재하는 어떤 공간을 나타내고 싶을 때 쓰이는 표현이고, ④는 행렬을 하나의 연속선상으로 보았을 때 행렬의 제일 앞부분을 가리킬 때 쓰이는 표현이다.

⑤ 前に出かける。(×)

⑥ 先に出かける。(○) 먼저 나가다.

❦ 밖에 나가려고 하는 사람이 줄을 서 있다고 가정했을 때 제일 먼저 나가는 사람은 연속선상에 있어서 제일 끝에 위치하고 있다고 할 수 있다. 따라서 별도로 분리되어 있는 공간을 나타내는 ⑤는 성립이 안 되고 ⑥만이 성립된다. 그런데 「~する前に出かける(~기 전에)」의 형태를 취하면 공간을 분리할 수 있게 되므로 「前に」도 쓸 수 있게 된다. 단 이 경우에는 「先に」가 성립되지 않는다.

⑦ 前の席に座る。(○) 앞 자리에 앉다.

⑧ 先の席に座る。(○) 먼저 자리에 앉다. 끝 자리에 앉다.

❦ ⑦은 화자의 위치에서 볼 때 공간적으로 분리되어 있는 앞 공간의 자리에 앉는다는 뜻이고 ⑧은 연속선상에 존재하는 자리이므로 이전에 앉은 자리에 또 앉는다거나 또는 몇 개의 의자가 연결된 끝 부분에 앉는다는 의미가 된다.

⑨ 前に払って下さい。(×)

⑩ 先に払って下さい。(○) 먼저 계산해 주세요.

❦ 레스토랑의 점원은 손님에게 손님이 레스토랑에서 하는 연속적인 행동 가운데 제일 먼저 해야 할 행동을 제시하고 있다. 따라서 각기 분리된 행동을 해야 하는 ⑨는 성립하지 않고 ⑩만이 성립하게 된다. 단「~する前に払って下さい」형태를 취하게 되면 「~する」와 「払う」를 각기 분리해서 행동할 수 있게 되므로 「前に」도 쓸 수 있게 된다.

⑪ 1時間ほど前に電話があった。(○) 1시간 정도 전에 전화가 왔었다.

⑫ 1時間ほど先に電話があった。(×)

❦ 화자가 현재 시점에서 보았을 때 전화가 걸려온 것은 과거의 한때에 발생한 사건이다. 따라서 현재의 시간과 연속성을 가지는 것이 아니기 때문에 ⑪은 성립하나 ⑫는 성립하지 않는다.

⑬ 早く前が見たい。(○) 빨리 앞을 보고 싶다.

⑭ 早く先が見たい。(○) 빨리 다음을 보고 싶다.

❦ ⑬은 화자의 위치에서 볼 때 공간적인 장소로서의 앞을 보고 싶다는 뜻을 나타낼 때 쓰여지는 표현이고, ⑭는 지금 보고 있는 드라마의 연속으로서 다음 편을 빨리 보고 싶다는 뜻을 나타낼 때 쓰여지는 표현이다.

⑮ 前が思いやられる。(×)
⑯ 先が思いやられる。(○) 장래가 걱정이다.

✏️ 위 예문이 어떤 사람의 앞날에 대해 말하고자 하는 내용이라면 ⑮는 쓸 수 없다. 왜냐하면 사람의 장래 또는 미래는 현재의 상황과 연속성을 가지고 진행되는 결과로 나타나는 것이기 때문이다. 따라서 ⑯만이 성립된다.

⑰ 前が全く見えない。(○) 앞이 전혀 보이지 않는다.
⑱ 先が全く見えない。(○) 장래가 전혀 보이지 않는다.

✏️ ⑰은 화자 자신의 위치에서 볼 때 공간적인 앞이 전혀 안 보인다는 뜻이고, ⑱은 어떤 사람이나 조직이 현재 처해 있는 상황을 볼 때 그 사람이나 조직의 장래 또는 미래가 어떻게 될지 전혀 앞이 안 보인다는 뜻이다. 한치 앞을 못 내다본다고 할 때 「一寸先は闇」라고 표현하는 것도 같은 맥락이다.

⑲ 食事の前に手を洗う。(○) 식사 전에 손을 씻는다.
⑳ 食事の先に手を洗う。(×)

✏️ 손을 씻는 행동과 식사하는 행동은 별개의 행동이기 때문에 연속성과는 상관없으므로 ⑲는 성립하지만 ⑳은 쓸 수 없다.

㉑ 前の首相 (○) 전 수상
㉒ 先の首相 (○) 전 수상

✏️ ㉒은 역대 수상들을 잇는 흐름과 상관없이 존재하는 전 수상을 가리키는 표현이기 때문에 지금 수상의 바로 전에 수상을 역임한 사람을 가리키며, ㉒는 흐름 가운데에서의 전 수상을 가리키는 표현이기 때문에 역대 수상 중의 누군가를 가리킬 때 이 표현을 사용하게 된다.

접속방법

▶ 동사 연체형+前に

297 〜まじき
〜아서/어서는 안 되는, 〜ㄹ/을 수 없는

★ 「まじき」는 고어조동사 「まじ」의 연체형으로, 「あるまじき」「許(ゆる)すまじき」의 형태로 현대어에서도 자주 쓰인다.

❶ A 警察官(けいさつかん)としてあるまじき行為(こうい)ですよ。
  경찰관으로서 있어서는 안 되는 행위예요.
  B 深(ふか)く反省(はんせい)しております。
  깊이 반성하고 있습니다.

❷ A 何(なん)であんな犯罪(はんざい)を起(お)こすのかな。
  왜 저런 범죄를 저지를까?
  B 本当(ほんとう)に許(ゆる)すまじき凶悪犯(きょうあくはん)ですね。
  정말 용서할 수 없는 흉악범이에요.

298 ～ました
～았어요/었어요/했어요, ～았습니다/었습니다/했습니다

★ 어느 경우에 '～았어요/었어요'가 되고 어느 경우에 '～았습니다/었습니다'를 써야 하는가에 대해서는 정해진 규칙이 없으므로 상대방에 따라 적당히 나누어 써야 한다.

❶ A それ、素敵だね。 그거 멋있다.
　 B 友達からもらいました。 친구한테서 받았어요.

❷ A 美味しく頂きました。 맛있게 먹었습니다.
　 B そうですか。よかったです。 그래요? 다행입니다.

접속방법

▶ 5단 동사의 イ단 어미+ました
▶ 1단 동사의 어간+ました
▶ する ⇒ ～し+ました
▶ 来る ⇒ 来(き)+ました

299 〜ましたか
〜았어요?/었어요?/했어요?, 〜았습니까?/었습니까?/했습니까?

❶ A 写真、取り終わりましたか。 사진 다 찍었어요?
　 B まだです。 아직이요.

❷ A 皆さん、レポートは提出しましたか。
　　　여러분 리포트는 제출했습니까?
　 B はい。 예.

접속방법
- ▶ 5단 동사의 イ단 어미 + ましたか
- ▶ 1단 동사의 어간 + ましたか
- ▶ する ⇒ し + ましたか
- ▶ 来る ⇒ 来 + ましたか

300 ～ましょう
～아요/어요, ～ㅂ시다/읍시다

★ 그다지 강한 권유가 아니거나 또는 비교적 친근한 사이에서 권유의 뜻으로 사용할 경우에는 '～아요/어요'가 적당하고, 정중히 확실하게 권유의 뜻을 나타내고 싶을 때는 '～ㅂ시다/읍시다'가 적당하다.

❶ A 一緒に行きましょうよ。 같이 가요.
　 B ごめん、今回はだめ。 미안, 이번에는 안 돼.

❷ A 何見ようかな。 뭐 볼까?
　 B ドラマ見ましょうよ。 드라마 봐요.

❸ A 何とか会って頂けませんか。 어떻게 만나주실 수 없겠습니까?
　 B 分かりました。会いましょう。 알았습니다. 만나십시다.

❹ A 仕方ありませんね。やりましょう。 할 수 없지요. 합시다.
　 B よろしくお願いします。 잘 부탁 드립니다.

접속방법
- ▶ 5단 동사의 イ단 어미+ましょう
- ▶ 1단 동사의 어간 +ましょう
- ▶ する ⇒ し+ましょう
- ▶ 来る ⇒ 来+ましょう

301 〜ましょうか
〜ㄹ/을까요?

❶ A そろそろ出かけましょうか。 슬슬 나가 볼까요?
　B 待ってました。 기다렸습니다.

　📖 휴일에 어딘가에 놀러 가기로 약속을 한 아버지가 식구들에게 나가자고 하는 장면에서 쓰이는 표현

❷ A 私がお持ちしましょうか。 제가 들어 드릴까요?
　B 申し訳ありません。お願い出来ますか。
　　미안합니다. 부탁 드려도 되겠습니까?

 비슷한 표현

「ましょうか」「ます」「ますか」

◆ 〜ましょうか … 정중한 느낌의 권유의문표현
◆ 〜ます? … 기본적으로 친근감을 가지고 쓰는 의도의문표현 또는 사실의문표현
◆ 〜ますか … 정중한 느낌의 사실의문표현

① 電話かけてみましょうか。 전화 걸어 볼까요?
② 電話かけてみます? 전화 걸어 볼래요?
③ 電話かけてみますか。 전화 걸어 봐요? (걸어 봅니까?)
④ また来ましょうか。 또 올까요?
⑤ また来ます? 또 올래요?
⑥ また来ますか。 또 와요? (옵니까?)

접속방법

- ▶ 5단 동사의 イ단 어미 + ましょうか
- ▶ 1단 동사의 어간 + ましょうか
- ▶ する ⇒ し + ましょうか
- ▶ 来る ⇒ 来(き) + ましょうか

302 ます
~아요/어요/해요, ~ㅂ니다/습니다

1 동사 연용형+ます ➡ ~아요/어요/해요, ~ㅂ니다/습니다

★ 어느 경우에 '~아요/어요'가 되고 어느 경우에 '~ㅂ니다/ 습니다'를 써야 하는가에 대해서는 정해진 규칙이 없으므로 상대방에 따라 적당히 나누어 써야 한다.

❶ A 今(いま)寝(ね)ています。 지금 자고 있어요
　 B そうですか。 그래요?

❷ A 6時(じ)に終(お)わります。 6시에 끝납니다.
　 B じゃ、待(ま)ちます。 그럼 기다리겠습니다.

❸ A いつ来(く)るって? 언제 온다고?
　 B 夕方(ゆうがた)来ます。 저녁때 옵니다.

❷ 동사 연용형+ます? ➡ ~ㄹ래요?/을래요?, ~세요?/으세요

★ 친근한 사이에서나 혹은 초면이라도 친근감을 가지고 상대방에게 자연스럽게 의도를 묻거나 질문을 할 때 쓰이는 표현

❶ A 先に読みます? 먼저 읽으실래요?
　 B いいですか。ありがとうございます。
　　　그래도 괜찮으시겠어요? 감사합니다.

✎ 도서관에서 우연히 같은 잡지에 손이 가서 상대방에게 양보하면서 나누는 대화에서 쓰이는 표현

❷ A ドラマは何を見ます? 드라마는 뭘 보세요?
　 B 話題の韓流ですね。화제가 되고 있는 한류지요.

❸ A 今度の日曜日に何をします? 이번 일요일에 뭐 할래요?
　 B 映画でも見ますか。영화나 보죠 뭐.

접속방법

▶ 5단 동사의 イ단 어미+ます
▶ 1단 동사의 어간 +ます
▶ する ⇒ し+ます
▶ 来る ⇒ 来+ます

303 〜ますか
〜아요?/어요?/해요?, 〜ㅂ니까?/습니까?

1 동사 연용형 + ますか ➡ 〜아요?/어요?/해요?, 〜ㅂ니까?/습니까?

❶ A この漢字、読めますか。 이 한자, 읽을 수 있어요?
　B 読めません。 못 읽어요.

❷ A いつ戻りますか。 언제 돌아갑니까?
　B 来週です。 다음 주에요.

2 동사 연용형 + ますか ➡ 〜자, 〜죠 뭐

★ 회화체에서 혼잣말처럼 약간 내던지는 듯한 말투로 이야기할 때 쓰이는 표현으로 화자가 자기 자신의 의도를 보다 명확하게 나타낼 때에는 '〜자'가 적당하고, 조금이라도 상대방의 입장을 생각하면서 말을 하는 경우에는 '〜죠 뭐'가 적당하다.

A 蕎麦でも食べますか。 메밀국수나 먹자.
B 蕎麦美味しいでしょう? 메밀국수 맛있잖아?

✎ 점심시간에 특별히 먹을 만한 것이 떠오르지도 않아 그냥 메밀국수를 먹겠다고 하는 상대방에게 맛있는 메밀국수를 먹는데 왜 '메밀국수나'라는 말을 하냐고 상대방을 놀리는 장면에서 쓰이는 표현

접속방법

- ▶ 5단 동사의 **イ**단 어미+ますか
- ▶ 1단 동사의 어간 +ますか
- ▶ する ⇒ し+ますか
- ▶ 来(く)る ⇒ 来(き)+ますか

304 〜ませ
〜십시오/으십시오

> **いらっしゃいませ** ➡ 어서 오십시오
> **〜て下さいませ** ➡ 〜아/어 주십시오, 〜십시오/으십시오
> **〜なさいませ** ➡ 〜십시오/으십시오

★ 일부의 존경어 동사에서만 사용되는 정중한 명령표현

❶ 今しばらくお待ち下さいませ。 잠시만 더 기다려 주십시오.

❷ ゆっくりおやすみなさいませ。
   푹 쉬십시오. (안녕히 주무십시오)

305 〜ません
〜안〜, 〜지 않다

1 동사 연용형＋ません ➡ 안+「동사」, 「동사 어간」+지 않다

★ '안〜'과 '〜지 않다'에 대해서는 「ない」의 항목 참조(p.356)

❶ A 何も言いませんから連れて行って下さい。
　　아무 말도 안 할 테니까 데려가 주세요.
　B 約束だぞ。 약속이야.

❷ A キムチに醬油入れますか。 김치에 간장 넣어요?
　B 入れませんね。 안 넣습니다.

2 형용사＋くありません ➡ 안+「형용사」, 「형용사 어간」+지 않다

❶ A 辛いでしょう。 맵죠?
　B いいえ、そんなに辛くありませんよ。
　　아뇨, 그렇게 안 매워요.

❷ A 今日はあまり暑くありませんね。 오늘은 별로 안 덥네요.
　B そうですね。 그렇네요.

접속방법

- ▶ 5단동사의 **イ**단 어미+**ません**
- ▶ 1단동사의 어간+**ません**
- ▶ **する ⇒ し+ません**
- ▶ **来(く)る ⇒ 来(き)+ません**
- ▶ 형용사 어간+**くありません**

306 〜ませんか

안~ㄹ/을 래요?, ~지 않겠어요? 안 ~아요/어요/해요?

❶ 동사 연용형＋ませんか ➡ 안~ㄹ/을래요?, ~지 않겠어요?

❶ A 今度一緒にサッカーやりませんか。
　　다음에 같이 축구 안 하실래요?

　 B 喜んでご一緒しますよ。
　　끼워 주시면 좋죠. (기꺼이 같이 하겠습니다)

✎ 「喜んでご一緒します」는 직역을 하면 '흔쾌히 같이 하겠습니다'라는 뜻이 되는데 쓰이는 상황 등을 고려하면 '좋죠'라고 맞장구를 치는 표현이 제일 적당할 듯하다.

❷ A キムチ、食べませんか。김치 드시지 않겠어요?
　 B 食べますよ。大好きです。먹죠. 아주 좋아합니다.

❷ 형용사＋くありませんか ➡ 안~, ~아요/어요/해요?

A あの人、おかしくありませんか。저 사람 안 이상해요?
B いつもああなんですよ。늘 저래요.

접속방법

▶ 5단 동사의 イ단 어미＋ませんか
▶ 1단 동사의 어간 ＋ませんか
▶ する ⇒ し＋ませんか
▶ 来る ⇒ 来＋ませんか
▶ 형용사 어간＋くありませんか

307 ～ませんでした(か)

안~았/었어요(았/었습니다), ~지 않았어요/었어요

1. 동사 연용형 + ませんでした ➡ 안+았어요/었어요, ~았습니다/었습니다
「동사 어간」+지 않았습니다/않았어요

❶ A あなたはその時、どうしましたか。
당신은 그때 어떻게 했습니까?
B 私は同意しませんでした。 저는 동의하지 않았습니다.

❷ A 名前を呼ばれましたよね。 이름 불렀죠?
B 私は返事しませんでした。 저는 대답 안 했습니다.

2. 형용사 + くありませんでした ➡ 안+았어요/었어요, ~았습니다/었습니다
「형용사 어간」+지 않았습니다/않았어요

❶ A なかなか大変だったでしょう。 꽤 힘들었죠.
B 思ったよりきつくありませんでした。
생각한 것보다 어렵지 않았습니다.

❷ A そんなに遠くありませんでしたよ。 그렇게 안 멀었어요.
B そうですか。 그래요?

접속방법

- ▶ 5단 동사의 **イ**단 어미+ませんでした
- ▶ 1단 동사의 어간+ませんでした
- ▶ する ⇒ し+ませんでした
- ▶ 来る ⇒ 来+ませんでした
- ▶ 형용사 어간+くありませんでした

308 〜ませんでしょう?

안 〜잖아요?, 〜지 않잖아요?, 〜거 아니에요?

★ 어법상으로는 맞지 않는 것 같으나 실제 회화에서는 곧잘 쓰이는 표현으로 상대방에게 동의를 구하는 것 같은 장면에서 쓰인다.

❶ A 私、人の悪口言ったりしませんでしょう?
   저, 다른 사람 욕하거나 그러지 않잖아요?

  B ですから、あなたが悪いと言っているのではありませんよ。
   그러니까 댁이 나쁘다고 그러는 게 아니라고요.

❷ A 今日は来ませんでしょう? 오늘은 안 오는 거 아니에요?

  B いや、来ると言っていましたから来ますよ。
   아뇨, 온다고 했으니까 올 겁니다.

접속방법

▶ 5단 동사의 イ단 어미+ませんでしょう?
▶ 1단 동사의 어간 +ませんでしょう?
▶ する ⇒ し+ませんでしょう?
▶ 来る ⇒ 来+ませんでしょう?

309 まで〈부조사〉
~까지, ~마저, ~ㄹ/을 뿐

1 명사 + まで ➡ ~까지

❶ A 明日_{あした}までですよ。 내일까지예요.
B 分_わかりました。 알았습니다.

❷ A いつからいつまでですか。 언제부터 언제까지입니까?
B 月曜日_{げつようび}から土曜日_{どようび}までです。 월요일에서 토요일까지입니다.

2 명사 + まで ➡ ~마저

★ 순번으로 볼 때 마지막에 돌아오는 어떤 대상이 마이너스 이미지를 가지고 있음을 나타낼 때 쓰이는 표현

A あの人_{ひと}まで私_{わたし}たちを裏切_{うらぎ}ったらしいよ。

그 사람마저 우리를 배신했나 봐.

B 一体誰_{いったいだれ}を信_{しん}じればいいんだろう。

도대체 누구를 믿어야 되는지.

3 각종 종지형+まで ➡ ~ㄹ/을 뿐

❶ A どうしますか。 어떻게 하죠?
　B 気に入らなければ断るまでさ。 마음에 안 들면 거절할 뿐이야.

❷ A 受かる人は受かるもんですね。 붙는 사람은 붙네요.
　B 合格したのは運が良かったまでだよ。
　　합격한 건 운이 좋았을 뿐이야.

⇒ 「すら」의 항목 참조(p.149)

「まで」와 「までに」

◆ 「まで」는 대상이 되는 명사에 붙어 범위·한도 등을 나타낼 때 쓰인다.

◆ 「までに」는 대상이 되는 명사에 붙어 범위·한도와 도달점을 동시에 나타낼 때 쓰인다.
　① ここは5人まで大丈夫です。（○）여기는 5명까지 괜찮습니다.
　② ここは5人までに大丈夫です。（×）
　✎ 5명은 범위 또는 한도이지 도달점을 의미하는 것은 아니기 때문에 ②는 쓰지 못한다.
　③ 来週までは完了して下さい。（×）
　④ 来週までには完了して下さい。（○）다음 주까지는 완료해 주십시오.
　✎ '다음 주'는 완료해야 하는 시점이지 어떤 범위나 한도가 아니기 때문에 ③은 쓰지 못한다.

접속방법

▶ 명사+まで
▶ 각종 종지형+まで

310 〜までに
〜까지, 〜로, 〜에

❶ 〜までに ➡ 〜까지

★ 이 「までに」는 '~할 정도로'의 뜻을 가지며 극히 한정된 표현으로 쓰인다.

　A 敵を完膚なきまでに粉砕するぞ。
　　적을 모조리 때려 부수자.(한 사람도 성한 피부가 없을 때까지)

　B お！ 와!

❷ しるしまでに・ご挨拶までに ➡ 〜로

★ 이 「までに」는 자기 자신의 행동을 예로 들어 그것이 그다지 가치를 지닌 것이 아님을 나타내는 표현으로 거의 관용어적으로 쓰인다.

❶　A これはほんのお詫びのしるしまでに持って来ました。
　　이건 제 작은 사과의 표시로 가져왔습니다.

　B わざわざご丁寧に。 일부러 이렇게까지.

✎ 무슨 사소한 잘못 같은 것을 해서 그 상대방에게 용서를 빌러 갈 때 보통 과자 같은 작은 선물을 가져가는데 그럴 때 상대방은 B와 같은 답변을 하게 된다.

❷　A 一言ご挨拶までに申し上げました。
　　인사로 한 말씀 드렸습니다.

　B ありがとうございました。 감사합니다.

❸ 명사+までに ➡ ~에, ~까지

★ 대상이 되는 명사에 도달해 있음을 강조하여 나타낼 때는 '~에'가 적당하고, 종료되는 시점을 강조하여 나타낼 때는 '~까지'가 적당하다.

❶ A 被害総額が数千億円までに達したって話ですよ。
　　피해총액이 수천만 엔에 달한다는 이야기입니다.
　 B あれだけの台風ですからね。 그 정도의 태풍이었으니까요.

❷ A 一時までには戻って来て下さい。 1시까지는 돌아오십시오.
　 B 分かりました。 알겠습니다.

❹ 각종 종지형 + までに ➡ ~까지는

A 完全に完成するまでにはまだ時間がかかりますね。
완전히 완성되기까지는 아직 시간이 걸리겠습니다.

B 出来るだけ早くお願いしますよ。

가능한 한 빨리 부탁 드립니다.

접속방법

▶ 명사+までに
▶ 각종 종지형+までに

 まま
~ㄴ/은 채

❶ A 目を閉じたまま動かないの。
　　눈을 감은 채 꼼짝도 안 해.
　B いつからですか。 언제부터요?

❷ A 座ったまま寝ちゃったみたい。 앉은 채로 잤나 봐.
　B 体痛くない? 몸 안 아파?

접속방법
▶ 동사 て형+た+まま

312 みたいだ
~같다, ~ㄴ/은 것 같다 · ~ㄴ/은가 보다,
~는 것 같다 · ~는가 보다 · ~나 보다

❶ 명사 + みたいだ ➡ ~같다

❶ A 完全に別人みたいですね。 완전히 딴사람 같아요.
　 B そう見える? 그렇게 보여?

❷ A あの人、まるでサルみたい。 저 사람 꼭 원숭이 같다.
　 B そんなこと言っちゃだめ。 그런 말 하면 안 되지.

❷ 형용사 연체형 + みたいだ ➡ ~ㄴ/은 것 같다, ~ㄴ/은가 보다
　 동사 연체형 + みたいだ ➡ ~는 것 같다, ~는가 보다, ~나 보다

★ 화자가 지금 현재의 움직임이나 상태에 대해서 그 모양을 판단할 때는 '~것 같다'가 적당하고, 화자가 주변 상황에 입각하여 어떤 사건의 내용을 판단할 때는 '~가 보다'가 적당하다. 주변 상황과 상관없이 화자가 자기 자신의 생각만으로 일방적으로 그 모양을 판단할 때는 '~나 보다'를 쓰는 것이 적당하다.

❶ A ちょっと大きいみたい。 좀 큰 것 같은데. (큰가 봐)
　 B そうだね。 그렇네.

✎ 상대방이 고른 신발의 모양이나 크기 등을 보고 화자가 크다고 판단할 때는 '큰 것 같다'를 쓰게 되고, 상대방이 신발을 신는 것을 보고 클 것 같다고 판단을 내릴 경우에는 '큰가 봐'를 쓰게 된다.

❷ A 今泣いているみたい。 지금 우나 봐. (우는 것 같아)
　B どうしたの？ 왜?

✎ 제3자의 우는 소리를 화자가 듣고 판단하는 경우에는 '우나 봐'가 적당하고, 같이 자리에 있다가 다른 자리로 피하는 모습을 보고 직관적으로 판단할 경우에는 '우는 것 같아'가 적당하다.

❸ A 今年は黒字になったみたいですね。 올해는 흑자인가 봐요.
　B よかった。 잘됐다.

❹ A 昔は綺麗だったみたい。 예전에는 예뻤나 봐요.
　B 信じられない。 못 믿겠는데.

비슷한 표현

⇒「そうだ」의 항목 참조(p.155)

접속방법

▶ 명사 + みたいだ
▶ 동사・형용사 연체형 + みたいだ

313 ～見るからに
～보기부터가

A 見るからに賢そうな顔してますね。
보기부터가 똑똑한 얼굴을 하고 있네요.

B そうでしょう? 그렇지요?

314 も
~도, ~나/이나

1 명사＋も ➡ 「명사」＋도

① A 僕はいいですよ。 나는 좋아요.
B 私もいいです。 나도 좋아요.

② A ヨンヒもいますか。 영희도 있어요?
B はい。 네.

2 숫자・수량 명사＋も ➡ 「명사」＋나/이나

A 10万円も使ったの？ 10만엔이나 썼어?
B 10万円使ったくらいで何よ。 10만엔 쓴 정도 가지고 뭐?

✎ 화자가 화제가 되고 있는 숫자, 수량에 대해 그 수치가 예상외로 상당한 레벨에 가 있음을 나타내고 싶을 때 쓰는 표현

접속방법

▶ 명사＋も

315 もの・もん 〈종조사〉
~니까/으니까

★ 화자 자신의 발언내용에 대해 무엇인가 근거를 제시하는 내용의 표현이기 때문에 화자의 의도적 인과를 나타내는 '~니까/으니까'가 적당하다.

❶ A 何でそんなに急ぐの? 왜 그렇게 서둘러?
  B だって、時間がないんだもの。시간이 없다니까.

❷ A お前と俺、趣味がよく合うよな。
    너랑 나, 취미 정말 잘 맞지?
  B でも、考え方は全く違うもんね。
    그래도 생각하는 건 완전히 다르니까, 그렇지?

접속방법
▶ 각종 종지형 + もの・もん

316 〜ものだ
~기 마련이다, ~는 법이다

★ 일반적으로 생각하면 그렇게 될 것이다라고 판단할 경우에는 '~기 마련이다'가 적당하고, 거의 틀림없이 그렇게 됨을 강조하고 싶을 때는 '~는 법이다'가 적당하다.

❶ A ありゃ、ここだったら買えると思ったのに。
　　어라, 여기라면 살 수 있을 줄 알았는데.
　B こういう時には誰だって同じことを考えるものよ。
　　이럴 때는 누구나 같은 걸 생각하기 마련이야.

❷ A 何で体力がすぐに回復しないんだろう。
　　어째서 체력이 금방 회복이 안 되지?
　B だんだんと体力も落ちてくるもんなんですよ。
　　諦めなさい。 점점 체력도 떨어지는 법이에요. 체념하세요.

 비슷한 표현

「~ものだ」「~ことだ」「~わけだ」「~のだ」

◆ ものだ … 「もの」는 눈에 보이는 구체적인 어떤 물건 등을 나타내는 형식명사이기 때문에 「동사 연체형+ものだ」도 그에 준하여 사람의 어떤 구체적인 행위가 객관적인 룰이나 규칙으로서 자리 잡아가는 양상을 나타내게 된다. 속된 말로 설명하면 그래야 물건이 된다는 뜻을 가지고 있다.

◆ ことだ … 「こと」는 눈에 보이지 않는 추상적이고 관념적인 어떤 사상이나 개념을 나타내는 형식명사이기 때문에 「동사 연체형+ことだ」도 그에 준하여 사람이 실행하거나 옮겨야 할 어떤 개념이나 사상 등을 나타내게 된다. 속된 말로 설명하면 그래야 일이 된다는 뜻을 가지고 있다.

◆ のだ … 「の」는 「もの」나 「こと」로 구분하기 어려운 어떤 막연한 실체나 관념 등을 나타내는 형식명사이기 때문에 「동사 연체형+のだ」도 그에 준하여 어떤 막연한 사실이나 관념 등을 나타내게 된다. 실제로는 「んだ」의 형태로 많이 쓰인다.

◆ わけだ … 「わけ」는 이유나 근거를 나타내는 형식명사이기 때문에 +「동사 연체형+わけだ」도 그에 준하여 어떤 움직임에 대한 이유나 근거를 나타내게 된다.

① 人の真心は通じるものだよ。(○) 진심은 통하는 법이야.
② 人の真心は通じることだ。(×)
③ 人の真心は通じるんだ。(○) 진심은 통하는 거야. (구먼)
④ 人の真心は通じるわけだ。(○) 진심은 통하는구먼. (거지)

✎ ①은 일반적으로 생각해 볼 때 진심으로 대하면 언젠가는 그것이 반드시 통한다는 건 누구나 다 알고 있다는 것을 나타낼 때 쓰이는 표현이다. 진심으로 대하는 것이 추상적이거나 또는 관념적인 내용은 아니기 때문에 ②는 성립되지 않는다. ③은 화자가 상대방에게 자신의 의견을 제시할 경우에는 '통하는 거야'가 적당하고, 상대방의 체험을 통해 새삼 화자가 그런 사실을 발견했다는 뜻이 될 때는 '통하는구먼'이 적당하다. ④는 화자가 진심이 통할 수 있는 어떤 원인·이유·근거를 알았을 때 쓰는 표현이다.

⑤ ひたすら信じるものだよ。(○) 오로지 믿는 거야.
⑥ ひたすら信じることだよ。(○) 오로지 믿는 거야.
⑦ ひたすら信じるんだよ。(○) 오로지 믿는 거지.
⑧ ひたすら信じるわけだ。(○) 오로지 믿는구먼. (거지)

✎ ⑤는 '신앙이란 무엇인가'라는 물음에 대해 일반적인 룰이나 규칙 같은 것으로 볼 때는 이런 것이다라는 생각을 나타낼 때 쓰이는 표현이고, ⑥은 그래야 신앙이라고 하는 일이 제 성격을 찾아갈 수 있음을 나타낼 때 쓰이는 표현이다. ⑦은 그래야 뭔가 모르는 막연한 그 무엇인가를 찾아내 갈 수 있음을 나타낼 때 쓰이는 표현이고, ⑧은 어떤 원인이나 이유, 근거 등을 통해 화자가 믿음이라는 게 무엇임을 알았을 때 쓰이는 표현이다.

⑨ だから遅くなったものだ。(×)
⑩ だから遅くなったことだ。(×)
⑪ だから遅くなったんだ。(○)

그래서 늦어진 거구나. (늦어진 거야 – 화자 자신의 경우)

⑫ だから遅くなったわけだ。(○)

그래서 늦어진 거야. (늦어진 거구나 – 상대방의 경우)

✎ ⑨와 ⑩은 성립될 수 없다. 내용으로 볼 때 일반적인 규칙성이나 어떤 일을 만들어가는 것이 아니기 때문이다. ⑪은 늦어진 상황이 어떻게 해서 완성이 됐는가를 나타내고 싶을 때 쓰이는 표현이고, ⑫는 늦어진 이유나 근거를 화자 자신이 이해했음을 나타낼 때 쓰이는 표현이다.

접속방법

▶ 동사 연체형 + ものだ

317 〜(う/よう)ものなら
〜겠다면 그래도 좋은데, 〜게 되면

1 〜う / ようものなら ➡ 「동사 어간」+겠다면 그래도 좋은데
「동사 어간」+게 된다면

★ 행동을 일으키는 사람의 의지가 느껴지는 경우에는 '〜겠다면 그래도 좋은데'가 적당하고, 특별히 의지를 느낄 수 없는 경우에는 '〜게 되면'이 적당하다.

❶ A お前がウソをつこうものなら大変なことになるぞ。
네가 거짓말하겠다면 그래도 좋은데 일이 더 커져.
B 分かってます。 알고 있어요.

❷ A 間一髪でしたよ。 위기일발이었어요.
B 手術が少しでも遅れようものならあの人、死んだよ。
수술이 조금이라도 늦어지게 됐더라면 그 사람 죽었어.

2 できるものなら ➡ 할 수 있으면
守れるものなら ➡ 막을 수 있으면
それくらいでいいものなら ➡ 그 정도로 괜찮다고 한다면

318 ～ものの
～기는 ～지만, ～기는 ～는데

❶ A これ、買うには買ったもののどうやって使うの?
  이거 사기는 샀는데 어떻게 쓰는 거야?
  B 全く、もう。아이고, 정말.

❷ A それくらいで済んだからいいようなものの気をつけてよ。
  그 정도로 끝났으니까 괜찮기는 하지만 조심해.
  B 申し訳ありません。죄송합니다.

접속방법
▶ 각종 연체형 ＋ものの

319 や 〈병립조사・종조사〉

~랑/이랑, ~하고

1 명사+や ➡ ~랑/이랑, ~하고

❶ A 何を買ったの? 뭐 샀니?
　B お菓子や飲み物などを買いました。 과자랑 음료수를 샀어요.

❷ A 何があった? 뭐가 있든?
　B 辛いのや甘いのがありましたよ。 매운 거하고 단 게 있던데요.

2 각종 종지형+や ➡ 종지형 또는 명령형으로 표현

★ 동년배나 손아랫사람에게 주의를 환기시킬 때 쓰이는 표현으로 우리말로는 「や」의 앞부분으로 표현한다.

❶ A かかって来いよ。 덤벼.
　B もう止めようや。 이제 그만두자.

❷ A お前、もう帰れや。 너 그만 가라.
　B どうしたんですか。急に。 왜 그래요, 갑자기.

❸ A みんないなくなりましたよ。 전부 없어졌어요.
　B もうどうでもいいや。俺たちも帰ろう。
　　이쯤 되면 할 수 없지. (이제 아무래도 좋아) 우리도 가자.

접속방법

▶ 명사+や
▶ 각종 종지형+や

320 やがる

일본어동사의 뜻과 비슷한 의미의 비어 또는 속어로 대신한다

★ 주로 남자들이 사용하는 거친 말투로 상대방을 경멸하거나 얕보고 비난하고 할 경우에 쓰인다.

❶ A あいつ、どこ行きやがった? 그 자식 어디로 꺼졌어?
B 私も分かりません。저도 몰라요.

❷ A 私は何も悪くありませんよ。저는 잘못한 게 없어요.
B 何を言ってやがるんだ? 무슨 주둥아리 놀리는 거야?

접속방법

▶ 5단 동사의 イ단 어미 + やがる
▶ 1단 동사의 어간 + やがる
▶ する ⇒ し + やがる
▶ 来る ⇒ 来(き) + やがる

321 〜やすい
〜기 편하다, 〜기 좋다, 〜기 쉽다

★ 편리성 면에서 장점이 있음을 나타내고 싶을 때는 '〜기 편하다'가 적당하고, 간단하고 용이하게 할 수 있음을 나타내고 싶을 때는 '〜기 쉽다'가 적당하며, 그렇게 하는 것이 그 상황에 맞추기 쉬움을 나타내고 싶을 때는 '〜기 좋다'가 적당하다.

❶ A これで島へ行きやすくなりましたね。
  이걸로 섬에 가기 쉽게 됐네요.
  B 本当にありがたいことです。 정말 고마운 일입니다.

❷ A この車は運転しやすいね。 이 차는 운전하기 쉽네.
  B そうでしょう。 그렇죠?

 **비슷한 표현**

「～しやすい」⇒ '～기 편하다' '～기 쉽다' '～기 좋다'
「～しにくい」⇒ '～기 어렵다'

◆ ～しやすい … ～기 편하다, ～기 쉽다, ～기 좋다
◆ ～しにくい … ～기 어렵다

～기 편하다 … 편리성 면에서 장점이 있다는 의미일 때
～기 좋다 … 그 상황에 맞추기 쉽다고 생각할 때
～기 쉽다 … 간단히 용이하게 할 수 있다는 의미일 때

① 이 공원은 다치기 편해요. (×)
② 이 공원은 다치기 쉬워요. (○) この公園(こうえん)は怪我(けが)しやすいです。
③ 이 공원은 다치기 좋아요. (○) この公園(こうえん)は怪我(けが)しやすいです。

✎ ①이 성립하지 않는 것은 다치기 쉬운 것이 편리성을 논할 수 있는 문제가 아니기 때문이다. ③은 공원의 여러 가지 요소가 다치기 쉬운 상황을 만들어 주고 있음을 말하고 싶을 때 쓴다.

④ 使(つか)いやすい人(ひと)。쓰기 편한 사람. (○)
⑤ 使(つか)いやすい人(ひと)。쓰기 쉬운 사람. (○)
⑥ 使(つか)いやすい人(ひと)。쓰기 좋은 사람. (○)

✎ ④는 언제든 그 사람을 쓸 수 있다는 의미일 때 적당하고, ⑤는 심적인 부담 없이 쓸 수 있다는 의미일 때 적당하며, ⑥은 쓰려고 하는 상황에 그 사람이 아주 적합함을 나타낼 때 적당하다.

접속방법

▶ 5단 동사의 イ단 어미+やすい
▶ 1단 동사의 어간 +やすい
▶ する ⇒ し+やすい
▶ 来(く)る ⇒ 来(き)+やすい

322 やら 〈부조사・병립조사・종조사〉

~ㄴ가, 명사+도 ~고 명사+도 ~고, 한편으로는 ~고 또 한편으로는 ~고, ~ㄹ는지/을는지

1 부조사의 やら ➡ ~ㄴ가

❶ A 何してた? 뭐 하든?
　 B いつのまにやら寝てますよ。 어느 틈엔가 자고 있어요.

❷ A これ、何? 이거 뭐야?
　 B 何やら降ってきたね。 뭔가 떨어지는데.

2 병립조사의 やら ➡ 「명사」+도 하고 「명사」+도 하고
　　　　　　　　　　한편으로는 ~하고 또 한편으로는 ~하고

❶ A コーヒーやらケーキやらをごちそうになったよ。
　　　커피도 먹고 케이크도 먹고 잘 얻어먹었어.
　 B 私も行けばよかったね。 나도 갔으면 좋았을걸.

❷ A 息子さん、東京行きましたか。 아드님, 도쿄 갔어요?
　 B はい。この家から息子がいなくなることを考えると、寂しいやら悲しいやらで複雑な気持ちでしたよ。
　　　예. 아들이 집을 떠난다고 생각하니 한편으로는 외롭고 또 한편으로는 슬프고 기분이 착잡했어요.

③ 종조사의 やら ➡ ~ㄹ는지/을는지

❶ A これから一体何が起こるやら。
　　이제부터 도대체 무슨 일이 일어날는지.

　B 大丈夫ですよ。心配しなくても。 괜찮아요. 걱정 안 해도.

❷ A ここの工場長、交替になるらしいですよ。
　　여기 공장장 교체된대요.

　B 今度は誰が来るやら。 이번에는 누가 올는지.

접속방법

▶ 명사+やら
▶ 각종 종지형 +やら

323 よ ⁽종조사⁾ / ～よな / ～よね

1 각종 종지형 + よ ➡ 종지형까지의 부분으로 표현

★ 화자가 자신의 판단·주장·감정을 상대방에게 보다 확실하게 전달하고 싶을 때 각종 종지형 뒤에 붙어서 쓰이는 표현. 따라서 권유를 나타내는 「う/よう」 뒤에 올 때는 권유의 뜻이 강조되며, 의뢰·금지·희망 등의 표현 뒤에 올 때는 그 뜻이 강조되고, 사람 이름 뒤에 붙여서 약간 화난 어조로 이야기하면 그 사람을 힐난하는 뜻이 된다.

❶ A 今日凄く寒いよ。 오늘 무지하게 추워.
　 B そう？ 그래?

❷ A 遊ぼうよ。 놀자.
　 B 今は忙しいの。 지금은 바빠.

❸ A もうちょっと待って。 조금만 더 기다려.
　 B 早く来いよ。 빨리 와라.

❹ A お前が悪いんだよ。 네가 잘못한 거야.
　 B 裏切ったのは誰よ。 배반한 건 누구야?

❷ ～よな ➡ 「な」의 항목 참조(p.353)

A 俺がいない間に焼肉食ったんだって?
내가 없는 사이에 고기 먹었다며?

B そういう時に限ってお前はいないんだよな。
꼭 그럴 때 넌 없단 말이야.

❸ ～よね ➡ ~지(요)/지(요)? ⇒ 「ね」의 항목 참조(p.431)

❶ A 日本にとって損でしょう。 일본한테 손해지요.

B そうですよね。 그렇죠?

❷ A 1年前くらいまで不可能でしたよね。
1년 전까지도 불가능했었지요?

B 技術開発によって可能になったんです。
기술개발에 의해 가능케 된 겁니다.

❷ A 温泉、よかったよね。 온천 좋았지?

B また行きたいな。 또 가고 싶네.

접속방법

▶ 각종 종지형 +よ(な、ね)

▶ 문장 중 어절 +よ

324 ようだ
~같다, ~가 보다 · ~나 보다, ~모양이다

1 명사+のようだ ➡ ~같다

❶ A 暑い！ 아이고, 더워라
B まるで夏のような暑さですね。 꼭 여름 같은 더위네요.

❷ A 仕事でずっとホテル暮らしだよ。 일 때문에 쭉 호텔 생활이야.
B 夢のような生活だね。 꿈 같은 생활이네.

2 형용사 연체형+ようだ ➡ ~것 같다, ~가 보다
동사 연체형+ようだ ➡ ~것 같다, ~가 보다, ~나 보다

★ 화자가 지금 현재의 움직임이나 상태에 대해서 그 모양을 판단할 때는 '~것 같다'가 적당하고, 화자가 주변 상황에 입각하여 어떤 사건의 내용을 판단할 때는 '~가 보다'가 적당하며, 주변 상황과 상관없이 화자가 자기 자신의 생각만으로 일방적으로 그 모양을 판단할 때는 '~나 보다'를 쓰는 것이 적당하다.

❶ A その試験、かなり難しいようですよ。
그 시험, 굉장히 어려운가 봐요.
B だから落ちる人が多いんだ。 그래서 떨어지는 사람이 많구나.

❷ A お父さん、家にいるようだね。 아빠, 집에 있나 보지?
B はい。 네.

❸ A 部屋で何しているのかしら。 방에서 뭐 하는 거야?
　 B 音楽を聴いているようですよ。
　　　音악을 듣나 봐요. (음악을 듣는가 봐요)

❹ A 感動して泣いたようですよ。 감동해서 울었다나 봐요.
　 B あの人でも感動するの? 그 사람도 감동해?

❸ 2·3인칭 주어 + 동사 + ようだ ➡ ~ㄹ/을 모양이다

❶ A またチャレンジするようです。 또 도전할 모양입니다.
　 B 凄い勇気ですね。 대단한 용기군요.

❷ A 今年はもう来ないようです。 올해는 이제 안 올 모양입니다.
　 B 誰がそれを信じるもんですか。 누가 그걸 믿는단 말입니까?

❸ A 社長、出かけないの? 사장님 안 나가?
　 B 今日は事務室にいるようだね。 오늘은 사무실에 있을 모양이야.

비슷한 표현

⇒ 「そうだ」「みたいだ」의 항목 참조(p.155, 499)

1) A あ、今終わったようですね。 아, 지금 끝났나 봐요. (○)
　　　　　　　　　　　　　　아, 지금 끝났는가 봐요. (○)
　 B 行ってみよう。 가보자.

✎ 화자가 언제 끝나는가를 계속 지켜 보고 있는 장면에서 쓰이는 표현이라고 보면 실제 상황에 입각한 화자의 판단이므로 '~ 것 같다'는 쓰이기 어렵고 '~가 보다'나 '~나 보다'가 쓰이게 된다.

2) A 何か事故でもあったようだね。 뭔가 사고라도 난 모양이야. (○)

　　　　　　　　　　　　　　　뭔가 사고라도 난 거 같아요. (○)

　　　　　　　　　　　　　　　뭔가 사고라도 났는가 봐요. (○)

　　　　　　　　　　　　　　　뭔가 사고라도 났나 봐요. (○)

　B そうですか。 그래요?

✐ 바로 눈앞에 벌어지는 상황을 보고 대화를 나누는 장면이기 때문에 지금 현재의 움직임, 상태를 보고 그 상황을 판단하는 '~ 난 거 같아요'나 화자가 나름대로 상황에 입각해서 판단하는 '~났는가 봐요', 또는 상황과 별로 상관없이 직감적으로 판단을 해 버리는 '~났나 봐요'나 상정할 수 있는 상황에 딱 맞아떨어지는 사태라고 판단하는 '~난 모양이에요' 등이 성립한다.

3) A あの話、どこかで聞いたようなんだけど。
　　　　그 이야기 어딘가에서 들은 것 같은데.
　B よく思い出して下さい。 잘 생각해 보세요.

✐ 화자가 그 이야기 자체에 대해 추측판단을 하고 있는 장면에서 쓰여지는 표현이기 때문에 사건의 상황 여하에 따라 판단을 하는 '~가 보다', '~나 보다'는 쓸 수 없다.

접속방법

▶ 명사+の+ようだ
▶ 동사 연체형 +ようだ
▶ 형용사 연체형 +ようだ

325 〜ように
〜처럼/같이, 〜는 것처럼, 〜게, 〜도록

❶ 명사＋ように ➡ 〜처럼/같이

A 私の心は雪のように白いです。 제 마음은 눈처럼 흽니다.
B 素敵！ 멋있어!

❷ 동사 연체형＋ように ➡ 〜는 것처럼

★ 거의 그 행동을 하고 있는 것처럼 보일 때

A 寝ているように見えるんだけど。 자는 것처럼 보이는데.
B いや、起きてますね。 아뇨, 깨어 있어요.

❸ 동사 연체형＋ように ➡ 〜게

★ 행동의 목적을 나타내고 싶을 때

A 時間に間に合うように出かけなきゃ。

시간에 맞게 나가야지.

B はい。 예.

❹ 동사 연체형 + ように ➡ ~도록

★ 바람이나 의뢰 등의 의미를 나타낼 때

❶ A 食(た)べ過(す)ぎないように気(き)をつけて下(くだ)さい。
　　너무 많이 먹지 않도록 조심하세요.

　B それがついつい。그게 그만.

❷ A 皆(みんな)に分(わ)かるように説明(せつめい)して。모두한테 알아듣도록 설명해.
　B 分(わ)かりました。알았습니다.

접속방법

▶ 명사 + の + ように
▶ 동사 연체형 + ように

326 ～ようにする
～게 하다

A 遅れないようにして下さいね。 늦지 않게 하세요.
B 分かっています。 알고 있습니다.

접속방법
▶ 동사 연체형 + ようにする

327 〜ようになる
〜게 되다

A いつから英語ができるようになったんですか。
언제부터 영어를 할 수 있게 됐습니까?

B 大学3年からかな。대학 3학년 때부턴가?

비슷한 표현

「ようになる」「ようにする」「ことになる」「ことにする」

- ようになる 〜게 되다(결과결정사항)
- ようにする 〜게 하다(혼자 결정사항)
- ことになる 〜게 되다(모두 합의사항)
- ことにする 〜기로 하다(자주(自主)결정사항)

① 1日10km走るようになりました。 하루에 10킬로 뛰게 됐습니다.
  트레이닝을 거듭한 결과 하루에 10킬로 정도는 뛸 수 있게 됐다는 의미

② 1日10km走るようにしました。 하루에 10킬로 뛰게 했습니다.
  실제로 뛰는 것은 화자가 아닌 제3자, 화자가 결정하여 제3자를 하루에 10킬로 뛰게 했다는 의미

③ 1日10km走ることになりました。 하루에 10킬로 뛰게 됐습니다.
  모두가 합의한 결과 하루에 10킬로를 뛰기로 결정됐다는 의미

④ 1日10km走ることにしました。 하루에 10킬로 뛰기로 했습니다.
  화자 자신이 스스로 결정을 하여 하루에 10킬로를 뛰기로 결정했다는 의미

접속방법

▶ 동사 연체형 + ようになる

328 より 〈격조사〉

~보다, ~부터, ~는 것보다·~ㄴ/은 것보다, ~는 수밖에 없다

1 명사+より ➡ ~보다

❶ A 私より上手です。 저보다 잘해요.
  B よかった。 잘됐다.

❷ A 日本よりは寒いです。 일본보다는 추워요.
  B そうですか。 그렇습니까?

2 명사+より ➡ ~부터

A 午後3時より販売を開始するから用意して。
  오후 3시부터 판매를 개시할 테니까 준비해.
B はい。 예.

3 각종 종지형+より ➡ ~기보다, ~는 것보다, ~ㄴ/은 것보다

❶ A 思ったより若いですね。 생각한 것보다 젊군요.
  B そうですか。 그래요?

❷ A 私が言うよりは先生が言った方がいいと思うよ。
  내가 말하기보다 선생님이 말하는 게 낫지.
  B じゃ、先生にお願いしてみよう。
  그럼 선생님한테 부탁해 보지.

❹ 〜するよりほかはない ➡ 〜는 수밖에 없다

A そうするよりほかはないでしょう。
그렇게 하는 수밖에 없을 거예요.

B 本当(ほんとう)にそれでいいのかな。정말 그것으로 괜찮을까?

접속방법

▶ 명사 + より
▶ 각종 종지형 + より

329 らしい
~답다, ~같다, ~대・~가 보다・~나 보다, ~는 모양이다

1 명사 + らしい ➡ ~답다

❶ A あの人、本当に男らしいですね。 저 사람 정말 남자다워요.
　B そうですか。 그래요?

❷ A わー、取った。 와, 잡았다.
　B 本当にプロ選手らしいプレイですね。
　　정말 프로선수다운 플레이군요.

2 명사 + らしい ➡ ~같다

★ 화자가 어떤 물건이나 사람에 대해 그것이 자신이 생각하는 어떤 대상과 많이 닮았다고 근사치 판단을 할 때는 '~같다'가 적당하고, 화자가 다른 사람한테서 그 대상에 대해 전해 들은 내용을 바탕으로 상당한 정도의 확신을 가지고 대상에 대해 근사치 판단을 할 때는 '~래/이래'를 쓰는 것이 적당하다.

❶ A 駅で利枝らしい人を見かけたんだけど。
　　역에서 리에 같은 사람을 봤는데.
　B 違うと思うよ。利枝は学校にいたもん。
　　아닐 거야. 리에 학교에 있었거든.

❷ A あれは特急らしい。 저건 특급이래.
　B 乗ろう? 타지?

❸ A 誰がリーダーなんですかね。 누가 리더일까요?
　B あの人らしいですよ。 저 사람이래요.

❸ 각 종지형 + らしい ➡ ~대, ~가 보다, ~나 보다, ~는 모양이다

★ 다른 사람한테서 전해 들은 내용에 대해 화자가 상당한 정도의 확신을 가지고 어떤 대상에 대해 근사치 판단을 할 때는 '~대'가 적당하고, 상황에 입각해서 근사치 판단을 할 때는 '~가 보다'가 적당하다. 상황과 그다지 상관없이 화자가 자신의 직감에 의해 상황판단을 할 경우에는 '~나 보다'가 적당하고, 상정한 사태와 딱 맞아떨어지는 상황이 발생했음을 나타내고 싶을 때는 '~는 모양이다'가 적당하다.

❶ A そこには誰(だれ)もいないらしいよ。 거기에는 아무도 없대.
　 B 本当(ほんとう)? 정말?

✎ 틀림없이 거기에는 아무도 없다는 정보를 누군가에게 들었을 경우

❷ A 彼(かれ)、結婚(けっこん)したらしい。 걔 결혼했대.
　 B え、いつですか。 예? 언제요?

✎ 그 사람이 결혼한다는 것을 알고 있는 사람으로부터 전해 들었을 경우

❸ A 陽子(ようこ)ちゃんは料理(りょうり)が上手(じょうず)らしいよ。 요코는 요리를 잘한대.
　 B じゃ、今度作(こんどつく)ってもらおう。 그럼 다음에 만들어 달라고 해야지.

✎ 요코의 요리를 체험한 사람으로부터 그 사실을 전해 들은 경우

❹ A 橋(はし)は忙(いそが)しいらしいね。 하시는 바쁜 모양이야.
　 B だから電話(でんわ)に出(で)ないんだ。 그래서 전화도 안 받는구나.

✎ 하시라는 사람과 연락을 취해 보고 그 사람이 바쁘다는 사실을 알았을 경우

❺ A 新(あたら)しい人(ひと)、なかなか賢(かしこ)いらしいよ。
　 　 새로 들어온 사람, 제법 똑똑하다나 봐.
　 B 仕事(しごと)できるんだ。 일 잘하는가 보지?

✎ 새로 들어온 사람의 똑똑함에 관한 설명을 이미 듣고 난 후에 자신의 판단까지 덧붙여서 표현할 경우

「ようだ」와 「らしい」 ⇒ 「ようだ」의 항목 참조(p.518)

1) A 今終わったらしいです。 지금 끝났대요. (○)
   지금 끝났다나 봐요. (○)
   지금 끝났다는가 봐요. (○)

   B 行ってみよう。 가 보자.

   ✎ 전달내용을 믿고 화자가 확신을 가지고 말할 때는 '끝났대요'가 적당하고, 상대방의 이야기를 듣고 화자가 직감적으로 말할 때는 '끝났다나 봐요'가 적당하며, 상황을 어느 정도 파악하고 나서 끝났다고 말을 할 때는 '끝났다는가 봐요'가 적당하다.

2) A 何か事故でもあったらしいですね。

   뭔가 사고라도 난 모양이지요? (○)
   뭔가 사고라도 난 거 같지요? (×)
   뭔가 사고라도 났는가 보지요? (○)
   뭔가 사고라도 났나 보지요? (○)

   B そうなんですよ。 그래요.

   ✎ 지금 현재 어떤 상황인지를 상대방에게 그 내용을 확인하는 장면에서 쓰이는 표현이기 때문에 화자가 주변 상황에 입각하여 모양판단을 내리는 '났는가 보지?'나 상황과는 상관없이 화자가 직감적으로 모양판단을 하는 '났나 보지?', 상정할 수 있는 상황과 딱 맞아떨어지는 사태라고 모양판단을 하는 '난 모양이지?' 모두 다 성립한다. '난 거 같지?'는 사고 난 것을 알고 있는 상대방에게 사고의 진위를 재차 묻는 질문이 되기 때문에 성립하지 않는다.

접속방법

▶ 명사+らしい
▶ 각종 종지형+らしい

330 られる(れる)
~이/히/리/기, 당하다 · 되다, ~아/어지다

1 수동의 れる/られる ➡ 「동사 어간」+이/히/리/기+다

★ 우리말의 '이/히/리/기'는 「れる/られる」와 달리 모든 동사에 다 붙지 않는다. 따라서 '이/히/리/기'를 붙일 수 없는 동사는 능동문으로 바꿔서 표현해야 한다. 아래는 '이/히/리/기'가 붙는 동사의 주요 예이다.

예

削られる 깎이다　刺される 쏘이다　分けられる 나뉘다　覆われる 덮이다
縛られる 매이다　結ばれる 묶이다　変わる 바뀌다　混ざる 섞이다
囲まれる 둘러싸이다　積もる 쌓이다　使われる 쓰이다　蹴られる 차이다
つねられる 꼬집히다　こすられる 긁히다　閉まる 닫히다　塞がる 막히다
食べられる 먹히다　埋められる 묻히다　踏まれる 밟히다　選ばれる 뽑히다
噛まれる 씹히다　乗っかる 얹히다　絡まれる 얽히다　背負われる 업히다
読まれる 읽히다　捉えられる 잡히다　折られる 접히다　撮られる 찍히다
切れる 끊기다　奪われる 빼앗기다　抱かれる 안기다　やぶられる 찢기다
敷かれる 깔리다　押さえられる 눌리다　吊るされる 달리다　干される 말리다
押される 밀리다　つかまる 붙들리다　載せられる 실리다　切られる 잘리다
刺される 찔리다　売られる 팔리다　解かれる 풀리다　揺さぶられる 흔들리다

❶ A 蜂に刺されちゃった。 벌한테 쏘였다.
　 B 大丈夫? 괜찮아?

❷ A ハイヒールで足を踏まれてさ。 하이힐로 발을 밟혀서 말이야.
　 B 痛かったでしょう。 아팠겠다.

❸ A 強盗にお金を奪われました。 강도한테 돈을 빼앗겼습니다.
　B 怪我はないですか。 다친 데는 없습니까?

❹ A どこに売られていったんですか。 어디에 팔려 갔습니까?
　B それは私も知らないよ。 그건 나도 모르지.

2 「한자어 명사」+する ➡ 한자어 명사+당하다·되다·받다

★ 피해 또는 폐를 끼치는 의미가 강할 때는 '당하다'가 적당하고, 일반적인 수동의 의미일 때는 '되다'가 적당하며, 수동의 성격보다 보통 동사인 「受ける」의 의미가 강할 때는 '받다'가 적당하다.

★ 모든 「한자어 명사+하다」에 다 적용되는 것은 아니다. 수동문의 주어와 실제 행동주체가 양쪽 다 생물명사가 되는 경우나 생물명사가 아니라도 수동문의 주어와 실제 행동주체가 문장 내에서 확실하게 알 수 있는 형태로 나타날 때 '당하다, 받다, 되다'의 수동문이 성립한다.

❶ A 現金輸送トラックを強奪されたらしい。
　　현금수송트럭을 강탈당했대.
　B いくら入っていたんだろう。 얼마 들어 있었을까?

❷ A 非難されたくないよ。 비난당하고 싶지 않아.
　B それは私も一緒です。 그건 저도 마찬가지예요.

❸ A 来週から毎日5 t ずつ供給されます。
　　다음 주부터 매일 5톤씩 공급됩니다.
　B 決まったんですか。 정해졌습니까?

❹ A 動員される人は何人くらいですか。

동원되는 사람은 몇 명 정도입니까?

　B 3千名くらいですね。 3천 명 정도입니다.

③ 자발적 의미의 れる/られる ➡ ～아/어지다, ～나다

★ 자발적 의미를 지니는 「れる/られる」는 일본어의 경우 「思う・感じる・考える・忍ぶ・待つ」 등의 일부 동사에 한정되는데 우리말에서는 자발적 의미를 지니고 쓰일 수 있는 동사의 범위가 일본어보다 더 넓다.

❶ A 秋の気配が感じられますね。 가을 기운이 느껴지는군요.
　B 本当に綺麗な空ですね。 정말로 청명한 하늘이군요.

❷ A あの頃のことが思い出されますね。 그 시절이 생각나는군요.
　B そうですね。 그렇네요.

❸ A お腹いっぱいなのに、また食べられるんだよな。

배가 부른데도 자꾸만 먹히네.

　B お腹いっぱいだって言ったでしょう? 止めなさいよ。

배부르다며? 그만 먹어.

✎ 우리말로는 '먹히다'지만, 일본어로는 자발적인 의미를 나타낼 수 없으므로 능동문으로 나타낸다. 「食べられる」를 우리말에서는 존경명령표현에 해당된다.

④ 가능의 れる/られる ➡ ～ㄹ/을 수 있다

★ 실질적으로 가능의 「れる/られる」는 현대어에서 거의 쓰이지 않고 있다.

❶ A 明日来られますか。 내일 올 수 있습니까?
　B いや、無理ですね。 아뇨, 무리입니다.

❷ A やっと終わりましたよ。 겨우 끝났습니다.

　B 今日は忘れられない一日となりましたね。
　　오늘은 잊을 수 없는 하루가 됐군요.

5 존경의 れる/られる ➡ ~시/으시

★ 「お+동사 연용형+なさる」「お+동사 연용형+になる」 등의 문법적인 존경 표현이 있으나 실생활에서 존경표현으로 가장 많이 쓰여지는 것은 이 「れる/られる」이다.

❶ A 先生、今度の週末にどこか行かれますか。
　　선생님, 이번 주말에 어디 가세요?

　B いや、どこにも行かないよ。아니, 아무 데도 안 가.

❷ A 社長が昨日言われたこと覚えていますか。
　　사장님이 어제 말씀하신 거 기억하고 계세요?

　B もちろんですよ。물론이지요.

접속방법

▶ 5단 동사의 ア단 어미 + れる
▶ 1단 동사의 어간 + られる
▶ する ⇒ さ+れる
▶ 来る ⇒ 来+られる

331 わ・わね・わよ
わ를 뺀 상태의 표현으로 대신한다

わ ➡ 우리말에는 「わ」와 비슷한 성격의 조사가 없기 때문에, 「わ」가 없는 상태에서 표현을 만들어야 한다.

★ 주로 여성이 쓰며 자기 자신의 가벼운 결의나 주장, 또는 감탄이나 감동 등을 나타낸다. 남자가 쓰는 경우도 있다.

❶ A あ、もうこんな時間だわ。 아, 벌써 이런 시간이네.
　B どうしたんですか。 왜 그러세요?

❷ A 一緒に行きましょうよ。 같이 가요.
　B 私だって行きたいわよ。 나도 가고 싶어.

❸ A そのデパート、改装してからどうですか。
　　그 백화점 개장하고 나서 어때요?
　B 買い物しやすいわね。 쇼핑하기 편하지.

접속방법

▶ 명사 + わ・わね・わよ

332 명사 · 동사 · 형용사 연체형 + わけ

~는 거야(거예요/겁니다), ~던 거야(거예요/겁니다),
~ㄴ/은 거야(거예요/겁니다)

❶ 명사 + な + わけ ➡ ~라/이라는 거야(거예요/겁니다)

A 要するに、今ビリなわけよ。 그러니까 지금 꼴찌라는 거야.
B 何だ、優勝するといっといて。 뭐야! 우승한다고 해 놓고.

❷ 명사 + だった + わけ ➡ ~였/이었던 거야(거예요/겁니다)

A あの選手、今までは負け無しだったわけ。
그 선수 지금까지는 진 적이 없었던 거야.
B そんなに凄かったんですか。 그렇게 대단했어요?

❸ 동사 · 형용사 연체형 + わけ ➡ ~는 거야(거예요/겁니다)

A 一回食べてみたんだけど、すごくおいしいわけ。
한 번 먹어 봤는데 무지하게 맛있는 거야.
B そんなにおいしいの？ 그렇게 맛있어?

4 동사・형용사＋た＋わけ ➡ ～ㄴ/은 거야(거예요/겁니다)

A 僕、先に帰っちゃったんですよ。 저, 먼저 갔거든요.
B だから田中が怒ったわけだ。 그래서 다나카가 화난 거야.

 비슷한 표현

「わけよ」와 「わけね」

◆ ～わけよ ～는 거야, ～던 거야, ～ㄴ/은 거야
◆ ～わけね ～는 거지, ～던 거지, ～ㄴ/은 거지

① だからあれを作ったわけ! 그러니까 저걸 만든 거야.
② だからあれを作ったわけよ。 그러니까 저걸 만든 거야.
③ だからあれを作ったわけね? 그러니까 저걸 만든 거지?

✎ 「わけ」와 「わけよ」의 의미차이는 거의 없다고 볼 수 있는데 굳이 들자면 「よ」가 추가되어 있는 만큼 약간 강조의 뜻이 더해지는 정도라고 할 수 있다. 「わけね」는 그 사건이 성립되어 있는 이유를 상대방에게 새삼 동의・확인・다짐하는 것 같은 의미를 가지므로 '～지'가 적당하다.

④ 余計嬉しいわけ! 오히려 더 기쁜 거야.
⑤ 余計嬉しいわけよ。 오히려 더 기쁜 거야.
⑥ 余計嬉しいわけね。 오히려 더 기쁜 거지.

✎ ④와 ⑤를 우리말로 구분하기는 어렵다. ⑥은 기쁜 까닭을 상대방에게 설명하고 상대방의 이른바 동의・확인을 구하는 듯한 의미를 가지기 때문에 '기쁜 거지'가 된다.

접속방법

▶ 명사＋わけ
▶ 동사・형용사 연체형＋わけ

333 ～わけではない
～는 건 아니다, ～ㄴ/은 건 아니다

1 동사 현재형 + わけではない ➡ ～는 건 아니다

A 知らないわけではないけど。 모르는 건 아니지만.
B じゃ、教えてよ。 그럼 가르쳐 줘.

2 동사 과거형 · 형용사 현재형 + わけではない ➡ ～ㄴ/은 건 아니다

❶ A 私が作ったわけではないけど。 내가 만든 건 아니지만.
　 B じゃ、誰が作ったの? 그럼 누가 만들었니?

❷ A 忙しいわけではありませんが。 바쁜 건 아니지만.
　 B ぜひご協力お願い致します。 꼭 협력 부탁 드립니다.

접속방법
▶ 동사 · 형용사 각종 연체형 + わけではない

334 〜わけないよ・わけないだろう ~ㄹ/을 턱이 없다

① A 大丈夫ですか。 괜찮으세요?
   B 大丈夫なわけないよ。 괜찮을 턱이 없지.

② A 100万貸して下さい。 100만엔 빌려 주세요.
   B 私にそんなお金、あるわけないだろう?
   나한테 그런 돈이 있을 턱이 없잖아.

접속방법

▶ 동사・형용사・형용동사 연체형+わけない
▶ 동사・형용사・형용동사 연체형+わけないだろう

335 〜わけにはいかない
~ㄹ/을 수는 없다

❶ A これ、ただでもらう**わけにはいかない**し。
　　이거 그냥 받을 수는 없고.
　B 何か送ろうか。뭐 보낼까?

✏️ 「何か送ろうか」는 보내는지 안 보내는지가 초점이 되는 경우이고, 「何を送ろうか」는 무엇을 보내는지에 초점이 주어지는 경우이다.

❷ A 行かない**わけにもいかない**ね。안 갈 수도 없잖아.
　B そうなんですよ。그렇답니다.

접속방법
▶ 동사 각종 연체형+わけにはいかない

336 を
~을/를 〈대상〉

❶ A それを私に下さい。 그걸 저한테 주세요.
  B これですか。 이거요?

❷ A 何を渡したんですか。 뭘 줬습니까?
  B 書類です。 서류요.

비슷한 표현

◆ ~が~たい ~이/가 ~싶다
・韓国の映画が見たい。 한국 영화가 보고 싶다.

◆ ~を~たい ~을/를 ~싶다
・韓国の映画を見たい。 한국 영화를 보고 싶다.

접속방법
▶ 명사+を

337 〜をもって

〜로/으로

❶ A これをもって閉会と致します。 이것으로 폐회하겠습니다.
　 B お疲れ様でした。 수고하셨습니다.

❷ A あ、来た。 아, 왔다.
　 B さ、皆さん、拍手をもって歓迎しましょう。
　　 자, 여러분 박수로 환영합시다.

접속방법

▶ 명사+をもって

338 〜んだ・〜んです・〜んですか・〜んじゃないの
〜는구나・〜구나, 〜아/어(요)・〜ㅂ니다/습니다, 〜거 아니야

❶ 〜んだ ➡ 「형용사」+구나, 「동사・형용사・형용동사」+아/어

★ 「1인칭+んだ」는 '〜아/어'가 적당하고, 「3인칭+んだ」는 '〜는구나'가 적당하다.

- (나) 明日帰る**んだ**。 내일 가.
- (상대방・제3자) 明日帰る**んだ**。 내일 가는구나.

❷ 〜んだよ/〜んですよ ➡ 〜다고(요)

- 京都から取り寄せた**んですよ**。 교토에서 주문했다고요.

❸ 〜んです ⇒ ます・です ➡ 〜아요/어요, 〜ㅂ니다/습니다
〜んですか ⇒ ますか・ですか ➡ 〜았/었어요?, 〜았/었습니까?

❹ 〜んじゃないの(?) ➡ 〜거 아니야(?)

- そんなもの、持ってくる**んじゃないの**。
  그런 거 가지고 오는 거 아니야.

접속방법

- ▶ 동사 연체형+んだ(です・ですか・じゃないの)
- ▶ 형용사 연체형+んだ(です・ですか・じゃないの)
- ▶ 형용동사 연체형+んだ(です・ですか・じゃないの)

339 〜んだって(?)・〜んですって(?)

〜대・〜다면서?/다며?, 〜대요・〜다면서요?/다며요?

1 〜んだって(?) ➡ 〜대/다면서?/다며?

❶ A お子さん、かわいい**んだって**? 아이가 귀엽다면서?

　B いや、そんなことないですよ。 아뇨, 그렇지도 않아요.

❷ A 5千名くらい集まる**んだって**。 5천 명 정도 모인대.

　B 凄い！ 굉장하네.

2 〜んですって(?) ➡ 〜대요/다면서요?/다며요?

❶ A 日本に留学に行きたい**んですって**?
　　일본에 유학 가고 싶다면서요?

　B はい、ぜひ行きたいです。 예. 꼭 가고 싶습니다.

❷ A 最近は暇**ですって**。 요새는 한가하대요.

　B よかった。手伝ってもらおう。 잘됐다. 도와 달라고 해야지.

접속방법

▶ 동사 연체형+んだって(ですって)

▶ 형용사 연체형+んだって(ですって)

▶ 형용동사 연체형+んだって(ですって)

50음순 색인

あ

- **あれだけ**
  그만큼　　178

- **い〈종조사〉**
  ~다 야, ~아/어 야, ~야?(아/어?)　　8

- **いいじゃないの**
  괜찮아　　11

- **いいんじゃないの?**
  좋지 않나?　　12

- **いくら~ても**
  아무리 ~아도/어도　　311

- **いざという時は**
  만약에　　333

- **一+단위수사+も~ない/しない/できない**
  한+「단위수사」+도 없다/안 하다/못하다　　359

- **一日として**
  단 하루도　　349

- **未だに**
  지금까지도　　208

- **いらっしゃいませ**
  어서 오십시오　　487

- **う/よう**
  ~아/어야지, ~자〈의지・권유〉　　13

- **~う/ようかなと思う**
  ~ㄹ까/을까 하다　　15

- **~う/ようが~まいが**
  ~든 말든　　16

- **~う/ようと**
  ~려고/으려고, ~든　　17

- **~う/ようと~う/ようと**
  ~든 ~든　　19

- **~う/ようと思う**
  ~려고/으려고 (생각)하다　　20

- **~う/ようと思って**
  ~려고/으려고　　20

- **~う/ようと思っても**
  ~려고/으려고 해도　　21

- **~う/ようとして**
  ~려고/으려고, ~려다가/으려다가　　23

- **동사 어간+う/ようとしていたところ**
  ~려고/으려고 하던 참　　344

- **동사 어간+う/ようとしていたところ+조사**
  ~려고/으려고 하는 것　　344

- **동사 オ단 어미+う/ようとしているところ**
  ~려던/으려던 참　　343

- **~う/ようとしても**
  ~래도/을래도　　21

- **~う/ようとする**
  ~려고/으려고 하다　　25

- **동사 オ단 어미+う/ようとするところ**
  ~려는/으려는 참　　342

- 동사 才단 어미+う/ようとするところ+조사
  ~려는/으려는 것　　　　　　　　342

- ~う/ように(も)~(ら)れない
  ~ㄹ/을래야 ~ㄹ/을 수가 없다, ~ㄹ/을래도
  ~ㄹ/을 수가 없다　　　　　　　26

- ~(う/よう)ものなら
  ~겠다면 그래도 좋은데, ~게 되면　507

- お〈접두어〉　　　　　　　　　　28

- お+동사 연용형+する
  겸양어 또는 단순한 동사, ~아/어 드리다　35

- お+ 동사 연용형+なさい
  ~아요/어요　　　　　　　　36, 378

- お+ 동사 연용형+になる
  ~시/으시　　　　　　　　　　37

- お+동사 연용형+頂いて
  ~셔서/으셔서, ~시고/으시고　　30

- お+동사 연용형+頂きます
  ~십시오/으십시오　　　　　　30

- お+동사 연용형+頂く
  ~셔서/으셔서・~시고/으시고,
  ~십시오/으십시오　　　　　　30

- お+동사 연용형+下さい
  ~십시오/으십시오　　　　　　32

- お+동사 연용형+する(致す)
  ~아/어 드리다　　　　　　　　34

- 思うに
  생각하건대　　　　　　　　　399

- お休みなさい
  안녕히 주무세요, 잘 자요, 잘 자　36

- 동사 연용형+終わる
  다 ~하다　　　　　　　　　　39

か

- か〈종조사〉
  ~까?, ~요?, ~니?/냐?, ~나/이나,
  ~냐/이냐, ~는지, ~ㄴ/은지, ~ㄴ가　40

- が〈접속조사〉
  ~는데, ~ㄴ/은데, ~만, ~지만, ~든　48

- が〈주격조사〉
  ~이/가, ~을/를　　　　　　　44

- 경어를 써야 하는 사람명사+が
  ~께서　　　　　　　　　　　46

- (관용어구에 나오는)が
  ~(는) 게　　　　　　　　　　46

- ~が~が
  ~든 ~든　　　　　　　　　　49

- ~かい・~だい
  「명사」+냐 야?, 「동사 / 형용사 / 존재사
  어간」+아/어?　　　　　　　　9

- 동사 연용형+かけ
  ~다(가) 만　　　　　　　　　51

- ~がごとく
  ~는 것처럼, ~는 듯이　　　　46

547

- かしら〈종조사〉
  ~ㄴ가, ~ㄹ/을까 모르다, ~ㄹ/을까?, ~더라? 52
- ~が~たい
  ~ㄹ/을 ~고 싶다 170
- 형용사+かっ+たら
  ~면/으면 218
- ~がてら
  ~ㄹ/을 겸 54
- かな〈종조사〉
  ~ㄴ가?, ~ㄹ/을까?, ~려나?/으려나?
  (~ㄹ/을래나?) 55
- ~かのようだ
  ~는 것 같다, ~ㄴ/은 것 같다,
  ~ㄹ/을 것 같다 57
- 명사·동사·형용사+かのような
  ~ㄴ/은 것 같은, ~는 것 같은 57
- ~がほしい
  ~이/가 있었으면 좋겠다 45
- ~が~まいが
  ~든 말든 49
- ~かもしれない
  ~ㄹ/을지도 모르다 59
- ~かもしれません
  ~ㄹ/을지도 모릅니다(몰라요) 60
- ~かもよ
  ~ㄹ/을지도 몰라, ~겠다 61
- ~がゆえに
  ~기 때문에 46
- 1인칭 주어+동사 종지형+から
  「동사 어간」+ㄹ/을 테니까 67
- から〈격조사〉
  ~에게서/한테서, ~에서(부터),
  ~로/으로 ~부터 63
- から〈접속조사〉
  ~니까/이니까, ~니까/으니까, ~았/었으니까 65
- ~からして
  ~부터가 68
- ~からって
  ~기로서니 69
- ~からといって
  ~고 해서 71
- ~からには
  기왕 ~ㄹ/을 바에는, ~ㄴ/은 걸 보면,
  ~ㄴ/은 이상 71
- 期せずして
  기대도 안 했는데 131
- きり
  단 ~이서, ~로/으로, 그냥 ~만 ~고,
  ~ㄴ/은 채 쭉, ~아서/어서/해서 72
- ~く〈형용사 연용형〉
  ~게 75
- 형용사+くありません
  안+「형용사」, 「형용사 어간」+지 않다 488

- 형용사+くありませんか
  안~, ~아요/어요/해요?　　490
- 형용사+くありませんでした
  안+았어요/었어요, ~았습니다/었습니다,
  「형용사 어간」+지 않았습니다/않았어요 491
- 형용사+くする(させる)
  「형용사어간」+이/히/우/추/ ~게 만들다　117
- ~くせに
  ~주제에　　76
- 형용사+くなる
  ~아/어지다, ~게 되다　　388
- ~くはない
  ~지는 않다　　357
- ~くもない
  ~지도 않다　　357
- くらい
  정도, ~ㄹ/을 정도, ~는 정도, ~ㄴ/은 정도
  　　77
- ~くらいしか~ない
  ~정도밖에 안·못 ~하다　　80
- ~くらいだったら
  ~느니(차라리)　　81
- け〈종조사〉
  ~더라?, ~가?, ~나?　　82
- けど(けれど、けども、けれども)
  ~는데, ~ㄴ/은데, ~지만　　85
- 형용사+ければ+ほど
  ~면/으면 ~ㄹ/을수록　　467

- ご〈경어〉〈미화어〉〈접두어〉　　87
- ご挨拶までに
  ~로　　496
- こそ
  ~(이)야말로, (~으)니까, ~아야/어야　89
- 동사 연체형+こと
  ~ㄹ/을 것　　91
- ごと
  ~마다, ~별로, ~채로　　92
- ごとき・ごとく
  ~같은, ~같이(처럼)　　94
- ~ことじゃないか・ことじゃないの
  ~일 이지　　95
- ~ことだ(ことです)
  ~아야지/어야지(요), ~아야/어야 해(요)　96
- ~ことでもないだろう
  일도 아니잖아/아니지　　97
- ~ことないだろう
  ~ㄹ/을 거 없잖아·없지　　98
- ~ことにする
  ~기로 하다　　99
- ~ことになる
  ~게 되다　　100
- この度
  ~이번에　　211
- これきり・それきり・あれきり
  이 길로, 그 길로, 그 길로　　72

549

- 今度(こんど)という今度(こんど)は
  이번에야말로　　　　　　　　　333

- こんなはずじゃない
  이러려는 게 아니었다, 이게 아니다　465

さ

- さ〈접미사〉
  ~이 · ~ㅁ/음 · ~기 · ~ㄴ/은 정도, ~성,
  ~ㄴ/은 것　　　　　　　　　　102

- さ〈종조사, 간투조사〉
  ~아/어, ~지, ~야/이야 ~말이야(말이에요)
  　　　　　　　　　　　　　　101

- 한자어 형용동사 어간+さ
  「한자어 · 명사」+성(性)　　　103

- 각 어절+さえ
  ~조차(도)　　　　　　　　　　105

- ~さえ~ば
  ~만 ~면/으면　　　　　　105, 457

- ~させたら?
  ~게 하지? (하죠?), ~시키지? (시키죠?)
  　　　　　　　　　　　　　　107

- ~させちゃう
  ~게 하다　　　　　　　　　　108

- ~させてあげようと思(おも)って
  ~게 해 드리려고　　　　　　　109

- ~させて下(くだ)さい
  ~게 해 주십시오/주세요　　　110

- させてくれる
  ~게 해 주다　　　　　　　　　112

- させてもらいたい(頂(いただ)きたい)
  ~고 싶다　　　　　　　　　　113

- ~させてもらう(頂(いただ)く)
  ~하다, ~하겠다, ~고 싶다, ~ㄹ/을 수 있다
  · 없다, ~지요(죠)　　　　　　113

- させてもらえる/もらえない
  ~ㄹ/을 수 있다 · 없다　　　　114

- ~させてやる ~게 해 주다　　115

- させる(せる)〈사동사〉
  ~게 하다, ~시키다　　　　　　116

- ~させるべきじゃない
  ~게 해서는 안 되다　　　　　122

- 察(さっ)するに
  추측하건대　　　　　　　　　399

- ~ざるを得(え)ない
  ~지 않을 수가 없다　　　　　123

- さん・さま(様)　　　　　　　124

- し〈접속조사〉
  ~고, ~고하니(까), ~고 해서, ~니/으니　127

- しか ~ない/しない/できない
  ~밖에 없다/안 하다/못하다　　130

- (し)たい
  ~고 싶다　　　　　　　　　　170

- ~(し)たくらいで(は)
  ~ㄴ/은 정도로, ~ㄴ/은 정도를 가지고　176

550

- して〈접속조사〉
  ~에 　　　　　　　　　131
- ~じゃ
  ~로는/으로는, ~가지고(는) 　　132
- じゃ〈조동사〉
  ~야/이야, ~ㄴ/은가 　　　　133
- ~じゃありません
  ~이/가 아닙니다(아니에요) 　134
- ~じゃありませんか
  ~잖아요, ~네요 　　　　　　135
- じゃある+まい
  ~은/는 아니겠지 　　　　　　473
- 명사+じゃあるまいし
  ~도 아니고 　　　　　　　　473
- ~じゃない
  ~이/가 아니다 　　　　　　　136
- ~じゃない(です)か・じゃないの
  ~잖아(요) 　　　　　　　　　138
- ~じゃない(です)もん
  ~이/가 아닌 데(요) 뭐, 안 ~거든(요) 139
- じゃないわよ(じゃないよ)
  ~이/가 아니야 　　　　　　　141
- ~じゃねーよ
  ~이/가 아니야 　　　　　　　142
- ~じゃん(か)
  ~잖아 　　　　　　　　　　　143
- しるしまでに
  ~로 　　　　　　　　　　　　496
- 동사・형용사 어간+すぎる
  너무・지나치게 ~하다 　　　144
- ずつ〈부조사〉
  ~씩 　　　　　　　　　　　　145
- ~ずに〈부정〉
  ~안 ~고, ~안 ~면서/으면서 　146
- ~ずにはいられない
  안 (~지 않고)는 못 배기다 　148
- すら〈부조사〉
  ~조차(도) 　　　　　　　　　149
- 한자어 명사+する
  한자어 명사+당하다・되다・받다 531
- ~するよりほかはない
  ~는 수밖에 없다 　　　　　　526
- (絶対)~(し)なきゃ
  ~아야겠다/어야겠다 　　　　368
- 부사+させる
  「부사」+게 하다/만들다,
  「형용사 어간」+이/히/리/기+하다 119
- 全然+ない/しない/できない
  하나도 없다/안 하다/못하다 　359
- ぞ〈종조사〉
  ~다, ~란/이란 말이야 　　　151
- そういうんじゃなくて
  그런 게 아니라 　　　　　　　153

551

- そいえば(そういや)
  그러고 보니　　　　　　　　　154

- そうだ〈양태의 조동사〉
  ~것 같다, ~겠다　　　　　　155

- そうだ〈전문의 조동사〉
  ~대(요), ~단다(답니다), ~래/이래(요),
  ~란다/이란다(랍니다/이랍니다)　159

- 동사·형용사·형용동사 어간+そうだ
  ~ㄹ/을 것 같다　　　　　　　155

- 형용사+そうだ
  ~ㄴ/은 것 같다　　　　　　　155

- 형용사+そうだった
  ~ㄴ/은 것 같았다　　　　　　156

- 동사+そうにない
  ~ㄹ/을 것 같지 않다　　　　　161

- そうに(も)ない
  ~ㄹ/을 것 같지 않다, 안 ~ㄹ/을 것 같다　161

- それくらいでいいものなら
  그 정도로 괜찮다고 한다면　　507

- それにしても
  그건 그렇다 치고　　　　　　312

- それはそれとして
  그건 그렇다 치고　　　　　　349

- そんなはずじゃない
  그러려는 게 아니었다, 그게 아니다　465

た

- た
  ~았다/었다　　　　　　　　　163

- た(동사의 과거 연체형)
  「동사」+ㄴ/은　　　　　　　164

- だ
  ~다/이다　　　　　　　　　　166

- ~たいと思う
  ~겠다, ~려고/으려고 하다　　171

- 大なり小なり
  많든 적든　　　　　　　　　　387

- ~たいような
  ~고 싶어 하는, ~고 싶은 것 같기도 하고　174

- 동사·형용사 과거형+たから
  ~았/었으니까　　　　　　　　65

- 명사+だから
  ~니까/이니까　　　　　　　　65

- 동사 て형+たからには
  ~ㄴ/은 이상　　　　　　　　　71

- たがる
  ~고 싶어 하다　　　　　　　　175

- 동사·형용사+た+わけ
  ~ㄴ/은 거야(거예요/겁니다)　　536

- 동사 て형+たきり
  ~ㄴ/은 뒤로　　　　　　　　　73

- 동사 て형+たくせに
  ~ㄴ/은 주제에　　　　　　　　76

- ~たくらいで(は)
  ~ㄴ/은 정도로　　　　　　　176

- だけ
  ~만(명사의 한정), ~만큼(허용레벨의 한정),
  ~뿐(움직임·상태의 한정)　　178

- 각종 연체형+だけあって
  ~만큼　　　　　　　　　　181

- ~だけじゃなくて
  ~뿐만 아니라(아니고)　　　182

- ~だけど
  ~지만 ~는데　　　　　　　183

- ~だけに
  ~인 만큼 ~만큼　　　　　　185

- ~だこと
  ~구먼(군)　　　　　　　　187

- ~たことがある/ない
  ~ㄴ/은 적이 있다/없다　　　188

- だぞ
  ~란/이란 말이야　　　　　　166

- 명사+だぞ・んだぞ
  ~란/이란 말이야　　　　　　151

- たち
  ~들　　　　　　　　　　　189

- 동사 て형·형용사 과거형+たっけ
  ~았더라/었더라?　　　　　　82

- 명사+だっけ(な・ね)
  ~이더라/더라?　　　　　　　82

- 명사+だっけ・だったっけ
  ~ㄴ가/인가?, ~이었던가/였던가?,
  ~이었나/였나?　　　　　　　83

- 명사+だった+わけ
  ~였/이었던 거야(거예요/겁니다)　535

- 명사+だったっけ(な・ね)
  ~이었더라/였더라?　　　　　82

- ~だったら
  ~였더라면/이었더라면, ~면/으면　191

- だったらいいね
  ~았/었으면 좋겠다　　　　　202

- だったらよかったね
  ~았/었더라면, ~였/이었더라면 좋았을걸
  　　　　　　　　　　　　　202

- だったらよかった(のに)な
  ~았/었으면, ~였/이었으면 좋았을 텐데,
  ~았/었더라면, ~였/이었더라면 좋았을 텐데
  　　　　　　　　　　　　　204

- ~たって
  ~아/어 봐야 ~아도/어도　　193

- だって〈종조사〉
  「동사」+ㄴ대/는대,「형용사」+대 있다/
  없다+대,「명사」+래/이래　　195

- (문장 처음)だって
  술어 부분을 반어적 표현으로 바꾼다　195

- 부정대명사+だって〈부조사〉
  ~든지　　　　　　　　　　196

553

- だって?〈종조사〉
  ~ㄴ다며/는다며, ~ㄴ다면서/는다면서 196

- だって〈부조사〉
  ~도, ~라도/이라도 197

- ~だと
  ~은/는〈제시〉, ~라면/이라면〈조건〉 200

- 명사/명령형+だと?
  ~라고?/이라고?, ~고? 201

- だといいね
  ~면・라면/이라면 좋겠다 202

- だといいのにな
  ~면・라면/이라면 좋을 텐데 204

- だったらよかったのにな
  ~라면/이라면 좋을 텐데, ~였/이었더라면 좋았을 텐데 204

- 명사+だということ
  ~라는/이라는 이야기 335

- 동사 て형+たとおり
  ~ㄴ/은 대로 338

- 동사 て형+たところ
  막 ~았/었, ~는데 343

- 동사 て형+たところだった
  막 ~았을/었을 때 344

- だな
  ~군/이군(구먼/이구먼) 166

- ~たなら
  「동사・형용사・있다/없다」+았다면/었다면, 「명사」+였다면/이었다면 383

- だなんて
  ~나, ~러나, ~다니, ~았다니/었다니 206

- だに
  ~도 208

- だね
  ~네/이네 166

- 명사+だの
  ~니/이니, ~니/이니, ~다/이다 209

- ~たので
  ~아서/어서, ~았/었기 때문에 449

- ~たのに
  았는데/었는데, 였는데/이었는데 453

- 동사+たばかり
  막 ~ㄴ/은 참, 막 ~았/었다 463

- ~たばかりに
  ~ㄴ/은 때문에 462

- 숫자+度
  숫자+번 211

- 동사+度に
  ~ㄹ/을 때마다 211

- ~たまえ
  ~게 212

- ため
  도움 213

- 동사 연체형+ため(に)
  ~기 때문에, ~기 위해서 214

- ためを思って
  ~을/를 위해서 213

- 형용사+だもん
  ~데 그럼 어떻게 해 215

- た(よ)
  ~았어/었어 163

- だよ
  ~야/이 166

- 동사+たら
  ~니까/으니까, ~니/으니, ~더니 ~았/었더니, ~면/으면 217

- 동사+たら(ば)～のに
  ~면/으면 ~잖아(요) 221

- たり
  ~기도 하고 ~기도 하고, ~다가 ~다가 223

- ～たりするの
  ~나 하는 거, ~도 하는 거 225

- ～たりとも
  단 ~도 224

- 동사·형용사+だろう
  ~ㄹ/을 거다 227

- 명사·동사·형용사+だろう?
  ~(이)지? 227

- 명사+だろう
  ~일 거다 227

- 명사·동사·형용사+だろうが
  ~잖아 229

- 3인칭주어+동사·형용사종지형+だろうから
  「동사 어간」+ ㄹ/을 테니까 67

- 명사·동사·형용사+だろうに
  ~ㄹ/을 텐데 229

- 명사·동사·형용사+だろうね
  ~겠지 228

- 명사·동사·형용사+だろうよ
  ~ㄹ/을 거야 ~겠지 228

- ～ちゃ
  ~면/으면 ~고는 230

- ～ちゃいけない
  ~면/으면안 되다, ~아서/어서는 안 되다 231

- ～ちゃう 232

- ～ちゃだめ(です)
  ~면/으면 안돼(요) 234

- ～ちゃったよ
  동사의 의미만으로 표현 235

- ～ちゃって
  아서/어서, ~아/어 236

- ～ちゃん
  이름+야/아 237

- ～ついでに
  ~는 김에·~ㄴ/은 238

- 동사 연용형+っきり
  쭉~ 73

- ～ったって
  ~고 해도, ~라고/이라고 해도 193

- ～ったら
  ~도 참, ~기로 말하면/다면, ~니까/으니까 239

555

- ■ ～(た)つもりが
  ～ㄴ/는다는 게 　　　　248
- ■ つつ
  ～면서/으면서 　　　　241
- ■ って
  ～재, ～대, 래/으래 　　　　242
- ■ って?
  ～라니?/이라니? 　　　　242
- ■ ～ってこと
  ～라는/이라는 것, ～는 것 　　　　244
- ■ ～ってことにする
  ～인 것으로 하다, ～는 것으로 하다 　　　　245
- ■ ～ってば
  ～도 참, ～다니까·～ㄴ/는다니까 　　　　246
- ■ つもり
  ～ㄹ/을 생각, ～았/었다고 생각 　　　　247
- ■ て〈접속조사〉
  ～고, ～아서/어서, ～면서/으면서, ～아/어 　　　　249
- ■ ～(し)て、～(し)た
  ～았다가/었다가 　　　　252
- ■ で〈격조사〉
  ～에서〈장소〉, ～로/으로〈수단·방법·도구〉, ～에〈단시간〉 　　　　253
- ■ で〈조동사〉
  ～고/이고, ～라서/이라서 　　　　254
- ■ ～てあげる
  ～아/어 주다, ～아/어 드리다 　　　　255
- ■ ～てある
  ～아/어 있다, ～아/어 놓다, ～아/어 두다 　　　　256
- ■ ～ていく
  ～아/어 가 　　　　260
- ■ ～ていたことがある/ない
  ～던 적이 있다/없다 　　　　188
- ■ ～て頂いて下さい
  ～아/어 주십사고 하십시오 　　　　263
- ■ ～て頂きたい
  ～아/어 주셨으면 좋겠다 　　　　262
- ■ ～て頂こう
  ～시라고/으시라고 하자(3인칭), ～게나(2인칭) 　　　　262
- ■ ～ていて
  ～다가 　　　　264
- ■ ～ていては·～ていたら
  ～다가는 　　　　267
- ■ 보통 동사＋ていない
  안 ～았/었 　　　　268
- ■ 가능 동사＋ていない
  못 ～았/었 　　　　268
- ■ ～ていらっしゃい
  ～아/어 와요, ～아/어 가요 　　　　269
- ■ ～ている
  ～고 있다, ～아/어 있다 　　　　270
- ■ 동사 현재 연체형＋ているところ
  ～고 있던 참 　　　　342

556

- 동사 현재 연체형+ているところ+조사
  ~는 것 342
- ~て頂きます
  ~아/어 주시기 바랍니다 261
- ~て頂けますか
  ~아/어 주시겠어요? (겠습니까?) 261
- ~て頂けません(でしょう)か
  ~아/어 주실 수 없겠습니까? 262
- ~てから
  ~고 나서, ~ㄴ/은지 ~되다 272
- ~できない
  못~, ~못하다 357
- できるだけ
  가능한 한 179
- できるものなら
  할 수 있으면 507
- ~て下さい
  ~아/어 주세요 274
- ~て下さいませ
  ~아/어 주십시오, ~십시오/으십시오 487
- ~てくる
  ~아/어 오다 275
- ~てくれ
  ~아/어, ~아/어 줘 276
- ~てくれる
  ~아/어 주다 277
- ~てくれるよね
  ~아/어 줄 거지? 278

- ~てごらん
  ~아/어 봐 279
- ~てさしあげる
  ~아/어 드리다 280
- ~でした
  ~였습니다/이었습니다, ~였어요/이었어요 281
- ~でしたら
  ~시라면/이시라면 282
- ~てしまう
  ~아/어 버리다, ~고 말다, ~아/어 치우다 283
- ~でしょう
  ~겠지요, ~ㄹ/을 거예요, ~ㄹ/을 겁니다 285
- ~でしょうか
  ~ㅂ니까/습니까?, ~ㄴ/은가요?, ~는가요?, ~ㄹ/을까요? 289
- ~でしょうに・でしょうが
  ~ㄹ/을 텐데요, ~잖아요 285
- ~でしょうね・でしょうな
  ~겠지요, ~겠군요 285
- ~でしょうよ
  ~겠지요, ~ㄹ/을 거예요(겁니다) 285
- です
  ~예요/이에요・~입니다, ~아요/어요・~ㅂ니다/습니다 291
- (です)か
  ~(ㅂ니/습니)까? 40, 291

- ですって
  - ~요   243

- ですもん(ですもの)
  - ~요   216

- ~てちょうだい
  - ~아/어 주세요, ~아/어 줄래?   295

- ~てない(ません)
  - 안 ~았/었, 못 ~았/었   296

- ~てないでしょう
  - 안/못+았을/었을 거예요(겁니다), 안/못+았/었죠? · 았/었겠죠?   297

- ~てのこと
  - ~고 나서의 이야기   299

- ~ては〈접속 조사〉
  - ~다가는, ~아서는/어서는, ~면/으면   300

- ~ではありません
  - ~이/가 아닙니다/아니에요 · ~은/는 아닙니다/아니에요, ~지는 않다   302

- ~てはいけない
  - ~면/으면 안 되다, ~아서는/어서는 안 되다   303

- 동사+てばかり
  - ~기만 해서   461

- ~ではない
  - ~이/가 아니다 · ~은/는 아니다, ~지는 않다   305, 357

- ~て見える(~く見える・~に見える)
  - ~아/어 보이다   308

- ~て見せる
  - ~아/어 보이다   309

- ~てみる
  - ~아/어 보다   310

- ても
  - ~아도/어도, ~나/으나   311

- ~ても(~なくても)
  - ~나 마나   311

- でも〈조사〉
  - ~라도/이라도, ~나/이나, ~나마/이나마, 아무+나   314

- でも〈접속사〉
  - 그래도, 그렇지만   316

- ~てもいい
  - ~아도/어도 좋다, ~아도/어도 괜찮다, ~아도/어도 되다   317

- ~てもかまわない
  - ~아도/어도 괜찮다   319

- ~でもって
  - ~로/으로   320

- ~でもない
  - ~도 아니다, ~지도 않다   321, 357

- 부정사+でも+ない
  - 아무 ~도 아니다   358

- ~でもないのに
  - ~도 아닌데, ~지도 않는데   322

- ~てもらいます
  - ~아/어 주세요   323

- ~てもらえますか
  ~아/어 줄래요?　　324
- ~てもらえません(でしょう)か
  ~아/어 줄 수 없겠습니까?　　324
- ~てもらおう
  ~라고/으라고 하자(3인칭), ~게(2인칭)　324
- ~てもらいたい
  ~았/었으면 좋겠다　　325
- ~てもらって下さい
  ~아/어 달라고 하십시오　　325
- ~てやる
  ~아/어 주다　　326
- ~てよ
  ~아라/어라, ~아/어 줘라, ~아/어　327
- ~てるのよ(~てるんだよ)
  ~는 거야　　328
- ~てんの
  ~는 거야　　329
- 격조사의 と
  ~하고, ~와/과, ~랑/이랑　　330
- ~という
  ~라고/이라고 하다　　330
- 접속조사의 と
  ~면/으면, ~자　　331
- という
  ~는, ~ㄴ/는다고 하는　　332
- ~ということ
  ~는 이야기(입니다)　　334

- ~といってね
  ~라고/이라고 해서 말이야　　335
- ~といっても
  ~고 해도　　313, 336
- どうせ~から
  어차피 ~니까/으니까　　337
- とおり
  ~는 대로, ~ㄴ/은 대로　　336
- とか
  ~라든지/이라든지, ~라든지　　339
- 명사+とかいう
  ~인가 하는　　339
- 동사 현재 연체형+ところ
  ~는 참　　342
- 동사 현재 연체형+ところ+조사
  ~는 것　　342
- ~どころ
  ~ㄹ/을 만한 곳　　346
- ~どころか
  ~기는커녕　　347
- ~どころじゃない
  ~ㄹ/을 정신이 없다　　344
- 동사 현재 연체형+ところだった
  ~ㄹ/을 뻔 했다　　344
- ~としたことが
  이게 무슨 짓이야!　　348
- として
  ~로서/으로서　　349

- として+부정
  단 ~도 349
- 途中で・途中に
  길에, 도중에 350
- ~とは(も)いえない
  ~고는 (말)할 수 없다(못하다), ~고도 (말)할 수 없다(못하다) 351
- ~とは(も)限らない
  ~고만은 못하다, ~고만 할 수 없다 352

な

- な〈종조사〉
  ~지 마, ~아/어, ~네, ~군(구만), ~지, ~말이야 353
- 각 활용어의 종지형+な
  ~네 354
- ない
  안+동사・형용사・있다, 동사・형용사・있다+~지 않다 356
- ~ないうちに
  ~기 전에 364
- ~ないで(下さい)
  ~지 마(세요) 363
- ~ないでよ
  ~지 말아요 365
- ながら
  ~면서/으면서 366
- ~なきゃいいのに
  안 ~면/으면 좋을 텐데 369
- ~なきゃいけない(です)ね
  ~아야지(요)/어야지(요), ~아야지(요)?/어야지(요)? 370
- ~なくてもいい
  안 ~아도/어도 좋다(되다), ~지 않아도 좋다(되다) 371
- ~なくなるなんて
  안 ~게 되다니, ~지 않게 되다니 372
- ~なくは(も)ない
  안~는 건 아니다, 안~는 것도 아니다 373
- ~なければ
  안 ~면/으면, ~지 않으면 374
- ~なければいけない
  ~지 않으면 안 되다, ~아야/어야 하다 375
- ~なければならない
  ~아요/어요 376
- なさい
  ~아라/어라, ~아요/어요 378
- ~なさいませ
  ~십시오/으십시오 487
- 동사 어간+なそうだ
  안 ~ㄹ/을 것 같다 156
- など〈부조사〉
  ~같은 거, ~등 380
- 문장+などする
  ~고 하다 380

- ~なの・~なの?
  ~야/이야・~야/이야? 382
- 명사+なのだ(です)
  「명사」+다/이다, ~이에요/입니다 445
- 명사+なので
  ~라서/이라서, ~기 때문에 448
- 명사+なのに
  「명사」+ㄴ데/인데 452
- なら
  ~라면/이라면, ~ㄴ/는다면・~다면, ~았/었다면, ~았/었더라면, ~려거든/으려거든 383
- なり〈접속조사〉
  ~자마자 385
- なり・なりと・なりとも〈부조사〉
  ~든 ~든지, ~나마/이나마 386
- なりと
  ~든 387
- なりとも
  ~나마/이나마 387
- なんか
  ~같은 데, ~같은 것, ~같은 사람 390
- なんぞ
  ~같은 정도, ~따위 391
- ~なんて
  ~같은거, ~같은 사람, ~다니, ~라니/이라니 392

- ~なんてことは
  ~든지 하는 일은 394
- ~なんですが
  ~인데요 395
- ~なんですけ(れ)ど(も)
  ~인데요 395
- ~に
  ~에〈장소・시간・목적지〉, ~에게〈생물 명사:문장체〉, ~한테〈생물명사:회화체〉, ~께〈존경대상의 인간 명사〉, ~보고〈기대・희망의 대상〉, ~더러 397
- ~に当たって(当たり)
  ~에 임하여(임해서), ~는 데 있어서 400
- ~において
  ~에서, ~에 있어서 402
- ~においての・~における
  ~에서의 402
- ~におかれましては
  ~께서 399
- ~に限って
  ~에 한해서(한하여) 404
- ~に限っての・~に限る
  ~에 한한 404
- ~にかけて
  ~에 걸쳐서, ~을/를 걸고 406
- ~にかけての
  ~에 걸쳐서의 406

- ~に関して
  ~에 관하여(관해서) 408

- ~に決まってるでしょう
  당연히 ~지 409

- ~に際して
  「명사」+에 즈음하여(즈음해서), 「명사」+에 앞서, 「동사 어간」+기에 앞서 410

- ~に際して
  ~에 즈음하여(즈음해서), ~(기)에 앞서 410

- ~に際しての・~に際する
  ~에 즈음한 410

- ~にさせる(~くさせる)
  ~게 만들다 412

- ~に従って
  ~을/를 따라(서) 413

- ~に従っての・~に従う
  ~에 따른/따르는 413

- ~にしては
  ~치고는 414

- ~にしても
  ~으로 치더라도, ~다 치더라도 414

- ~にしろ・~にせよ
  ~이/가 됐든, ~든 415

- ~にする(~くする)
  ~게 하다 416

- ~に沿って
  ~을/를 따라(서) 417

- ~に沿っての・~に沿った
  ~에 따른 417

- ~に対して
  ~에 대하여(대해서) 418

- ~に対しての・~に対する
  ~에 대한 418

- ~について
  ~에 대하여(대해서) 419

- ~についての
  ~에 대한 419

- 숫자 명사+につき
  ~에 419

- (이유를 나타내는)につき
  ~라서/이라서 419

- ~にとって
  ~에게 있어, ~한테 42

- ~にとっての
  ~에게 있어서의 420

- ~に倣って
  ~을/를 따라(서) 422

- ~に習って
  ~한테 배워서 422

- ~になる
  ~이/가 되다 45, 388

- 동사+には
  ~려면/으려면, ~기에는 424

- ~には~が(けど)
  ~기는 ~지만　425
- 부정사+(に)も+ない
  아무 ~도 없다　358
- ~にゃ
  안 ~면/으면, ~지 않으면　426
- ~によって
  ~에 의하여(의해서), ~에 따라　427
- ~によれば・~によると・~による
  ~에 따르면, ~에 따른　428
- ~にわたって
  ~에 걸쳐(서)　429
- ~にわたっての・~にわたる
  ~에 걸쳐서의, ~에 걸친　429
- (간투조사의)ね
  ~있잖아(요) ⇒ 어절의 끝을 늘려서 이야기한다　431
- (종조사의)ね
  ~네/네요, ~지?/죠?, ~지/죠, ~구나/군요　431
- ~ねば
  안~면/으면, ~지 않으면　433
- ~ねばならない
  ~지 않으면 안 되다, ~아야/어야 하다　434
- の〈격조사〉
  ~의, ~이/가, ~네　435
- (단정의 뜻을 나타내는)の
  「동사 어간」+아/어, 「명사」+야/이야　441
- の〈부조사〉
  ~는 둥 ~는 둥　439
- の〈종조사〉
  ~아/어・~야/이야, ~아/어?・~야/이야?, ~면/으면 안 돼　441
- ~のか
  ~는지, ~ㄴ/은지　443
- ~のことです(ことですが)
  ~말하는 거예요(겁니다, ~말인데요(말입니다만)　444
- 명사+のことですが(ことですけど)
  ~말인데요(말입니다만)　444
- ~のだ(のです)
  ~야/이야, ~거야/거예요/겁니다　445
- のだ(んだ)
  ~ㄴ/는다, ~ㄴ/는단 말이지(동사),~단 말이지(형용사・있다/없다). ~란/이란 말이지(명사)　168
- ~のために
  ~때문에　213
- ~のために
  ~을/를 위해서　213, 446
- ~のだろう(のでしょう)
  ~거겠지(요)　447

- のので
  ~라서/이라서, ~아서/어서 · ~기 때문에,
  ~느라고, ~길래   448
- 명사+のところ
  ~은/는, ~로서는/으로서는   341
- ~の~ないの
  ~는 둥, 안(못) ~는 둥   439
- ~のなんの
  하여간 엄청   441
- のに
  ~ㄴ데/인데, ~는데 · ~ㄴ/은데, ~ㄹ/을
  텐데, ~았/었는데   452
- のみ〈부조사〉
  ~만, ~ㄹ/을 뿐   454
- のみならず
  ~뿐(만) 아니라   454
- 명사+のようだ
  ~같다   518

は

- ば
  ~면/으면, ~지 그래?, ~만 ~면/으면,
  ~도 하고 ~도 하다   457
- 명사+ば+명사+もする(ある·いる)
  ~도 하고 ~도 하다   458
- は
  ~은/는〈제시·제안〉   454

- ~ばいい(です)
  ~면/으면 돼(요)   459
- ~ばいいのに
  ~면/으면 좋을(될) 텐데   460
- ~(は)おろか
  ~은/는커녕   38
- 명사+ばかり
  ~만, ~정도   461
- 동사+ばかり
  ~기만 하면 되다   463
- ~はずがない · ~はずだ
  ~ㄹ/을 리가 없다, ~ㄹ/을 것이다   464
- ~ば(たら)~だけ
  ~면/으면 ~만큼   178
- ~ば~ほど
  ~면/으면 ~ㄹ/을수록   467, 472
- 一(ひと)つとして
  단 한 개도   349
- 人(ひと)という人(ひと)はみんな
  사람이란 사람은 죄(온통)   333
- へ〈격조사〉
  ~로/으로〈방향·방위〉, ~에   469
- ~べきだ
  ~아야/어야 하다   470
- ほど
  ~정도 · ~만큼, ~ㄹ/을 정도 · ~는 만큼,
  ~면/으면 ~ㄹ/을수록   471

ま

- まい
  안~려고/으려고 하다, 안~겠지, ~도 아니고 473

- ~前に
  ~기 전에 474

- ~まじき
  ~아서/어서는 안 되는, ~ㄹ/을 수 없는 477

- ~ました
  ~았어요/었어요/했어요, ~았습니다/었습니다/했습니다 478

- ~ましたか
  ~았어요?/었어요?/했어요?, ~았습니까?/었습니까?/했습니까? 479

- ~ましょう
  ~아요/어요, ~ㅂ시다/읍시다 480

- ~ましょうか
  ~ㄹ/을까요? 481

- ます(ます)か
  ~(아/어)요?, ~아요?/어요?/해요?, ~ㅂ니까?/습니까? 40, 485

- ~ませ
  ~십시오/으십시오 487

- ~ません
  ~안~, ~지 않다 488

- ~ませんか
  안~ㄹ/을래요?, ~지 않겠어요?, 안 ~아요/어요/해요? 490

- ませんでした
  안+았어요/었어요, ~았습니다/었습니다, 「동사 어간」+지 않았습니다/않았어요 491

- ~ませんでした(か)
  안~았/었어요(았/었습니다), ~지 않았어요/었어요 491

- ~ませんでしょう?
  안~잖아요?, ~지 않잖아요?, ~거 아니에요? 493

- まで〈부조사〉
  ~까지, ~마저, ~ㄹ/을 뿐 494

- ~までに
  ~까지, ~로, ~에 494

- まま
  ~ㄴ/은 채 498

- 守れるものなら
  막을 수 있으면 507

- みたいだ
  ~같다, ~ㄴ/은 것 같다 · ~ㄴ/은가 보다, ~는 것 같다 · ~는가 보다 · ~나 보다 499

- ~見るからに
  ~보기부터가 501

- みんなして
  모두가 131

- も
  도, ~나/이나 502

- ~もあろうに
  하필이면 399

- 부정사+も/にも/とも+しない
  아무 ~도 안 ~, 아무 ~도 ~지 않다　358

- 부정사+も/にも/とも+できない
  아무 ~도 못 ~　358

- もの・もん〈종조사〉
  ~니까/으니까　503

- ~ものだ
  ~기 마련이다, ~는 법이다　504

- ~ものの
  ~기는 ~지만, ~기는 ~는데　508

や

- や〈병립조사・종조사〉
  ~랑/이랑, ~하고　509

- やがる　511

- ~やすい
  ~기 편하다, ~기 좋다, ~기 쉽다　512

- やら〈부조사・병립조사・종조사〉
  ~ㄴ가, 명사+도 ~고 명사+도 ~고, 한편으로는 ~고, 또 한편으로는 ~고, ~ㄹ는지/을는지　514

- 각종 종지형 +よ　516

- ようだ
  ~같다, ~가 보다・~나 보다, ~모양이다　518

- ~ように
  ~처럼/같이, ~는 것처럼, ~게 ~도록　521

- 동사 연체형+ように+させる
  만들다, ~게 시키다　118

- ~ようにする
  ~게 하다　523

- 동사 연체형+ようにする
  ~게 만들다　118

- ~ようになる
  ~게 되다　524

- ~よな
  「な」의 항목 참조　517

- ~よね
  ~지(요)/지(요)? ⇒ 「ね」의 항목 참조　517

- より〈격조사〉
  ~보다, ~부터, ~는 것보다・~ㄴ/은 것 보다, ~는 수밖에 없다　525

ら

- らしい
  ~답다, ~같다, ~대・~가 보다・~나 보다, ~는 모양이다　527

- 동사+(ら)れそうにない
  ~ㄹ/을 수 있을 것 같지 않다, 못 ~ㄹ/을 것 같다　161

- られる(れる)
  ~이/히/리/기 당하다・되다, ~아/어지다　530

- 理由なくして
  이유도 없이　131

566

- 동사+れば+ほど
  ~면/으면 ~ㄹ/을수록　　467
- (가능의)れる/られる
  ~ㄹ/을 수 있다　　532
- (수동의)れる/られる
  「동사 어간」+이/히/리/기+다　　530
- (자발적 의미)れる/られる
  ~아/어지다, ~나다　　532
- (존경의)れる/られる
  ~시/으시　　533
- ~ろい
  ~아/어(아라/어라) 야　　8

わ

- ~わい
  ~다 야　　8
- 동사·형용사 연체형+わけ
  ~는 거야(거예요/겁니다)　　535
- ~わけではない
  ~는 건 아니다, ~ㄴ/은 건 아니다　　537
- ~わけないよ・わけないだろう
  ~ㄹ/을 턱이 없다　　538
- ~わけにはいかない
  ~ㄹ/을 수는 없다　　539

を

- を
  ~을/를〈대상〉　　540
- ~を~たい
  ~ㄹ/을 ~고 싶다　　170
- ~をもって
  ~로/으로　　541

ん

- 연체형+ん+じゃない
  ~이/가 아니다　　137
- ~んじゃないの(?)
  ~거 아니야(?)　　542
- ~んだ
  「형용사」+구나「동사·형용사·형용동사」+아/어　　542
- 동사·형용사 연체형+んだっけ
  ~더라?　　82
- ~んだって(?)
  ~대/다면서?/다며?　　543
- ~んだよ/~んですよ
  ~다고(요)　　542
- ~んですか ⇒ ますか・ですか
  ~았/었어요?, ~았/었습니까?　　542
- ~んですって(?)
  ~대요/다면서요?/다며요?　　543

- ～んです ⇒ ます・です
  ~아요/어요, ~ㅂ니다/습니다　542

- 명사・동사・형용사의 연체형+ん(の)か
  ~니?/냐?　40

- ～んばかり
  ~ㄹ/을 것 같다　462